国际贸易单证实务

（第五版）

吴国新　李元旭　何一红◎编著

Documents Practice
in International Trade

清华大学出版社
北　京

内 容 简 介

本书突出应用性，注重实际操作能力的培养。全书共十一章，按照作者多年从事教学与研究所形成的较为独特的体系进行安排，内容主要包括国际贸易单证的基本要求、流程和发展趋势，交易磋商和合同的签订，国际贸易结算方式，信用证在国际贸易结算中的运用，汇票，发票，运输单据，保险单据，原产地证书，进出口货物报关单及其他单据。书后还附有国际贸易单证常用英文词汇表，以便读者查阅。

国际贸易和结算方面的国际惯例近几年有了新的变化和发展，为了及时反映这方面的变化，第五版在第四版基础上做了相应的改进，力求给读者呈现更新、更好的内容。

本书既有理论知识，又有实践操作，并且配备大量的模拟练习题，对于读者参加全国各类与国际贸易相关的资格考试均有很大的帮助。本书可供高等院校国际经济与贸易、国际货代、国际物流专业作为本科教材，也可供相关业务部门作为培训教材，还可供外贸、国际运输等领域的理论与实际工作者参考阅读。

图书在版编目（CIP）数据

　国际贸易单证实务/吴国新，李元旭，何一红编著. —5版. —北京：清华大学出版社，2021. 6
（2025. 1重印）
　ISBN 978-7-302-58478-0

　Ⅰ.①国…　Ⅱ.①吴…　②李…　③何…　Ⅲ.①国际贸易—原始凭证—高等学校—教材
Ⅳ.①F740. 44

　中国版本图书馆 CIP 数据核字（2021）第 121292 号

责任编辑：邓　婷
封面设计：刘　超
版式设计：楠竹文化
责任校对：马军令
责任印制：刘海龙

出版发行：清华大学出版社
　　　　网　　　址：https：//www. tup. com. cn，https：//www. wqxuetang. com
　　　　地　　　址：北京清华大学学研大厦 A 座　　　　　　邮　　编：100084
　　　　社　总　机：010-83470000　　　　　　　　　　　　邮　　购：010-62786544
　　　　投稿与读者服务：010-62776969，c-service@tup. tsinghua. edu. cn
　　　　质量反馈：010-62772015，zhiliang@tup. tsinghua. edu. cn
印　装　者：三河市少明印务有限公司
经　　　销：全国新华书店
开　　　本：185mm×260mm　　　　印　张：18.5　　　　字　数：468千字
版　　　次：2005年5月第1版　2021年7月第5版　　印　　次：2025年1月第8次印刷
定　　　价：55.00元

产品编号：088960-02

前　言

在当今的国际贸易实践中，从贸易磋商、合同的签订到最终货款结算的全过程，几乎都离不开单证工作。在单证工作中，稍有疏忽就会给对外贸易带来不应有的损失，甚至造成严重的后果，这对高校国际经济与贸易专业的教学提出了较高的要求，特别是对与单证工作密切相关的国际贸易单证实务操作的教学提出了更加严格的要求。

随着我国对外贸易的发展，银行单证结算部、外贸公司、货代公司、航运公司以及物流公司需要大量具有单证操作能力的专业人员。为适应这一需求，我们于2005年编写了《国际贸易单证实务》一书，得到了业界同仁和兄弟院校的肯定，该教材自出版至今，销量已突破了22万册。近年来，国际贸易和结算方面的国际惯例有了新的变化和发展，如国际商会（ICC）修订的《跟单信用证统一惯例》第600号出版物（简称UCP 600）于2007年7月1日生效；国际商会修订的INCOTERMS 2020于2020年1月1日实施。另外，我国报检报关主管部门的合并也带来了相关政策内容的变化及报关与检验检疫流程方面的变化，如我国海关总署于2019年1月22日公告对《中华人民共和国海关进出口货物报关单填制规范》予以修订，对报关单的填制内容进行了相应调整。

本版的篇目章节安排基本与第四版保持一致，主要在以下几方面对内容进行了修订：①全书涉及贸易术语部分均按照INCOTERMS 2020版本进行了修改；②根据我国汇率的变化，对相关报价核算及计算部分进行了修订；③每章的本章要点、重要概念、重难点解析和习题详解可通过扫描各章后相应的二维码获取。

修订后的教材主要体现了以下特色：①突出理论性、应用性和实践性。注重理论与实践相结合，力求原理清晰、实务突出，有利于培养学生的综合应用能力和实际操作能力。②实务部分注重应用性和操作性。力求使实务部分的知识内容与外贸公司的实际业务紧密相连，强调案例分析和单证操作。③单证齐全，注重操作。书中的单证来源于外贸公司、银行、货代公司和航运公司，密切贴近实际。书中有大量的操作题，对提高学生的动手操作能力有很大的帮助。

本教材单证及案例素材的来源主要有：本人于1995年到中国银行上海浦东分行国际贸易结算部教学实践时索取的资料；外贸公司、货代公司和物流公司的朋友、同学以及毕业后从事相关工作的学生提供的单据；近二十年来，本人在外贸类公司进行企业内训和专业培训中收集的素材。在此要说明的是，本教材在采用这些原始资料和案例的过程中都进行了修改，已不存在泄露商业秘密的问题，请对本教材编写给予帮助的有关人士放心，并在此向你们表示衷心的感谢。当然，这套教材能够问世，要特别感谢中国银行浦东分行的李加林主任和上海应用技术大学的邬适融教授当年给我提供的实习机会和多年来对我的关心和帮助，借此机会向你们表示最真诚的谢意。

　　本教材共十一章，力求做到理论和实践相结合，注重对学生实际操作能力的培养。为了使教师高效、便捷地使用本教材，我们特别提供免费的电子课件（修订版）下载服务，读者可登录清华大学出版社网站（www. tup. com. cn）免费下载。

　　本教材由上海对外经济贸易大学的吴国新教授，复旦大学管理学院企业管理系副主任、博士生导师李元旭教授和上海商学院的何一红老师编著。

　　由于时间仓促，加之编者的水平与经验有限，本教材在内容、编排和格式等方面难免有不妥之处，敬请同行和广大读者指正。

编　者

PREFACE

Documents transactions is indispensable to current international trade in terms of trade negotiation, signature of contract and settlement of payment. Therefore, highly demanding standard of relevant teaching and learning in trade and economy, especially these closely related to documents transaction in international trade arises to meet with the fact that slight neglect in documents transaction tends to result in unwanted loss and even serious consequence.

With the development of foreign trade in China, a large number of personals specialized in documents practice are urgently needed by co-operations in the field of settlement department of bank, foreign trade, forwarders, shipping and logistics companies. In conformity to the demand, the authors compile the teaching material entitled **_Documents Practice in International Trade_** in 2005, which has won support from concerning universities and colleagues. The volume of sales has reached 220 000 since the book published. However, there have been consecutive developments in international practice on international trade and settlement in recent years. For instance, the latest revised 600th publication (UCP 600, effected on July 1st 2007) in L/C standardized practice by International Chamber of Commerce (ICC); INCOTERMS 2020 revised by ICC, which took effect on January 1st, 2020; as well as changes of policy, drawbacks and exchange rate in China.

The content in respective chapters and sections keeps conformity with the fourth version except the following revisions: 1. The trade terms in this book are revised according to the INCOTERMS 2020 version. 2. According to changes of policy and exchange rate in China, the quotation related and partial calculation are revised. 3. The main points, key concepts, analysis of important and difficult points of each chapter and detailed explanations of exercises can be obtained by scanning the corresponding QR code after each chapter.

The features in the revised version are as follows: 1. Stress is laid on both theory and practice with focus on the combination of practice and theory, favorable to the cultivation of operating skills. 2. To highlight case studies and document transaction, applicability is focused on in the practice section in a bid to relate the content to business in foreign trade companies. 3. Complete documents are from foreign trade companies, banks, forwarders and shipping companies with a number of exercises aiming at the cultivation of students' practical skills. 4. The materials are closely related to a variety of qualification tests in economics. Many exercises are devised with reference to a wide range of qualification tests, which is helpful for the students to pass the qualification tests.

The documents in the teaching material stem from the following major parts: the documents collected when I conducted my training practice in the settlement department of international trade in Shanghai Pudong division of Bank of China and in some foreign trade companies in 1995. In addition, documents are offered by some of my friends and schoolmates in companies in the field of foreign trade, forwarders and logistics companies along with some of my students engaged in such relevant work. Meanwhile, in recent years' training of personals in the specific field of international marketing, declaration of customs and Logistics, I have accumulated relevant practiced knowledge. However what should be made clear is that those who have given me original documents can feel assured although this book is written on the basis of such documents, we made some alternations on the original documents to safeguard against lacking commercial secrets. Hereby I feel sincerely obliged to all that give me an aid in the publication of the volume, especially LiJialin dean of Pudong division of Bank of China and Professor Wu Shirong in Shanghai Institute of Technology for their care, help and provision of practice opportunities.

This book is made up of eleven chapters, puts theory into practice in a bid to cultivate the students' practical skills. In order to help readers use the textbooks more efficiently, we now have a correlative teaching software devoted to this book which readers can download freely at http: //www. tup. com. cn.

This textbook is written by Professor WuGuoxin (Shanghai University of International Business & Economics), Professor Li Yuanxu (the supervisor of doctor and deputy dean in Business Administration Department of Administration Institute in Fudan University) and He Yihong (Shanghai Business School) .

Slips might occur in terms of content, patterning, etc. Any correction and guidance is appreciable.

WU GUOXIN   LI YUANXU   HE YIHONG

IN SHANGHAI

目 录

第一章 国际贸易单证的基本要求、流程和发展趋势

开篇案例

【案情】

2019 年 10 月 31 日，上海新龙股份有限公司收到创鸿（香港）有限公司通过香港南洋商业银行开来的编号为 L8959344 的信用证，请根据双方签订的合同（CONTRACT NO.：GL0082）对信用证进行审核，指出信用证存在的问题并做出修改。

合 同

CONTRACT

ORIGINAL

THE SELLER：SHANGHAI NEW DRAGON CO.，LTD.

    27 CHUNGSHAN ROAD E, 1. SHANGHAI, CHINA

    TELEPHONE：86-21-63218467 FAX：86-21-63291267

CONTRACT NO.：GL0082

DATE：Oct. 5, 2019

PLACE：SHANGHAI

THE BUYER：SUPERB AIM(HONG KONG)LTD.，

    RM. 504 FUNGLEE COMM BLDG. 6-8A PRATT AVE.，TSIMSHATSUI,

    KOWLOON, HONG KONG

THE BUYER AND SELLER HAVE AGREE TO CONCLUDE THE FOLLOWING TRANSACTIONS ACCORDING TO THE TERMS AND CONDITIONS STIPULATED BELOW:

1. COMMODITY & SPECIFICATION PACKING & SHIPPING MARK	2. QUANTITY (PCS.)	3. UNIT PRICE	4. AMOUNT
80% COTTON 20% POLYESTER LADIES KNIT JACKET		CIF H. K.	
ART. NO. 49394 (014428)	600	US $ 14.25	USD 8 550.00
ART. NO. 49393 (014428)	600	US $ 14.25	USD 8 550.00
ART. NO. 55306 (014429)	600	US $ 14.25	USD 8 550.00
REMARKS：1)EACH IN PLASTIC BAGS, 24 BAGS TO			TOTAL:
A CARTON, TOTAL 75 CARTONS			USD 25 650.00
2)SHIPPING MARK：SUPERB			
H. K.			
NO. 1-75			
MADE IN CHINA			
TOTAL VALUE：SAY US DOLLARS TWENTY-FIVE THOUSAND SIX HUNDRED AND FIFTY ONLY.			

TIME OF SHIPMENT: Within 45 days of receipt of Letter of Credit and not later than the month of Dec. 2019 with partial shipments and transshipment allowed.

PORT OF LOADING & DESTINATION:FROM SHANGHAI TO HONG KONG.

TERMS OF PAYMENT: By 100％ Confirmed Irrevocable Sight Letter of Credit opened by the buyer to reach the Seller not later than Oct. 31st, 2019 and to be available for negotiation in China until the 15th day after the date of shipment. In case of late arrival of the L/C, the Seller shall not be liable for any delay in shipment and shall have the right to rescind the contract and/or claim for damages.

INSURANCE: To be effected by the seller for 110％ of the CIF invoice value covering ALL RISKS AND WAR RISK as per China Insurance Clauses.

TERMS OF SHIPMENT: To be governed by INCOTERMS 2020. For transactions concluded on CIF terms, all surcharges including port congestion surcharges, etc. levied by the shipping company, in addition to freight, shall be for the Buyer's account.

The Buyer: **The Seller**

SUPERB AIM(HONG KONG)LTD. ,   SHANGHAI NEW DRAGON CO. ,LTD.

_____   _____

国外来证：

19OCT20   14：57：32   LOGICAL TERMINAL POO5

MT：S700   ISSUE OF DOCUMENTARY CREDIT   PAGE 00001

                 FUNC SWPR3

                 UMR 00182387

APPLICATION HEADER   0700 1547 970225 SAIB H. K. JTC×× 3846 202024 001015 1447

                            ◆ NANYANG COMMERCIAL BANK LTD.

                            ◆ HONG KONG

USER HEADER   SERVICE CODE 103：

                     BANK PRIORITY 113：

                     MSG USER REF 108：

                     INFO. FROMC1 115：

SEQUE NCE OF TOTAL   ◆ 27：1/2

FORM OF DOC. CREDIT   ◆ 40：IRREVOCABLE

DOC, CREDIT NUMBER   ◆ 20：L8959344

DATE OF ISSUE   ◆ 31C：20191020

EXIPRY   ◆ 31D：DATE 20191231 AT NEGOTIATING BANK'S COUNTER

APPLICANT   ◆ 50：SUPERB AIM(HONG KONG)LTD. HONG KONG

BENEFICIARY   ◆ 59：SHANGHAI NEW DRAGON CO. ,LTD.

                     27CHUNGSHAN ROAD E, 1

                     SHANGHAI, CHINA

AMOUNT   ◆ 32B：CURRENCY USD AMOUNT 25,650. 00

AVAILABLE WITH/BY   ◆ 41D：NANYANG COMMERTIAL BANK, LTD. H. K.

                          BY NEGOTIATION

DRAFTS AT…   ◆ 42C：DRAFTS AT 20 DAYS'SIGHT FOR FULL

                       INVOICE VALUE

DRAWEE ◆ 42A：NANYANG COMMERCIAL BANK，LTD.

PARTIAL SHIPMENTS ◆ 43P：ALLOWED

TRANSSHIPMENT ◆ 43T：PROHIBITED

LOADING IN CHARGE ◆ 44A：SHIPMENT FROM CHINESE PORT（S）

FOR TRANSPORT TO ◆ 44B：SINGAPORE/HONG KONG

LATEST DATE OF SHIP ◆ 44C：20191215

DESCRIPTION. OF GOODS ◆ 45A：80％COTTON 20％POLYESTER LADIES KNIT JACKET

　　　　　　　　　　　　　　AS PER S/C NO. GL0082

ART. NO.	QUANTITY	UNIT PRICE
49394（014428）	600 PIECES	USD14.25
49393（014428）	600 PIECES	USD14.25
55306（014429）	600 PIECES	USD14.25

　　　　　　　　　　　　　　PRICE TERM：CIF H. K.

DOCUMENTS REQUIRED ◆ 46A：

＋3/3 SET OF ORIGINAL CLEAN ON BOARD OCEAN BILLS OF LADING MADE OUT TO ORDER OF SHIPPER AND BLANK ENDORSED AND MARKED "FREIGHT COLLECT" NOTIFY APPLICANT（WITH FULL NAME AND ADDRESS）.

＋ORIGINAL SIGNED COMMERCIAL INVOICE IN 5 FOLD INDICATING S/C NO.

＋INSURANCE POLICY OR CERTIFICATE IN 2 FOLD ENDORSED IN BLANK, FOR 120 PCT OF THE INVOICE VALUE INCLUDING：THE INSTITUTE CARGO CLAUSES（A）, THE INSTITUTE WAR CLAUSES, INSURANCE CLAIMS TO BE PAYABLE AT DESTINATION IN THE CURRENCY OF THE DRAFTS.

＋CERTIFICATE OF ORIGIN GSP FORM A IN 1 ORIGINAL AND 1 COPY.

＋PACKING LIST IN 3 FOLD

＋BENEFICIARY'S CERTIFICATE STATING THAT ALL DOCUMENTS HAS BEEN SENT WITHIN 2 DAYS AFTER SHIPMENT.

ADDITIONAL COND. ◆ 47：

　　　　　1. T. T. REIMBURSEMENT IS PROHIBITED.

　　　　　2. THE GOODS TO BE PACKED IN EXPORT STRONG COLORED CARTONS.

　　　　　3. INSPECTION IS TO BE EFFECTED BEFORE SHIPMENT AND RELEVANT CERTIFICATES/REPORTS ARE REQUIRED FROM THE INSPECTOR DESIGNATED BY THE BUYER.

DETAILS OF CHARGES ◆ 71B：

　　　　　ALL BANKING CHARGES OUTSIDE HONG KONG INCLUDING REIMBURSEMENT COMMISSION ARE FOR ACCOUNT OF BENEFICIARY.

PRESENTATION PERIOD ◆ 48：

　　　　　DOCUMENTS TO BE PRESENTED WITHIN 15 DAYS AFTER THE DATE OF SHIPMENT，BUT WITHIN THE VALIDITY OF THE CREDIT.

CONFIRMATION ◆ 49：WITHOUT

INSTRUCTION ◆ 78：

　　　　　THE NEGOTIATION BANK MUST FORWARD THE DRAFTS AND ALL DOCU-

MENTS BY REGISTERED AIRMAIL DIRECT TO US（NANYANG COMMERCIAL BANK，LTD. WESTERN DISTRICT BILLS CENTER 128 BONHAM STRAND E. HONG KONG） IN ONE LOTS，UPON RECEIPT OF THE DRAFTS AND DOCUMENTS IN ORDER，WE WILL REMIT THE PROCEEDS AS INSTRUCTED BY THE NEGOTIATING BANK.

IT IS SUBJECT TO THE UNIFORM CUSTOMS AND PRACTICE FORDOCUMENTARY CREDITS（2007 VERSION），INTERNATIONAL CHAMBER OF COMMERCE PUBLICATION NO. 600.

TRAILER：ORDER IS ＜MAC:＞＜PAC:＞＜ENG:＞＜CHK:＞＜PDE:＞

　　MAC：3CDFF763

　　CHK：8A1AA1203070

【分析】

　　单证业务是国际贸易业务的一个重要组成部分，从签订合同开始到履行合同的全过程，每一个环节都需要单证的缮制、处理、交换和传递。这一过程不能存在丝毫差错，否则就有可能给企业带来经济损失，因此，我们在缮制单证时必须做到正确、完整、及时、简洁和严谨等。本案例主要涉及信用证的审核，一般来说，审核的内容主要包括信用证本身的审核，有关货物、运输、保险和支付条款的审核，以及单据等方面的审核。本案例作为一个引子，意在强调国际贸易单证在国际贸易中的重要性。

　　对本案例的具体分析如下：

　　（1）信用证的性质不符合合同的要求，应将信用证不保兑（WITHOUT CONFIRMATION）改为保兑（CONFIRMED）。

　　（2）议付地、到期地均为香港（HONG KONG），应改为上海（SHANGHAI），议付银行 NANYANG COMMERCIAL BANK，LTD. H. K. 应改为境内银行。

　　（3）汇票的付款期限与合同规定不符，应将 AT 20 DAYS SIGHT 改为 AT SIGHT。

　　（4）转船规定与合同规定不符，应将 TRANSSHIPMENT PROHIBITED 改为 TRANSSHIPMENT ALLOWED。

　　（5）目的港与合同规定不符，应将 SINGAPORE/HONG KONG 改为 HONGKONG。

　　（6）运费条款有误，因合同规定为 CIF 贸易术语，因此，应将 FREIGHT COLLECT 改为 FREIGHT PREPAID。

　　（7）保险金额与合同规定不符，应将投保金额为发票金额的 120% 改为 110%。

　　（8）保险条款有误，应将 THE INSTITUTE CARGO CLAUSE（A），THE INSTITUTE WAR CLAUSE 改为 ALL RISKS AND WAR RISK AS PER CHINA INSURANCE CLAUSES。

　　（9）对货物包装的要求与合同规定不符，应删去"COLORED"一词。

　　（10）应删去"THE INSPECTOR DESIGNATED BY THE BUYER"这一检验条款，因为这是信用证软条款。

第一节 国际贸易单证的基本要求和业务流程

从广义上来说，国际贸易单证（documents）是指在国际贸易结算中使用的单据、文件与凭证，在国际货物的交付、运输、保险、商检报关以及结汇等环节所处理的各种证明文件。而狭义的单证是指单据和信用证，本书要讲解的是狭义的单证。根据国际商会的《跟单信用证统一惯例》第 600 号出版物（简称 UCP 600）的规定："在信用证业务中，各有关方面当事人处理的是单据而不是有关的货物、服务或其他行为。"由此可见，单证的处理在国际贸易中占据非常重要的位置。

国际贸易单证从不同的角度可以分为不同的类型。从单证的用途来分，大致可以分为商业单据（商业发票、装箱单等）、货运单据（海运提单、空运单、托运单等）、保险单据和金融单据（汇票、支票和本票等）以及官方单据（原产地证书、海关发票、检验检疫证书等）等。

一、 国际贸易单证的基本要求

在国际贸易中，制单水平的高低事关出口方能否安全、迅速地结汇、收汇和进口方能否及时接货。因此，缮制单证必须符合国际贸易惯例和有关法律法规的规定并满足进出双方的实际需要，其基本要求是正确、完整、及时、简洁和严谨。

（一）正确

正确是缮制一切单证的首要要求，要做到四个"一致"。

（1）证、同一致。在以信用证为付款方式的交易中，买方开给卖方的信用证，其基本条款应该与合同内容保持一致，否则卖方应要求买方修改信用证，以维护合同的严肃性。

（2）单、证一致。银行在处理信用证业务时应坚持严格相符的原则，卖方提供的单据中哪怕仅有一字之差，也可成为银行及其委托人拒绝付款的理由。

（3）单、单一致。国际商会 UCP 600 规定："单据之间表面上互不一致者，将被认为表面上不符信用证条款"。例如，货运单据上的运输标志（shipping mark）如与装箱单上的运输标志存在差异，银行就可拒绝付款，尽管信用证上并没有规定具体的运输标志。

（4）单、货一致。单据必须真实地反映货物，如果单据上货物的品质、规格、数量与合同、信用证完全相符，而实际发运的货物以次充好或以假乱真，这就有悖于"重合同、守信用"的基本商业准则。尽管在信用证业务中，银行所处理的是单据而不是与单据有关的货物，只要单、证相符，单、单相符，银行就应付款，但如果所装货物不符合同条款要求，买方在收货检验后仍然有权依据合同向卖方索赔和追偿损失。

另外，值得注意的是，国际贸易中处理的单据必须要与有关惯例和法规规定相符合。例如，绝大多数银行在处理信用证业务时都在证内注明按照国际商会的 UCP 600 来解释。银行在审单时，除非信用证另有特殊规定，都是以 UCP 600 作为审单的依据。因此，在缮制单据时，应注意符合 UCP 600 的相关规定。

（二）完整

单据的完整性是指信用证规定的各项单据必须齐全，单据的种类、每种单据的份数和单据本身的必备项目都必须完整。

单据必须按照有关的国际法规和惯例缮制。例如，提单和汇票都有各自的主要事项，如缺少"主要项目"，即属不完整的单据，因而也就失去了法律效力。再如，国际商会《跟单信用证统一惯例》规定，凡信用证要求提供"已装船提单"（shipped B/L）的，提单的承运人必须在该提单上做上"装船批注"（on board notation），如果该提单未按规定加上"已装船"（on board）字样和装船日期等必要批注，银行将会拒绝接受，理由就在于"装船批注"不完整。完整的另一含义是指单证群体的完整性，如果缺少一套单据中的某一种，就破坏了单证群体的完整，该套单证就不能被银行接受。

（三）及时

及时是指处理单证要在一定时间内完成。国际贸易单证的时间性表现在如下几个方面。

（1）单证之间的时间差必须符合进出口的程序。例如，运输单据的签发日期不能早于装箱单、检验证书和保险单的签发日期，否则就不符合逻辑，将被银行拒绝接受。

（2）单证本身的时限不可逾越。信用证一般都有装运期和有效期的规定，前者是对运输单据装运日期的限制，后者是对卖方向银行交单日期的限制。一旦逾越，就失去信用证保证履行付款责任的条件，银行可以拒绝接受。

（3）单证的处理，除合同、信用证有特殊规定外，原则上应力求赶先不拖后，须知早出运、早交货、早结算可以加速货物和资金的流通，这是符合买卖双方共同利益的。

（四）简洁

单证的内容应力求简洁，避免烦琐。具体要求为：单证格式规范，内容排列的行次整齐、字迹清晰，纸面洁净，格式美观等。

（五）严谨

严谨是对单证工作的总体要求，主要应把握以下几点内容。

（1）单证中各种条款的订立必须严密，贸易合同和买方开出的信用证中的各种条款是交易的基础条件，要力求订得具体明确、没有漏洞，条款之间不应自相矛盾，切忌使用笼统和含糊不清的词语，如习惯包装（usual packing）等，否则容易产生分歧，引发纠纷。

（2）单证必须经过严格的审核，单证的一字之差、一字之错，往往会造成重大经济损失。因此，各种单证缮制后须严加审核。单证转让时，受让的一方也必须对单证进行严格的审核。信用证是买方付款的银行保证，但前提是卖方必须按信用证条款办事并提供符合信用证规定的各种单证。卖方在收到信用证后要及时、严格地进行审核，如发现不合理的或不能接受的条款要快速做出反应，提请买方删除或修改，否则在履约交货时不能照办，会影响出口和收汇。

（3）单证的处理必须合理谨慎，国际商会《跟单信用证统一惯例》要求银行在审核信用证规定的一切单据时必须合理谨慎（reasonable care），这里的合理谨慎对买卖双方以及单证的有关各方同样适用。例如，在信用证装运期内货物不能及时装运，在交单议付后单证遭到开证行或买方的拒收等情况在实际业务中较常出现，需要出口方合理谨慎地做出处理，以避免和减少经济损失。

二、 国际贸易单证的流转程序

国际贸易单证的流转程序就是买卖双方履约的过程，因此进出口双方在此过程中必须注意加强合作，精确细致地做好各项工作，尽量避免工作脱节，导致单证不一致的情况发生。以下从出、进口两个方面分别对单证的流转环节进行叙述。

（一）出口方面

目前，我国出口合同大多数为 CIF 合同或 CFR 合同，并且一般都采用信用证付款方式，故在履行这类合同时必须切实做好货（备货、报验），证（催证、审证、改证），运（托运、报关、保险），款（制单结汇）四个基本环节的工作，同时还应密切注意买方的履约情况，以保证合同最终得以圆满履行。

1. 签订合同

出口贸易合同通常由卖方根据与买方洽谈的条件缮制售货确认书（sales confirmation），正本一式两份，经买卖双方签章后各执一份，作为合同成立的证据。在函电成交的情况下，则由卖方将缮制的售货确认书寄给买方，要求买方签退一份。

2. 组织货源

卖方根据合同或售货确认书中的规定，按时、按质、按量准备好应交的货物，如属现货，可以直接通知仓库或供货厂商完成打包、改装、发货等工作；如属期货，应该与供货单位签订购货协议或以要货单形式向生产部门落实生产，要求其按规定交货。

3. 信用证与出口货源的衔接

我国对外贸易多数以信用证为支付方式。信用证开到后必须经过审核，如内容与合同条款不符，卖方应尽早提请买方更改信用证条款，待信用证改妥后再安排运输工作，并在出运前办理商检报验手续。

4. 商品检验

凡商品的质量列入国家法定检验范围的和合同或信用证订明须由我出口单位提供品质检验证明的出口商品，在货物出运前必须向国家质量监督检验检疫总局申请进行品质检验。报验的货物应处于打好包、刷好运输标志的状态。商检报验单的格式由国家质量监督检验检疫总局统一制订，申报单位按要求填制。如合同、信用证对检验内容有具体要求，可附合同或信用证副本。检验合格后，国家质量监督检验检疫总局按合同或信用证中的具体要求在检验证书上做相应的表述，以符合单、证一致的要求。

5. 缮制商业发票和装箱单

商业发票载有货物的品名、规格、数量、重量、价格、条款、单价和总价等项目，是出口方的销售凭证，也是买卖双方的结算凭证。它在出口单据中居于中心地位，其他单据中的有关项目多以它为依据，如运输单据有关商品描述的内容就是根据商业发票和装箱单来填写的，保险单据中的投保金额也是根据商业发票上的金额计算出来的。

装箱单，是商业发票的补充单据，商业发票中的计价数量或重量即是装箱单中数量或重量的汇总数，因此从工作程序上来说，应该先缮制装箱单，后缮制商业发票。

6. 缮制出口货物报关单和出口收汇核销单

出口货物报关单是向海关申报出口，供海关查验放行的单据，货物出口后有一联（退税联）退回给出口单位，作为出口退税的凭证。留在海关的报关单是海关总署编制出口统计数据的基础资料。

出口收汇核销单是海关凭以受理报关、外汇管理部门凭以核销收汇的凭证，它的作用是加强出口收汇管理以防止国家出口外汇的流失。核销单由国家外汇管理局统一制发，每份都有一个存根联。核销单及其存根联上都编有顺序号码，盖有外汇管理局监督收汇章。自 1991 年 1 月 1 日起，出口单位在出口报关时必须填写此项单据后送交海关，否则海关不受理报关。货物报关后，海关在核销单上加盖"放行"章后退给出口单位，出口单位报关后在规定的时间内将核销单存根、出口报关单的副联以及其他必需的单据送外汇管理局存案。待银行收妥该笔外汇后，出口单位凭银行签章的核销单向外汇管理局销案。

7. 托运、订舱、报关

出口单位委托有权受理对外货运业务的单位办理海、陆、空等出口运输业务叫作托运。出口单位直接或通过货运代理公司向承运单位洽订运输工具叫作订舱。托运或订舱需要提供运输必需的资料，如货物的名称、标志、件数、毛重、净重、体积、装运期和目的地、可否转运和分批运送等。

运输工具订妥后、货物装运前，出口单位须向海关申报出口，这就是报关。报关时须提供出口货物报关单、出口收汇核销单以及装货单等运输单据，有些商品还须提供出口许可证或商检合格单，来料加工、来件装配业务则须提供海关的"登记手册"。

8. 保险

出口贸易如使用 CIF 价格条件，则应由出口单位办理投保并承担保险费。投保时，出口单位须向保险公司填送投保单，保险公司据以缮制和签发保险单。投保手续应在货物离仓向装运场所移动前办理，以避免运输途中货物处于"漏保"的状态。

9. 缮制运输单据

运输单据包括海运提单、陆运和空运运单、邮政运输的包裹收据、汽车运输的承运收据以及多式联运的联合运输单据等，这些单据应由承运人缮制，待货物装上运输工具或置于承运人的接管之下，由承运人签发给发货人。

10. 装船通知

按照国际惯例，货物装运后，卖方须将装运情况及时通知买方。国际商会《国际贸易术语解释通则》在 FOB、CFR、CIF、FCA、CPT、CIP 等价格条件的卖方责任中都明确规定卖方在货物装运后应无延迟地通知买方。发送装船通知是卖方的基本义务，以便使买方及时掌握货运动态，从而事先对货物的转售、分配、调拨、加工做出适当的安排，对货款的支付及早做好准备。

装船通知一般应采取电讯方式，发出的时间应在货物全部装上运输工具以后。在实际工作中，发出装船通知宁早毋迟，过迟则不仅影响买方为接货、付款所做的准备工作，还有可能贻误买方办理保险的时机（CFR、FOB、CPT、FCA 等条件下）。如买方因卖方未能及时发出装运通知而蒙受损失，必然会谴责卖方并提出索赔。

11. 审单

尽管各种单证在缮制、签发过程中都经过复核，但在提交银行前仍须把信用证或合同规定的各种出口单证集中起来进行一次全面的审核。审单时主要审核全套单据是否完备，单单之间、单证之间是否相符，单证份数是否满足信用证要求，单证上的签字盖章是否齐全等，以确保单证质量的绝对可靠。

12. 交单、议付、结汇、核销

出口单位将信用证规定的单证及需要的份数在规定的期限内提交议付银行叫作交单。议付银行在保留追索权的条件下购买信用证受益人出具的汇票及其单据叫作议付。出口单位将所得的外汇按照外汇牌价卖给银行叫作结汇。交单、议付、结汇是出口单位通过银行办理国际结算的必要程序，远期汇票须在付款承兑到期后方可收汇，但如果银行同意扣息贴现，也可在交单后由银行议付结汇。

现以海运为例简述出口单证工作程序，如图 1-1 所示。

（二）进口方面

目前我国进口合同大多以 FOB 条件成交，以信用证方式结算货款。履行这类进口合同的一般程序是：签订贸易合同、开立信用证、安排运输工具、投保、付款赎单、进口报关、检验、索赔等，进口商应与各有关部门密切配合，逐项完成以上工作。

1. 签订贸易合同

进口贸易多数须先向有关机关申请进口许可证，取得许可证后才能对外正式签约。以进料加工、来料加工及补偿贸易等方式进口货物也须向有关管理机构提出申请，获得批准后向海关备案，然后对外签订合同。

2. 开立信用证

以信用证为付款方式的进口贸易，在合同规定的期限内，进口单位须按合同条款向开证银行申请开立信用证，并将外汇或外汇额度移存开证银行，经银行审核后将信用证开给卖方。

3. 安排运输工具

大宗商品的进口多采用 FOB 价格条件，应由我进口单位负责安排运输工具，如租用船只或飞机到对方港口或机场接运货物。租船、租机及订舱工作可委托货运代理公司办理，也可自行联系承运单位办理。运输工具落实后应及时发出到船通知，卖方据此做好发货前的准备工作，并与承运人的当地代理人联系安排装运事宜。

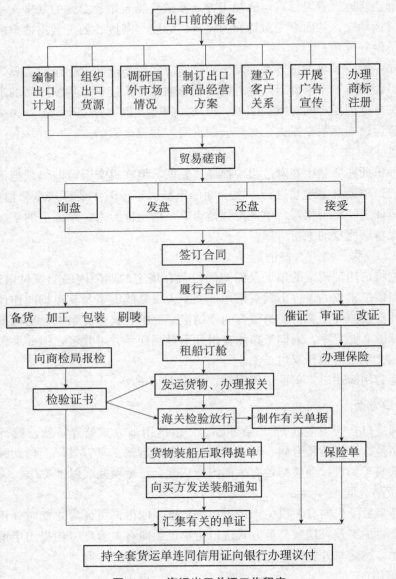

图 1-1 海运出口单证工作程序

4. 投保

采用 FOB、CFR、FCA、CPT 价格条件成交者需要我进口单位办理运输保险，卖方有义务在货物发运后将装船通知（shipping advice）以电讯方式发给我进口单位，进口单位据以缮制投保单向我方保险公司办理保险。

5. 付款赎单

信用证项下的货运单据经我方银行审核后送交进口单位，再经进口单位审核认可后，银行即对外付款或承兑。托收（如 D/P）项下的货运单据也由银行转寄给我进口单位，但不管是对方的托收银行还是我方的代收银行，均不负审核单据之责，故进口单位更有必要加强单据审核。无论是信用证还是托收方式付款，就我国的情况来看，进口单位的审核往往是终局性的。经过审核，如发现单据不符或有异状，应通过银行及时提出拒付或拒绝承兑的理由。

6. 进口报关

货物运达我指定目的地后，进口单位应立即缮制进口货物报关单，连同贸易合同、进口发票、装箱单和运输单据等副本向进口地海关申报进口，经海关查验单据和货物相符，核定进口关税，进口单位付清关税及相关税费后即可凭正本运输单据或有关证明向承运单位或其代理提货。

7. 检验

货物到达后，进口单位应抓紧时间做好数量和质量的检验工作，属于国家法定的检验商品必须由国家质量监督检验检疫总局检验。在合同索赔有效期内取得商检局检验证书、列入国家规定的动植物检疫范围的进口货物，应向动植物检疫所申请进行消毒和检疫。货物卸下后发现有残损的，须及时通知保险公司做残损检验并协商索赔和理赔事宜。

8. 索赔

进口货物经过检验后如发现应由卖方负责的数量短缺或质量不符等情况，须在合同索赔有效期内向卖方提出索赔，索赔时须提供检验证明书和发票、提单等货运单据的副本。

下面以海运为例简述进口单证工作程序，如图 1－2 所示。

第二节　国际贸易单证的发展趋势

一、　发展趋势

国际贸易的程序非常烦琐，单证的种类众多、格式各异、用途不同，流转的线路长、环节多，据联合国有关机构的统计，全世界每年消耗在单证方面的经济支出达几十亿美元，人力的消耗更是不可胜计。美国的国际贸易单证委员会曾做过相关调查，过去出口一批货物要缮制 46 种单证，正副本一共 360 份，制单需 36.5 小时，仅单证费用一项就要占货物价值的 7.5％。在我国进出口贸易中，各专业进出口公司以及航运、保险、银行、商检、海关等机构业务量高度集中，各机构分别缮制单证，层层复核，往返流转，不仅费时费力，且容易发生差错，影响货物的快速流通和货款的及时结算。综合国内、国外的情况，可见传统的贸易程序和单证方式已经不适应时代的要求，反而成为国际贸易发展的一大障碍。

人们在国际贸易单证工作的长期实践中得出一个结论，即国际单证和贸易程序必须要简化，其主要方向是走国际化和电子化的道路。国际化和电子化是相辅相成的，只有国际化才能使电子化得以普及应用。例如，有一份从挪威某银行开来的信用证，证上的人民币符号是 CNY，而我出口单证仍按传统做法打上 RMB，单证到了挪威，遭到开证行的拒付，其原因就在于这家银行已按国际标准化组织的货币符号更新了电子计算机数据，以致RMB 符号无法输入计算机。从另一方面说，只有电子化才能促进国际化的加速推行，因

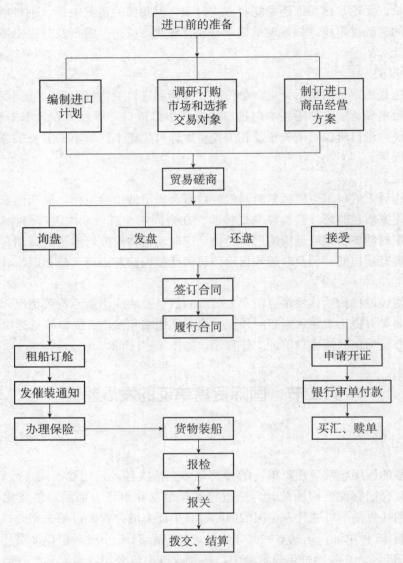

图 1－2　海运进口单证工作程序

为世界上没有一个权威机构可使国际贸易和与国际贸易有关的行业把各自使用的信息、数据、格式、程序等统一起来。只有在电子化给它们带来实际利益时，它们才会自觉或不自觉地响应电子化的号召，走上国际规范化的道路。

联合国于 1960 年成立了简化贸易单证和单证标准化的 ECE（economic commission of europe）工作组，1972 年更名为国际贸易程序化工作组，专门负责这方面工作。其他一些专业性组织也为此做出了努力，如海关合作理事会（customs cooperation council）于 1973 年制定了《京都公约》。

标准化的贸易单证通过计算机的处理，加快了国际贸易的进程，减少了贸易结算的环节和手续，是国际贸易结算的历史性革命，这就是众所周知的"电子数据交换"（electronic data interchange，EDI）。EDI 以电子计算机为基础，通过计算机与计算机联网，按照商定的标准，采用电子手段传送和处理具有一定结构的商业数据。数据的构成需要三种构件：①统一的等同于词汇的信息元；②句法，就像一般语言的句法一样；③使用标准电文，使信息元与句法结合起来成为一种有固定结构的商业信息，在概念上等同于书面单据。此后，在国际贸易过程中使用了统一的国际标准化代号和代码，即：①国家和地区代码，由两个英文字母组成，如美国为 US，英国为 GB，中国为 CN 等；②地名代码，由五个英文字母组成，前两个符号代表国名，后三个符号代表地名，如美国纽约为 USNYC、中国上海为 CNSHG 等；③货币代号，由三个英文字母组成，前两个符号代表国名，后一个符号代表货币，如美元为 USD、人民币为 CNY 等；④标准化日期代码写法，如 2011 年 9 月 10 日为 2011 - 09 - 10 等。

EDI 的产生使它成为信息的载体，代替了纸质单证，使得整个贸易过程（包括卖方交货和买方付款）的各项数据可不用纸张传来传去，而是通过电子计算机在进、出口商，海关，银行，船公司，航空公司，运输商以及政府有关机构之间进行传输和处理，因此 EDI 赢得了"无纸贸易"的形象化称号。

二、 全球 EDI 的发展简介

从世界范围来看，成功应用电子商务的大多是发达国家，尤其是美国和欧洲各国。美国电子商务的发展得益于"信息高速公路"建设。1992 年，克林顿竞选时提出了建设"信息高速公路"的设想，10 年以后，美国"信息高速公路"计划不仅已经启动，而且已经获得了巨大的经济和社会效益，在极为顺畅的"信息高速公路"上，美国电子商务开展得极为迅速，同时，美国政府又建议采取一系列措施推动电子商务更深入、更广泛、更有效率地发展。从 1998 年开始，美国联邦政府机构的全部经费开支实现电子化付款，通过 EDI 技术完成年度采购的电子付款，加快了美国全国金融电子化、网络化，从而达到电子商务的最高阶段。同时，美国政府制定收费上限和补贴制度，鼓励全民使用信息基础设施，普及网络应用。1998 年，美国众议院商业委员会以 41∶0 的票选结果批准了一项法案，该法案规定 3 年内禁止州政府和地区政府对 Internet 征收税费，该法案还要求政府向其他国家提出对 Internet 免除税收和关税要求。美国的"网络新政"及其全球电子商务网络在国内外受到了高度赞扬，当时有评论认为，美国的"新经济政府"将导致下一次工业革命，并促进美国经济长期保持自 1992 年以来的持续稳定，向"一高两低——高增长、低失业、低通胀的增长态势"的方向前进。

欧盟国家对电子商务也非常重视，首先其已经建立了一个先进的用于欧盟内部进行研究和发展的泛欧网。至 2000 年，欧盟将其网络传输速度由每秒 30k 提升到了 622k（bps），在 1997 年 4 月 15 日，欧洲委员会提出了欧盟电子商务行动方案，就发展电子商务的问题阐明了欧盟的观点。该方案指出，电子商务对于保持欧盟在世界市场上的竞争力至关重要，欧盟各国必须根据统一技术和支持框架采取行动，政府应带头采用电子商务技术并建设一些示范工程。为了避免机制的不一致可能给电子商务市场造成的破坏性影响，欧盟必须确定一个统一的法律框架体系，积极与国际组织及其他国家的政府加强对话。

日本已经把电子商务作为国家经济发展的策略，日本法务省为迎接电子商务时代的来临而草拟了《数字签名法》，从而在整体上提高日本在国际市场中的竞争力。1996年，日本成立了电子商务促进委员会，简称ECOM，有251个公司机构参加，此后ECOM在诸如电子授权认证和电子预付款式"ECOM现金"等领域制定了规划和模型协议。这个授权认证规划得到了美国国家标准和技术研究院（NIST）及经济合作与发展组织（OECD）的高度评价，并被指定为共同的全球规划的主要基础。1998年7月，美国与日本签署了美日电子商务联合宣言。2000年6月，日本颁布了《数字化日本之发端——行动纲领》，该纲领重申了电子签名认证系统对发展电子商务的重要意义。

与美国不同的是，新加坡政府认为没有一定程度上的政府管理，电子商务不可能获得长足发展，但在电子商务发展问题上，新加坡政府原则上倾向于政府的职能应从垄断式的管理转向提供服务方面。新加坡在1998年制定了《电子交易法》，该法案包括：前言，电子记录和简要概述，网络服务提供义务，电子网，电子签字的效果，与电子签字有关的一般责任，证明机构责任，签署者的责任，证明机构的管理，政府对电子记录与签名的应用，其他。这个法案使得新加坡已存在的电子商务更趋完善和更有保障。为促进电子商务纵向发展，1999年下半年，新加坡大力推行CASH CARD和全面改进B2B的电子支票系统。

由于中国网络基础设施建设速度十多年来一直居世界前列，加上近年来中国政府和企业界持续增加对信息基础设施建设的投资力度，各省的经济信息规划中都将加快通信网络建设（特别是5G建设）作为重点，并且各通信网络呈现出融合的趋势，EDI在我国得到了飞速发展。EDI这一科学实验成果的出现，已经引发了结构性的国际商业革命，一个无纸化国际贸易的时代逐步走向现实，这一成果是各国政府和贸易界人士辛勤探索和艰苦努力的结果。

 练习题

1. 请根据所给合同审核信用证

SHANGHAI LIGHT INDUSTRIAL PRODUCTS IMPORT
ANG EXPORT CORPORATION
SALES　CONFIRMATION

128 Huqiu road Shanghai China

Tele:86-21-23140568

Fax:86-21-25467832

TO:CONSOLIDATORS LIMITED　　　　　　　　　　　　　　NO:PLW253

RM. 13001-13007E, 13/F,　　　　　　　　　　　　　　DATE:Sept. 15th, 2019

ASUA TERMINALS CENTER B.

BERTH 3, KWAI CHUNG, N. T. , HONGKONG

P. O. Box 531 HONGKONG

We hereby confirm having sold to you the following goods on terms and conditions as stated below

NAME OF COMMODITY: Butterfly Brand Sewing Machine

SPECIFICATION: JA-115 3 Drawers Folding Cover

PACKING: Packed in wooden cases of one set each.

QUANTITY: Total 5 500 sets

UNIT PRICE: US $ 64. 00 per set CIFC3％ H. K.

TOTAL AMOUNT: US $ 352 000. 00

（Say U. S. dollars three hundred and fifty two thousand only.）

SHIPMENT: During Oct. /Nov. 2019 from Shanghai to H. K. with partial shipments and transshipment permitted.

INSURANCE: To be covered by the seller for 110％ of total invoice value against ALL RISKS and WAR RISKS as per the relevant ocean marine cargo clauses of the People's Insurance Company of China dated January 1st, 2009.

PAYMENT: The buyer should open through a bank acceptable to the seller an irrevocable Letter of Credit at 30 days after sight to reach the Seller 30 days before the month of Shipment valid for negotiation in China until the 15th day after the date of shipment.

REMARDS: Please sign and return one copy for our file.

The Buyer:
CONSOLIDATORS LIMITED

The Seller:
SHANGHAI LIGHT INDUSTRIAL PRODUCTS
IMPORT & EXPORT CORPORATION

信 用 证

HONG KONG & SHANGHAI BANKING CORPORATION
QUEEN'S ROAD CENTERAL, P. O. BOX 64, H. K.

TEL:822-1111 FAX:810-1112

Advised through: Bank of China,

　　　　　　　Shanghai Branch,

NO. :CN3099/714

DATE: Oct. 2nd, 2019 H. K.

To: Shanghai Light Industrial Products

　　Import & Export Corp.

　　128 HUQIU ROAD

　　SHANGHAI, CHINA

Dear Sirs:

We are pleased to advise that for account of Consolidators Limited, H. K. , we hereby open our L/C No. CN 3099/714 in your favour for a sum not exceeding about US $ 330 000. 00（Say US Dollars Three Hundred Thirty Thousand only）available by your drafts on HSBC at 30 days after date accompanied by the following documents:

1. Signed commercial invoice in 6 copies.

2. Packing List in quadruplicate.

3. Full set of(3/3)clean on board Bs/L issued to our order notify the above mentioned buyer and marked "Freight Collect" dated not later than October 31st, 2019. From SHANGHAI to HONG KONG, Partial shipment is not permitted and transshipment is not permitted.

4. Insurance policy in 2 copies covering C. I. C for 150% invoice value against All RISKS and WAR RISKS as per the relevant ocean marine cargo clauses of the People's Insurance Company of China dated January 1st, 2009.

5. Certificate of Origin issued by China Council for the Promotion of International Trade.

DESCRIPTION OF GOODS:

5 500 sets Sewing Machine Art. No. JA-115 packed in wooden cases or cartons each at US $ 64. 00 CIF H. K.

Drafts drawn under this credit must be marked "drawn under HSBC, H. K. ", bearing the number and date of this credit.

We undertake to honour all the drafts drawn in compliance with the terms of this credit if such drafts to be presented at our counter on or before Oct. 31st, 2019.

SPECIAL INSTRUCTIONS:

(1)Shipment advice to be sent by telefax to the applicant immediately after the shipment stating our L/C No. , shipping marks, name of the vessel, goods description and amount as well as the Bill of Lading No. and date. A copy of such advice must accompany the original documents presented for negation.

(2)The negotiating bank is kindly requested to forward all documents to us(HONG KONG & SHANGHAI BANKING CORPORATION QUEEN'S ROAD CENTERAL, P. O. BOX 64, H. K.)in one lot by airmail.

It is subject to the Uniform Customs and Practice for Documentary Credits(2007)Revision, International Chamber of Commerce Publication No. 600.

Yours faithfully
For HONG KONG & SHANGHAI BANKING CORPORATION

2. 以海运为例，绘制出口单证工作的流程图。

3. 以海运为例，绘制进口单证工作的流程图。

本章要点	重要概念	重难点解析	习题详解

第二章 交易磋商和合同的签订

开篇案例

【案情】

上海新龙股份有限公司（SHANGHAI NEW DRAGON CO.，LTD.）与美国 CRYS-TAL KOBE LTD. 洽谈含 55％丙烯酸树脂 45％棉的女士短衫（LADIES' 55％ ACRYLIC 45％ COTTON KNITTED BLOUSE），其往来的电传如下：

Aug 8th, 2019
Incoming Telex
INTERESTED IN LADIES' 55％ ACRYLIC 45％ COTTON KNITTED BLOUSE 400 DOZS PROMPT SHIPMENT PLEASE QUOTE.

Aug 12th, 2019
Outgoing Telex
LADIES' 55％ ACRYLIC 45％ COTTON KNITTED BLOUSE 400 DOZS PACKED IN CARTONS USD 65 PER DOZ CIF LESS 3％ DISCOUNT N. Y. SHIPMENT ON OR BEFOR DEC. 20th, 2014 SIGHT CREDIT SUBJECT REPLY HERE SIXTEENTH.

Aug 15th, 2019
Incoming Telex
YOUR TLX TWELFTH REGRET UNABLE ACCEPT COMPETITORS QUOTING SIMILAR QUALITY USD56 PLEASE REPLY IMMEDIATELY.

Aug 18th, 2019
Outgoing Telex
OURS TWELFTH RENEW OFFER SUBJECT REPLY TWENTIETH OUR TIME.

Aug 20th, 2019
Incoming Telex
YOURS EIGHTEENTH ACCEPT PROVIDED USD 56 CIF LESS 3％ DISCOUNT NEW YORK D/P AT SIGHT SHIPMENT IN NOV PLEASE CONFIRM.

Aug 23rd, 2019

Outgoing Telex

YOURS TWENTIETH BEST USD 61 SIGHT CREDIT SUBTECT REPLY REACHING HERE TWENTY-FIFTH.

Aug 24th, 2019

Incoming Telex

YOURS TWENTY-THIRD ACCEPT BOOK ADDITIONAL 100 DOZS SAME TERMS REPLY PROMPTLY.

Aug 26th, 2019

Outgoing Telex

YOURS TWENTY-FOURTH CONFIRMED PLEASE OPEN L/C IMMEDIATELY.

Aug 28th, 2019

Incoming Telex

YOURS TWENTY-SIXTH CREDIT WILL BE OPENED BY CRYSTAL KOBE LTD. N. Y. U. S. A.

请根据上述往来电传，拟写双方有关询盘、发盘、还盘以及接受的相关电函。

【分析】

信函、电报、电传、传真及电子邮件是当今国际货物买卖磋商的主要载体。无论采取何种形式，其目的都是有效传递商务信息。因此，合格的英语函电必须以简洁的语言、明晰的结构来表达完整的内容。通常，发盘不但要考虑完整性和吸引力，同时还要注重针对性，做到有的放矢。一般来说，对于一方的发盘，对方往往不会立即接受，而是会进行还盘。对于还盘，对方还可能再还盘，这样双方往来的函件就构成了交易磋商的主要过程，而双方磋商的条款主要包括价格、支付方式、装运期等内容。一般而言，双方总是在有所让步的基础上尽可能地说服对方同意己方条件，并最终达成一致意见。关于各种函电的拟写将在本章第一节逐一介绍并就本案例的内容做出分析。

第一节　交易磋商的一般程序

在国际贸易中，交易磋商是指买卖双方为购销某种商品就各项交易条件进行洽商，最终达成一致的全过程。它是国际贸易中不可缺少的一个重要环节，也是签订买卖合同的必经阶段。交易磋商的方式主要有口头和书面两种，口头磋商是交易双方当面直接协商或通过电话协商；书面磋商是交易双方通过信函、电报、电传、电子邮件等通信方式进行协商。交易磋商的内容主要包括商品名称、品质、规格或花色品种、数量、包装、价格、交货方式、运输方式、付款方式、保险的办理、发生意外以及发生纠纷的处理方式等。其一般程序可概括为询盘、发盘、还盘和接受四个环节。

一、询盘

询盘（inquiry），又称询价，是指买方为了购买货物或卖方为了销售货物而向对方提出有关交易条件的询问。其内容可以只询问价格，也可询问其他一项或几项交易条件，甚至可要求对方向自己做出发盘。

询盘对于询盘人和被询盘人均无法律上的约束力，而且不是交易磋商的必经步骤，但它往往是一笔交易的起点。因此，被询盘的一方应重视接到的询盘，并及时和适当的予以处理。询盘时，一般不直接用"询盘"字样，而用如请告（please advise...）、请报价（please quote）等语句。

二、发盘

发盘（offer），又称发价，在法律上称为"要约"，是买方或卖方向对方提出各项交易条件，并愿意按照这些条件达成交易、订立合同的一种肯定的表示。在实际业务中，发盘通常是一方在收到对方的询盘之后提出的，但也可不经对方询盘而直接向对方发盘。发盘的方式有书面和口头两种，书面发盘包括使用信件、电报、电传和传真向对方发盘。发盘人可以是卖方，也可以是买方。前者称为售货发盘（selling offer）；后者称为购货发盘（buying offer），习惯称之为"递盘"（bid）。

一项有效的发盘必须具备以下条件：①发盘应向一个或一个以上特定的人提出；②发盘的内容必须十分确定；③发盘必须表明发盘人对其发盘一旦被受盘人接受即受约束的意思。

发盘在有效期内，发盘人不得任意撤销或修改其内容。发盘一经对方在有效期内表示无条件接受，发盘人将受其约束，并承担按发盘条件与对方订立合同的法律责任。发盘一般采用的语句有发盘（offer）、报价（quote）、递实盘（bid firm；firm bid）等。

三、还盘

还盘（counter-offer），又称还价，是受盘人对发盘内容不完全同意而提出修改或变更的表示。还盘既是受盘人对发盘的拒绝，也是受盘人以发盘人的身份所提出的新发盘。一方的发盘经对方还盘以后即失去效力，除非得到原发盘人同意，受盘人不得在还盘后反悔，再接受原发盘。

对还盘再做还盘，实际上是对新发盘的还盘。一方发盘，另一方如对其内容不同意，可以进行还盘。同样地，一方的还盘，另一方如对其内容不同意，也可以再进行还盘。一笔交易有时不经过还盘即可达成，有时要经过还盘，甚至往返多次的还盘才能达成。还盘不仅可以对商品价格提出意见，也可以对交易的其他条件提出意见。在还盘时，对双方已经同意的条件一般无须重复列出。

四、接受

接受（acceptance），在法律上称"承诺"，是买方或卖方无条件地同意对方在发盘中提出的各项交易条件，并愿按这些条件与对方达成交易、订立合同的一种肯定的表示。一方的发盘经另一方接受，交易即告达成，合同即告订立，双方就应分别履行其所承担的合同义务。表示接受，一般用"接受"（accept）、"同意"（agree）和"确认"（confirm）等术语。

一项有效的接受必须具备以下条件：①接受必须由特定的受盘人做出；②接受必须表示出来；③接受必须是无条件的，接受必须与发盘相符，若只接受发盘中的部分内容、提出有条件的接受或对发盘条件提出实质性修改等，均不能构成有效接受，而只能视为还盘；④接受必须在发盘规定的有效期内送达发盘人。根据《联合国国际货物销售合同公约》的规定，接受生效之时就是合同成立之时，合同一经订立，买卖双方就存在合同关系，彼此就应受到合同的约束。

以上是交易磋商的一般程序。但值得注意的是，在实际业务中，询盘并不是每笔交易磋商必不可少的环节，买方或卖方都可不经对方提出询盘，而直接向对方做出发盘。还盘也不是交易磋商的必经环节，如受盘人接到发盘后立即接受，那么也不存在还盘；即使受盘人做出还盘，它实际上是对原发盘人做出的一项新的发盘，对还盘再做还盘同样是一项新的发盘。因此，在法律上，发盘和接受是交易磋商不可缺少的两个基本环节。现以美国 CRYSTAL KOBE LTD. 向上海市新龙股份有限公司发出一封询盘函为例加以说明。

CRYSTAL KOBE LTD.

1410 BROADWAY, ROOM 300 NEW YORK, NY10018 U. S. A.

TEL: 599-525-7000   FAX: 73423 FNCB HX

TO: SHANGHAI NEW GRAGON CO. , LTD. (FAX: 8621-65124743)

FM: CRYSTAL KOBE LTD. (FAX: 73423 FNCB HX)

DT: August 8th, 2019

Dear Sirs,

We are importers of textiles and manufactured cotton goods. We have recently conclude some satifactory business with CHINA TEX KNITWEAR AND MANUFACTURED GOODS IMPORT & EXPORT CORPORATION. We now have a good demand for ladies' blouse 400 DOZs and therefore write to you in the hope of establishing business relations.

From your recently published catalogue, we notice that you are able to supply ladies' blouse, and we should be grateful if you would kindly send us some samples of the goods which you can supply together with a comprehensive price list giving details of packing, specification and the time of shipment so as to enable us to go fully into the possibilities of business.

We look forward to your early news and trust that through our mutual cooperation we shall be able to conclude some transactions with you in the near feature.

Yours Faithfully,

CRYSTAL KOBE LTD.

Purchasing Manager

上海市新龙股份有限公司向美国 CRYSTAL KOBE LTD. 发盘，拟写了一份发盘函。

SHANGHAI NEW DRAGON CO. , LTD.

27. CHUNGSHAN ROAD E. 1.

SHANGHAI CHINA

TEL: 8621-65342517　FAX: 8621-65124743

TO：CRYSTAL KOBE LTD. (FAX: 73423 FNCB HX)

FM：SHANGHAI NEW DRAGON CO. , LTD.

DT: August 12th, 2019

Dear Sirs,

We are very pleased to receive your enquiry of 8th August and enclose our price list giving the details you ask for. Also by separate post we are sending you some samples and feel confident that when you have examined you will agree that the goods are both excellent in quality and reasonable in price.

Because of their softness and durability, our all ladies' blouse are rapidly becoming popular and after studying our prices you will learn that we are finding it difficult to meet the demand.

We look forward very much to the pleasure of receiving an order from you.

Yours Sincerely

SHANGHAI NEW DRAGON CO. , LTD.

×××

美国 CRYSTAL KOBE LTD. 收到上海新龙股份有限公司的发盘后给出了还盘函。

CRYSTAL KOBE LTD.

1410 BROADWAY, ROOM 300 NEW YORK, NY10018 U. S. A.

TEL: 599-525-7000　FAX: 73423 FNCB HX

TO：SHANGHAI NEW DRAGON CO. , LTD. (FAX: 8621-65124743)

FM：CRYSTAL KOBE LTD. (FAX: 73423 FNCB HX)

DT: August 20th, 2019

Dear Sirs,

Thank you for your letter dated August 12th, 2019 and attached quotation.

After careful examining and comparison with other brands of similar products, we found that your price is higher than the average in the market. In order to allow us a better competing position, we shall be grateful if you could reduce the price to USD 56 per DOZ CIF LESS 3% DISCOUNT. Moreover, we advise you to make some adjustment of your terms of payment L/C to D/P at sight and that the time of shipment should be on or before NOV 20th, 2019.

We hope we can enter into a lasting business relationship with you and look forward to receiving your reply.

Yours Faithfully,

CRYSTAL KOBE LTD.

Purchasing Manager

上海新龙股份有限公司收到美国 CRYSTAL KOBE LTD. 的还盘后，给出了一封还盘函。

SHANGHAI NEW DRAGON CO. , LTD.

27. CHUNGSHAN ROAD E. 1.

SHANGHAI CHINA

TEL: 8621-65342517   FAX: 8621-65124743

TO: CRYSTAL KOBE LTD. (FAX: 73423 FNCB HX)

FM: SHANGHAI NEW DRAGON CO. , LTD.

DT: August 23rd, 2019

Dear Sirs,

We have received your fax of August 20th, 2019. We are sorry to tell you that your prices are not appropriate to us. As you know, wages and materials have risen considerably theses days.

We are compelled to adjust our prices to cover the increasing cost. USD 61 per DOZ is our lowest level, which leaves us with only the smallest profit.

Although we have confidence in your integrity, our usual terms of payment by sight L/C remain unchanged in all cases with new clients. So for the time being, we regret our inability to accept your D/P terms. Maybe after several smooth and satisfactory transactions, we can consider other flexible ways.

The time of shipment should be effected within 2 months from receipt of the relevant L/C.

For your information, the demand for our products has been extremely great recently. This offer is valid for 5 days and we are looking forward to receiving your order at the earliest date.

Yours Sincerely

SHANGHAI NEW DRAGON CO. , LTD.

×××

美国 CRYSTAL KOBE LTD. 收到上海新龙股份有限公司的回函后，于 2019 年 8 月 24 日回函表示接受，并按回样条件再订 100 打。上海新龙股份有限公司于 26 日回函确认，并要求对方尽快开立信用证。

SHANGHAI NEW DRAGON CO. , LTD.

27. CHUNGSHAN ROAD E. 1.

SHANGHAI CHINA

TEL: 8621-65342517   FAX: 8621-65124743

TO: CRYSTAL KOBE LTD. (FAX: 73423 FNCB HX)

FM: SHANGHAI NEW DRAGON CO. , LTD.

DT: August 26th, 2019

Dear Sirs:

Thank you for your fax of August 24th, 2019.

Enclosed are two copies of your Sales Confirmation No. 21SSG-017. Please sign and return one copy for our file.

We can assure you of the high quality as well as the punctuate delivery so long as the relative L/C reaches our end in time. We suppose the conclusion of this transaction will lead to more business in future.

We appreciate your co-operation and look forward to receiving your further orders.

Yours Truly

SHANGHAI NEW DRAGON CO. , LTD.

×××

第二节 报价和成交核算

准确的价格计算是正确报出出口价格的前提条件。从事进出口业务的人员，应熟练掌握各种报价、还价、成交价格和盈亏的计算方法。

一、 出口报价的核算

出口报价的核算一般包括成本核算、运费核算、保险费核算、出口税收核算、佣金和折扣核算、银行费用核算和利润核算等。

（一）成本核算

出口商品价格的构成包括成本、费用和预期利润。其中，成本包括生产成本（制造商生产某一产品投入的成本）、加工成本（加工商对成品或半成品进行加工所需的成本）、采购成本（贸易商向供应商采购商品的支出），它们是价格的主要组成部分。出口商品价格中费用所占的比重虽然不大，但名目繁多，主要包括包装费（packing charges）、仓储费（warehousing charges）、国内运输费（inland transport charges）、认证费（certification charges）、港区杂费（port charges）、商检费（inspection charges）、捐费（duties and taxes）、银行费用（banking charges）、出口运费（freight charges）、保险费（insurance premium）和佣金（commission）等。预期利润无疑是出口价格三要素中最重要的部分。

对出口商而言，成本就是采购成本，一般地，供货商所报的价格就是采购成本。供货商报出的价格一般包含税收，即增值税。增值税是以商品进入流通环节所发生的增值额为课税对象的一种流转税。由于国家鼓励出口，为了提高本国商品的竞争力，往往对出口商品采取按增值税款金额或按一定比例退还税金的做法（也就是出口退税），因而在核算成本时应将出口退税减去。

【例2.1】 某商品每件购货成本是200元人民币，其中包括17%的增值税，若该商品出口退税率为9%，那么该商品（每件）的实际成本为多少？

解： 首先看下列公式

购货成本＝货价＋增值税额＝货价＋货价×增值税率＝货价×（1＋增值税率）

$$货价 = \frac{购货成本}{1＋增值税率}$$

实际成本＝购货成本－出口退税额

$$＝货价×（1＋增值税率）－货价×出口退税率$$

$$＝货价×（1＋增值税率－出口退税率）$$

$$＝\frac{购货成本}{1＋增值税率}×（1＋增值税率－出口退税率）$$

$$购货成本 = \frac{实际成本×（1＋增值税率）}{1＋增值税率－出口退税率}$$

$$退税收入 = 货价×出口退税率 = \frac{购货成本}{1＋增值税率}×出口退税率$$

利用上述公式，可算出每件商品的实际成本。

$$实际成本 = \frac{购货成本}{1+增值税率} \times (1+增值税率-出口退税率)$$

$$= \frac{200 \times (1+17\%-9\%)}{1+17\%} = 184.6（元人民币）$$

（二）运费核算

在国际贸易报价中，运费是构成报价的一个很重要的组成部分，因此，对运费进行认真核算就显得尤为重要。下面主要介绍海洋运输和航空运输的运费核算。

1. 海洋运输运费的核算

海洋运输是国际贸易货物运输的一种主要方式。海洋运输根据船舶经营方式的不同又可分为班轮运输和租船运输两种，其中以班轮运输方式为主。在班轮运输方式中，其运费计算又分为件杂货运费和集装箱运费两类。

（1）件杂货班轮运费核算。件杂货班轮运费包括基本运费和附加费两部分。基本运费指对运输每批货物所应收取的最基本的运费，是整个运费的主要构成部分，它按航线上基本港之间的运价给出，是计收班轮运输基本运费的基础。其计收标准包括以下几种。

① 按货物的毛重计收，在运价表中用字母"W"表示，称为重量吨。在我国一般以1公吨为计费单位，国外也有按长吨、短吨计算的。

② 按货物的体积计收，在运价表中用字母"M"表示，称为尺码吨。一般以1立方米为计费单位。

③ 按商品的价格计收，即按从价运费收取，在运价表内用"AV"（拉丁文 Ad Valorem，意即"从价"）表示。从价运费是指该种货物应按其 FOB 价格的某一百分比计算运费。

④ 按货物的毛重或体积从高计收，即由船公司选择二者之中运费较高者计收，在运价表中用"W/M"表示。

⑤ 选择货物的重量、体积或价值三者中较高的一种来计收运费，在运价表中用"W/M or AV"表示；或选择货物重量或体积中较高者再加上从价运费计收运费，运价表中用"W/M plus AV"表示。

⑥ 按货物的件数计收，又称计件收费。

⑦ 临时议定价格，按船货双方临时议定的价格收取运费。

在实际业务中，经常有一些需要特殊处理的货物，如需要挂靠非基本港或转船接运；即使是基本港之间的运输，也因为基本港的自然条件、管理规定、经营方式等情况的不同而导致货物运输成本的差异，这些都会使班轮公司在运营中额外支付相应的费用。为了使这些额外开支得到一定的补偿，在计算全程运费时，需要在基本运费的基础上计收一定的追加额，即构成班轮运费的另一组成部分——"附加运费"。附加运费主要包括以下几种。

① 燃油附加费（bunker adjustment factor，BAF；bunker surcharge，BS）：在燃油价格上涨时，按每一运费吨加收一绝对数或按基本运价的一定百分比加收的附加费。

② 货币贬值附加费（currency adjustment factor，CAF）：承运人为了弥补货币兑换过程中的汇兑损失而加收的附加费。

③ 转船附加费（transshipment additional）：凡运往非基本港的货物，需转船运往目的港时船方加收的附加费。

④ 港口附加费（port additional）：船公司因有些港口设备条件差、装卸效率低或其他原因加收的附加费，一般按基本运价的一定百分比收取。

⑤ 港口拥挤附加费（port congestion surcharge）：由于港口拥挤，船舶抵港后需要长时间等泊而产生额外费用时，为补偿船期延误损失而增收的附加费即为港口拥挤附加费。

⑥ 选港附加费（optional surcharge）：有时货方在托运时难以确定具体卸货港口而要在两个以上港口中进行选择，为此船公司在积载时予以特别安排而加收的附加费。

⑦ 超重附加费（heavy lift additional）：每件商品的毛重超过规定重量时所加收的附加费。这种商品称为超重货，承运人通常规定一件货物的毛重超过 5 公吨时收取超重附加费。

⑧ 超长附加费（long length additional）：由于单件货物的外部尺寸超过规定的标准会产生额外费用，承运人为补偿这一费用所计收的附加费称为超长附加费。一般来说，单件长度超过 9 公尺的件杂货须加收超长费。

⑨ 直航附加费（direct additional）：这是托运人要求承运人将其托运的货物从装货港不经过转船而直接运抵航线上某一非基本港时所加收的附加费。托运人交运一批商品必须达到某一数量时，承运人才会同意托运人提出的直航要求，并按规定加收直航附加费。

⑩ 变更卸货港附加费（alteration of discharging port additional）：由于收货人变更、交货地变更或清关问题等需要，有些货物在装船后需变更卸货港，而货物不在提单上原定的卸货港卸货而加收的附加费称为变更卸货港附加费。

班轮附加费的计算方法有两种：一种是在基本费率基础上加一个百分比；另一种是在每运费吨后直接加若干金额。上述基本运费和各种附加费均按班轮运价表计算。

以下就件杂货班轮运费计算的公式做出推导

$$F = F_b + \Sigma S$$

式中：F 为运费总额；F_b 为基本运费额；S 为某一项附加费。

基本运费是所运商品的计费吨（重量吨或尺码吨）与基本运价（费率）的乘积，即

$$F_b = Q \times f$$

式中：f 为基本运价；Q 为计费吨。

附加运费是基本运费的一定百分比

$$F = F_b + (S_1 + S_2 + \cdots + S_n)F_b$$
$$= Q \times f + Q \times f(S_1 + S_2 + \cdots S_n)$$
$$= Q \times f(1 + S_1 + S_2 + \cdots S_n)$$

附加费是按每计费吨加收若干金额的形式

$$F = Fb + \Sigma S$$
$$= Q \times f + (S_1 + S_2 + \cdots S_n)Q$$
$$= Q \times (f + S_1 + S_2 + \cdots S_n)$$

一般来说，件杂货班轮运费的计算步骤如下：

① 根据商品的英文名称在货物分级表中查出该商品的等级和计费标准；

② 查看航线费率表，查出基本费率；

③ 查看附加费率表，查出附加费率。

【例 2.2】 出口箱装货物共 100 箱，报价为每箱 4 000 美元 FOB 某港，基本费率为每运费吨 26 美元或按 AV 收取 1.5%，以 W/M or AV 选择法计算，每箱体积为 1.4m×1.3m×1.1m，毛重为每箱 2 公吨，并加收燃油附加费 10%，求总运费。

解： 求每箱基本运费。

按 "W" 计算： 26×2＝52（美元）

按 "M" 计算： 26×1.4×1.3×1.1＝52.05（美元）

按 "AV" 计算： 4 000×1.5%＝60（美元）

三者中选最高的，则该批货物每箱的基本运费为 60 美元。

总运费：60×（1＋10%）×100＝6 600（美元）

（2）集装箱班轮运费核算。集装箱班轮运输方式的运费计算与件杂货班轮运输中运费的计算原则相似。海运集装箱货物运输费主要包括：①内陆运输费（inland transportation charges）；②堆场服务费（terminal handling charges）；③拼箱服务费（LCL service charges）；④设备使用费（fee for use container and other equipments）；⑤海运运费（ocean freight）。集装箱货物海运运费根据货量的大小，有拼箱货（LCL）和整箱货（FCL）两种不同的计算方式：① 采用与计算普通件杂货班轮运费基本相同的方法，即以每运费吨为计算单位，按照传统的件杂货等级费率收取基本运费外，再加收一定的附加费，拼箱货运费的计算通常采用这种方法；② 采用包箱费率（box rate），即对单位集装箱计收运费，常见的集装箱包箱费率有 FAK、FCS 和 FCB 三种，常用于整箱货运输。采用包箱费率计算集装箱基本运费时，只需根据具体航线、货物等级以及箱型来计算。

【例 2.3】 某公司出口电缆 1 000 箱，装入一个 20 英尺的集装箱，每箱电缆的体积为 20cm×20cm×30cm，每箱重 17.5kg。查货物分级表得知该货属于 10 级货，按 "W/M" 计收运费，海运费的基本费率是 1 000USD/TEU；查附加费率表得知需收取燃油附加费 30%。试计算运费。

解： 由于所运货物装入了一个 20 英尺集装箱，故

$$F = F_b + \Sigma S$$
$$= 1\ 000 + 1\ 000 \times 30\%$$
$$= 1\ 300（美元）$$

2. 航空运输运费的核算

（1）基本概念。

① 运价（rate）。运价，又称费率，是指承运人对所运输的每一重量单位货物（公斤或磅）所收取的自始发地机场至目的地机场的航空费用。

② 航空运费（weight charge）。货物的航空运费是指航空公司将一票货物自始发地机场运至目的地机场所应收取的航空运输费用。该费用根据每票货物所适用的运价和货物的计费重量计算而得。每票货物是指使用同一份航空货运单的货物。

③ 其他费用（other charges）。其他费用是指由承运人、代理人或其他部门收取的与航空货物运输有关的费用。

（2）计费重量（chargeable weight）。计费重量是指用以计算货物航空运费的重量。货物的计费重量可能是货物的实际毛重，也可能是货物的体积重量，或者是较高重量分界点的重量。

① 实际毛重（actual gross weight）。包括货物包装在内的货物重量称为货物的实际毛重。由于受到飞机最大起飞全重及货舱可用业载的限制，一般情况下，对于高密度货物（high density cargo），应考虑将其实际毛重作为计费重量。

② 体积重量（volume weight）。按照国际航协规则，将货物的体积按一定的比例折合成的重量，称为体积重量。由于货舱空间体积的限制，一般对于低密度的货物（low density cargo），即轻泡货物，应考虑将其体积重量作为计费重量。

一般而言，不论货物的形状是否为规则长方体或正方体，计算货物体积时，均应以最长、最宽、最高的三边的厘米长度计算。长、宽、高的小数部分按四舍五入取整，体积重量的折算的标准为每 6 000cm³ 折合 1kg，即

$$体积重量（kg）= \frac{货物体积（cm^3）}{6\ 000（cm^3/kg）}$$

③ 较高重量分界点的重量。一般地，计费重量采用货物的实际毛重与货物的体积重量两者中的高者；但当货物按较高重量分界点的较低运价计算的航空运费较低时，则此较高重量分界点的货物起始重量作为货物的计费重量。

国际航协规定，国际货物的计费重量以 0.5kg 为最小单位，重量尾数不足 0.5kg 的，按 0.5kg 计算；0.5kg 以上不足 1kg 的，按 1kg 计算。

例如，103.001kg→103.5kg   103.501kg→104.0kg

当使用同一份运单，收运两件或两件以上可以采用同样种类运价计算运费的货物时，其计费重量规定为：计费重量为货物总的实际毛重与总的体积重量两者较高者。同上所述，较高重量分界点重量也可能成为货物的计费重量。

（3）最低运费（minimum charges）。最低运费是指一票货物自始发地机场至目的地机场航空费用的最低限额。

货物按其适用的航空运价与其计费重量计算所得的航空费用应与货物最低运费相比，取较高者。

目前，国际货物运价按制定的途径划分，主要分为协议运价和国际航协运价。协议运价是指航空公司与托运人签订协议，托运人保证每年向航空公司交运一定数量的货物，航空公司则向托运人提供一定数量的运价折扣。国际航协运价是指 IATA 在 TACT 运价资料上公布的运价，按照 IATA 货物运价公布的形式划分，国际货物运价可分为公布直达运价和非公布直达运价。其中，公布直达运价包括普通货物运价（general cargo rate）、指定商品运价（specific commodity rate）、等级货物运价（commodity classification rate）和集装货物运价（unit load device rate）；非公布直达运价包括比例运价（construction rate）和分段相加运价（combination of rates and charges）。下面主要介绍普通货物运价和指定商品运价。

（4）普通货物运价。普通货物运价（general cargo rate，GCR）是指除了等级货物运价和指定商品运价以外的适用于普通货物运输的运价。该运价公布在 *TACT Rates Books* Section 4 中。

通常，普通货物运价根据货物重量不同，分为若干个重量等级分界点运价。例如，

"N"表示标准普通货物运价（normal general cargo rate），是指45kg以下的普通货物运价（如无45kg以下运价时，N表示100kg以下普通货物运价）。同时，普通货物运价还公布有"Q45""Q100""Q300"等不同重量等级分界点的运价。这里，"Q45"表示45kg以上（包括45kg）普通货物的运价，以此类推。对于45kg以上的不同重量分界点的普通货物运价均用"Q"表示。

用货物的计费重量和其适用的普通货物运价计算而得的航空运费不得低于运价资料上公布的航空运费的最低收费标准。以下为普通货物运费的计算步骤。

① 计算步骤的术语解释。

volume：体积

volume weight：体积重量

chargeable weight：计费重量

applicable rate：适用运价

weight charge：航空运费

②计算。

【例2.4】 Routing：BEIJING，CHINA（BJS）to TOKYO，JAPAN（TYO）

Commodity：Sample

Gross Weight：25.2kg

Dimensions：82cm×48cm×32cm

计算该票货物的航空运费。

公布运价如下：

BEIJING		CN		BJS
Y. RENMINBI		CNY		KGS
TOKYO	JP	M		230.00
		N		37.51
		45		28.13

解：Volume：82cm×48cm×32cm＝125 952 cm^3

Volume Weight：125 952 cm^3÷6 000 cm^3/kg＝20.99kg＝21.0kg

Gross Weight：25.2kg

Chargeable Weight：25.2kg

Applicable Rate：GCR N 37.51 CNY/KG

Weight Charge：25.5×37.51＝CNY956.51

航空货运单运费计算栏填制如下：

No. Of Pieces RCP	Gross Weight	Kg Lb	Rate Class		Chargeable Weight	Rate/ Charge	Total	Nature and Quantity of Goods(Incl dimensions or Volume)
			Commodity Item No.					
1	25.2	K	N		25.5	37.51	956.51	SAMPLE DIMS:82cm×48cm×32cm

【例2.5】 Routing：BEIJING, CHINA (BJS) to AMSTERDAM, HOLLAND (AMS)

Commodity：PARTS

Gross Weight：38.6kg

Dimensions：101cm×58cm×32cm

计算该票货物的航空运费。

公布运价如下：

BEIJING	CN		BJS
Y. RENMINBI	CNY		KGS
AMSTERDAM NL	M		230.00
	N		50.22
		45	41.53
		300	37.52

解：（1）按实际重量计算。

Volume：101cm×58cm×32cm＝187 456 cm³

Volume Weight：187 456cm³÷6 000cm³/kg＝31.24kg＝31.5kg

Gross Weight：38.6kg

Chargeable Weight：39.0kg

Applicable Rate：GCR N 50.22 CNY/KG

Weight Charge：39.0×50.22＝CNY1 958.58

（2）采用较高重量分界点的较低运价计算。

Chargeable Weight：45.0kg

Applicable Rate：GCR Q 41.53 CNY/KG

Weight Charge：41.53×45.0＝CNY1 868.85

（1）与（2）比较，取运费较低者，即CNY1 868.85。

航空货运单运费计算栏填制如下：

No. Of Pieces RCP	Gross Weight	Kg Lb	Rate Class / Commodity Item No.		Chargeable Weight	Rate/ Charge	Total	Nature and Quantity of Goods(Incl dimensions or Volume)
1	38.6	K	Q		45.0	41.53	1 868.85	PARTS 101cm×58cm×32cm

（5）指定商品运价。指定商品运价（specific commodity rate，SCR）是指适用于自规定的始发地至规定的目的地运输特定品名货物的运价。通常情况下，指定商品运价低于相应的普通货物运价。就其性质而言，该运价是一种具有优惠性质的运价。鉴于此，在使用指定商品运价时，要求货物的起讫地点、运价使用期限、货物运价的最低重量起点等均需符合特定的条件。

① 指定商品运价的使用规则。在使用指定商品运价时，只要所运输的货物满足下述

三个条件，则自运输始发地到运输目的地就可以直接使用指定商品运价：

  a. 运输始发地至目的地之间有发布的指定商品运价；

  b. 托运人所交运的货物，其品名与有关指定商品运价的货物品名相吻合；

  c. 货物的计费重量满足使用指定商品运价时的最低重量要求。

  使用指定商品运价计算航空运费的货物，其航空货运单的"RATE CLASS"栏用字母"C"表示。

  ② 指定商品运费的计算包括以下几个步骤。

  a. 先查询运价表，如有指定商品代号，则考虑使用指定商品运价。

  b. 查找 *TACT Rates Books* 的品名表，找出与运输货物品名相对应的指定商品代号。

  c. 如果货物的计费重量超过指定商品运价的最低重量，则优先使用指定商品运价。

  d. 如果货物的计费重量没有达到指定商品运价的最低重量，则需要比较计算。

  【例 2.6】 Routing：BEIJING，CHINA（BJS）to OSAKA，JAPAN（OSA）

Commodity：FRESH APPLES

Gross Weight：EACH 65.2kg，TOTAL 5 PIECES

Dimensions：102cm×44cm×25cm×5

计算该票货物的航空运费。

公布运价如下：

BEIJING		CN		BJS
Y. RENMINBI		CNY		KGS
OSAKA	JP		M	230.00
			N	37.51
			45	28.13
		0008	300	18.80
		0300	500	20.61
		1093	100	18.43
		2195	500	18.80

  解：查找 *TACT Rates Books* 的品名表，品名编号"0008"所对应的货物名称为"FRUIT，VEGETABLES—FRESH"，现在承运的货物是 FRESH APPLES，符合指定商品代码"0008"，货主交运的货物重量符合"0008"使用指定商品运价时的最低重量要求。

  运费计算如下：

Volume：102cm×44cm×25cm×5＝561 000cm³

Volume Weight：561 000cm³÷6 000cm³/kg＝93.5kg

Gross Weight：65.2×5＝326.0kg

Chargeable Weight：326.0kg

Applicable Rate：SCR 0008/Q300 18.80 CNY/KG

Weight Charge：326.0×18.80＝CNY6 128.80

航空货运单运费计算栏填制如下：

No. Of Pieces RCP	Gross Weight	Kg Lb	Rate Class		Chargeable Weight	Rate/ Charge	Total	Nature and Quantity of Goods(Incl dimensions or Volume)
			Commodity Item No.					
5	326.0	K	C	0008	326.0	18.80	6 128.80	FRESH APPLES DIMS:102cm×44cm×25cm×5

值得注意的是，在使用指定商品运价计算运费时，如果不能完全满足指定商品运价直接使用的条件，如货物的计费重量没有达到指定商品运价使用的最低重量要求，使得按指定商品运价计算的运费高于按普通货物运价计算的运费，则按较低者收取航空运费。

（三）保险费核算

在进出口业务中，保险金额（insured amount）是被保险人对保险标的的实际投保金额，是保险公司所承担的最高赔偿金额，也是保险费的计算基础，一般由买卖双方商定。根据《跟单信用证统一惯例》（国际商会第 600 号出版物）和《2020 年国际贸易术语解释通则》的规定："除非信用证另有规定，保险单据必须表明最低投保金额应为货物的 CIF 或 CIP 价格的总值加成 10％"，即投保的最低金额应为发票的 CIF 或 CIP 价加一成。当然，保险加成并非必须是 10％，加成的目的是弥补被保险人的各项经营费用及预期利润的损失，因此，如果买方要求以较高的加成率计算投保金额，在保险公司同意承保的前提下卖方可以接受，但超出部分的保险费应由买方负担。

在出口贸易中，在以 CIF（或 CIP）术语成交的情况下，出口方需对保险费进行核算，具体计算公式如下

$$保险金额＝CIF（CIP）货价×（1＋保险加成率）$$

$$保险费＝保险金额×保险费率$$

如以其他贸易术语成交，则应先折算为 CIF 或 CIP，再加成计算保险金额。以下为 FOB、CFR 价和 CIF 价及 FCA、CPT 价和 CIP 价的换算公式。

FOB 价换算为 CFR、CIF 价的公式

$$CFR＝FOB＋f（运费）$$

$$CIF＝\frac{FOB＋f（运费）}{1－（1＋投保加成率）×保险费率}$$

CFR 价换算为 FOB、CIF 价的公式

$$FOB＝CFR－F$$

$$CIF＝\frac{CFR}{1－（1＋投保加成率）×保险费率}$$

FCA 价换算为 CPT、CIP 价的公式

$$CPT＝FCA＋f（运费）$$

$$CIP＝\frac{FCA＋f（运费）}{1－（1＋投保加成率）×保险费率}$$

CPT 价换算为 FCA、CIP 价的公式

$$FCA=CPT-f(运费)$$

$$CIP=\frac{CPT}{1-(1+投保加成率)\times保险费率}$$

中国人民保险公司还制定了一份保险费率常数表，该表是以 CFR（或 CPT）价计算 CIF（或 CIP）价的速算表，只需用 CFR（或 CPT）价直接乘以表内常数，便可算出 CIF（或 CIP）价，可以简化计算过程。

我国进口货物的保险金额原则上也是按进口货物的 CIF（或 CIP）价计算，但实务中大部分进口合同是采用 FOB（或 CFR）贸易术语，在向中国人民保险公司进行投保时，均按估算出的 CIF（或 CIP）价作为投保金额而不必加成，其中的运费率和保费率采用平均值计算。

（四）出口税收核算

对出口货物，我国海关根据《中华人民共和国进出口关税条例》的规定和《中华人民共和国海关进出口商品税则》规定的税率从价征收出口关税。按照规定，出口商品应缴纳有关税金。特别是在 WTO 自由贸易的框架下，许多国家只对关系国际民生、本国稀有储备或高科技产品的出口通过关税或其他手段予以限制，而对于大部分正常贸易中的商品是不予征税的，目的是更好地鼓励本国商品的出口。

$$出口货物应纳关税=出口货物完税价格\times出口货物关税税率$$

其中，出口货物完税价格是海关征收关税所依据的价格，目前，我国海关征收出口关税是以商品的离岸价为基础的，即以 FOB 价成交时

$$出口货物完税价格=\frac{FOB 价}{1+出口税率}$$

而以 CFR 或 CIF 价成交时，应先将运费、保险费减去，即以 CFR 价成交时

$$出口货物完税价格=\frac{CFR 价-运费}{1+出口税率}$$

以 CIF 价成交时

$$出口货物完税价格=\frac{CIF 价-保险费-运费}{1+出口税率}$$

【例 2.7】 某公司出口一批化学原料共 1 000kg，出口关税为 30%，成交价为每 kg 100 美元 CFR 科威特，假设从上海到科威特的运费为 4 000 美元，汇率为 100 美元兑换 600.00 人民币，

完税价格为：$\frac{(100\times1\ 000-4\ 000)}{(1+30\%)}=73\ 846$（美元）

出口应缴关税为：$73\ 846\times30\%\times6.00=132\ 922.80$（元人民币）

（五）佣金和折扣核算

佣金是中间商因介绍买卖而取得的报酬。在进出口业务中，如交易对象是中间商，就涉及佣金问题。折扣则是卖方按原价格给买方一定比例的减让。

佣金和折扣的运用，可以起到调整价格，增强竞争力，促进客商经营积极性，扩大交易的作用。正确运用佣金和折扣可以达到灵活掌握价格的目的，但必须掌握好幅度，应区

别不同的商品、市场、交易对象等具体情况，否则会适得其反。

1. 佣金和折扣的表示方法

凡价格中包含佣金的称为含佣价。含佣价的表示方法可以使用文字说明，如每公吨250 美元 CIF 伦敦包括佣金 3％（USD 250 Per Metric ton CIF London including 3％ commission）；也可以在贸易术语之后用加佣金的缩写英文字母和所给佣金的百分率表示，如每公吨 200 美元 CIFC2％伦敦（USD 250 Per Metric CIFC2％ London）。

折扣一般用文字说明，例如，每公吨 200 美元 CIF 伦敦减 1％折扣（USD 200 Per Metric ton CIF London Less 1％ discount）；有时也用 R（Rebate 的缩写）表示包含折扣。

2. 佣金的计算方法

在我国进出口业务中，一般是以发票金额（即含佣价）为基数计算佣金的，即用发票金额乘以佣金率。例如，每公吨 200 美元 CIFC2％伦敦，发票金额为每公吨 200 美元，佣金即为每公吨 4 美元。

佣金的核算公式为

$$净价＝含佣价－佣金$$

$$佣金＝含佣价×佣金率$$

在国际贸易的做法中，也有按 FOB 净价为基数计算佣金的。例如，CIF 买卖合同中，双方洽定以 FOB 净价为基数计算佣金，就必须将 CIF 价换算成 FOB 价再计算应付的佣金数。

3. 净价与含佣价之间的换算

净价与含佣价的差额是佣金，它们之间的换算公式为

$$佣金＝含佣价×佣金率$$

$$净价＝含佣价－含佣价×佣金率＝含佣价×（1－佣金率）$$

$$含佣价＝\frac{净价}{1－佣金率}$$

【例 2.8】　我国某出口公司向英国某商人出售一批货物，中方原报价为 CIF 伦敦 C3％ 850 美元，后英商要求改报 CIFC5％，问：我方在净收益不变的情况下应如何报价？

解：本题已知含佣价 CIFC3％为 850 美元，佣金率为 3％，可首先计算净价

$$净价＝含佣价×（1－佣金率）＝850×（1－3％）＝824.5（美元）$$

净收益不变，即 824.5 美元，佣金率为 5％时，含佣价为

$$含佣价＝\frac{净价}{1－佣金率}＝\frac{824.5}{1－5％}＝867.9（美元）$$

（六）银行费用核算

不同的结汇方式，银行收取的费用不同；同一结汇方式，不同银行收取的费用也不尽相同。一般来说，L/C 费率为 1.5％，D/A 费率为 0.15％，D/P 费率为 0.17％，T/T 费率为 0.1％。银行在收取费用时是按报价总金额来计收，其公式为

$$银行费用＝报价总金额×银行费率$$

有时，企业由于周转资金短缺而无法向国内供应商采购货物，企业会向银行提出融资申请，这样就会出现银行给企业垫款的情况，此时企业必须向银行支付垫款利息。由于垫款是

出口商向国内供应商购买货物而发生的，所以垫款利息是按照采购总成本来计算的。

（七）利润核算

核算利润额时应注意计算基数，可以以成本为基数，也可以以售价为基数，各公司规定不同。对外报价中，利润留成占有的比重是非常重要的，必须根据商品的特征、行业和市场及企业自身的策略等因素综合考虑，要做到既保持一定的利润留成，维护企业的发展利益，又具一定的市场竞争力。在进行利润核算时，一般有以下两种方法作为依据。

第一种方法是以成本作为计算的基础，如某产品的收购成本为 100 元人民币，利润率为 20%，则利润为 20（100×20%）元人民币，销售价格为 120（100＋20）元人民币。

第二种方法是以销售价格作为计算的基础，如上例中，利润率为销售价格的 20%。

$$销售价格＝收购成本＋利润$$
$$利润＝销售价格×20\%$$

则

$$销售价格＝收购成本＋销售价格×20\%$$
$$销售价格＝\frac{收购成本}{1－20\%}＝\frac{100}{0.8}＝125（元人民币）$$
$$利润＝125×20\%＝25（元人民币）$$

（八）出口报价核算实例分析

出口报价首先要明确其价格构成，一般来说，报价主要包括成本、各项费用以及利润。就具体的贸易术语来说，FOB 价包括成本、国内费用和预期利润；CFR 价包括成本、国内费用、出口运费和预期利润；CIF 价包括成本、国内费用、出口运费、出口保险费和预期利润。对于出口报价可以采用前面（一）至（七）的方法进行核算，但在此给出一个概括性的公式

$$出口报价＝\frac{货物实际成本＋出口各项费用额之和}{1－出口各项费用率之和－利润率}$$

下面利用上海新龙股份有限公司向美国 CRYSTAL KOBE LTD. 的报价进行核算。报价资料：每打 CIFC3％ NY，共 400 打女士短衫。含增值税 17% 的成本是 24.88CNY/PC，退税率为 9%。国内费用包括：运杂费 860 元人民币；商检报关费 150 元人民币；港区杂费 600元人民币；认证费 80 元人民币；业务费 1 000 元人民币；其他费用 800 元人民币。海洋运输费用为 2 070 美元。海运保险按 CIF 价格加 10% 投保中国人民保险公司海运货物保险条款中的一切险和战争险，其保险费率合计为 0.85%。客户佣金为出口报价的 3%，利润为报价的 10%，外汇牌价为 6 元人民币兑换 1 美元。请核算 CIFC3％NY 价是多少？

（1）成本计算。

含税成本：24.88（元人民币/件）

退税收入：24.88÷（1＋17%）×9%＝1.9138（元人民币/件）

实际成本：24.88－1.913 8＝22.966 2（元人民币/件）

（2）费用计算。

国内费用：（860＋150＋600＋80＋1 000＋800）÷4800＝0.727 1（元人民币/件）

出口运费：2 070×6.0÷4 800＝2.587 5（元人民币/件）

客户佣金：报价×3%

保险费：CIF 报价×110％×0.85％

（3）利润计算。

报价：报价×10％

（4）核算 CIFC3％NY。

CIF 报价＝成本＋费用＋利润

　　　　＝22.966 2＋0.727 1＋2.587 5＋报价×3％ ＋报价×110％×0.85％＋报价×10％
　　　　（实际成本）（国内运费）（出口运费）（客户佣金）（海运保险费）　　　　（预期利润）

CIFC3％＝（22.966 2＋0.727 1＋2.587 5）÷[1－3％－（110％×0.85％）－10％]

　　　　＝26.280 8÷0.860 7

　　　　＝30.534 2（元人民币/件）

　　　　＝5.089 0（美元/件）

即每打约报价 61 美元。

二、 出口还价核算

在竞争激烈的市场环境中，一方发盘，另一方总是要还盘，因此，收到对方的还盘后，如何进行还盘核算就成了出口方的重要工作内容。在实际业务中，出口商首先对还盘进行必要的分析和核算，了解对方要求价格对自己预期利润的影响程度；其次要分析价格构成中的哪些要素可以做出调整，如能否减少费用开支、降低采购成本等。总之，在进行出口还价核算时，出口商应考虑如果接受客户的还价，自己是否还有利润，利润是多少。只有经过这样的核算，才能知道能否接受对方的还价。实例分析如下。

【例2.9】 美国 CRYSTAL KOBE LTD. 收到上海新龙股份有限公司发盘后，对其报价进行了还价。还价要求：每打 USD56 CIFC3％ NY，共 400 打女士短衫。那么，上海新龙股份有限公司能否接受该价格呢？

还价核算分析：

利润＝销售收入－实际购货成本－国内费用－海洋运费－保险费－佣金

　　＝56×6.00÷12－22.966 2－0.727 1－2.587 5－56×6.00÷12×（110％×0.85％
　　　＋3％）

　　＝28－22.966 2－0.727 1－2.587 5－1.101 8

　　＝0.617 5（元人民币/件）

总利润额＝0.617 5×400×12＝2 964（元人民币）

利润率＝0.617 5×12÷（56×6.00）×100％＝2.21％

由以上分析可知，上海新龙股份有限公司无法接受对方的还价，因该价格对应的利润率太低，而且国内采购成本和其他费用随着国内经济的发展也无法降低，因此，上海新龙股份有限公司应向对方说明由于国内原材料价格和物价水平的上涨现状，56USD 每打的报价无利可图，报出每打 61 美元 CIFC3％ NY 的价格是经过仔细核算的，最终对方于 8 月 24 日来函追加订购 100 打。

三、 出口成交核算

一般来说，出口成交核算与还价核算的过程基本相同，不同的是成交核算是在双方达成交易后出口方对其成交结果的总结。下面根据上例按每打 61 美元 CIFC3％ NY 的报价核算企业的利润额和利润率。

购货总成本＝24.88×500×12＝149 280（元人民币）

出口退税收入＝149 280÷(1＋17％)×9％＝11 483.0769（元人民币）

国内费用总额＝860＋150＋600＋80＋1 000＋800＝3 490（元人民币）

出口运费总额＝2 070×6.00＝12 420（元人民币）

合同利润总额＝销售收入＋出口退税收入－出口运费－出口保险费－客户佣金－采购
成本－国内费用

$$＝61×6.00×500＋11\ 483.0769－12\ 420－61×6.00×500×110％×$$
$$0.85％－61×6.00×500×3％－149\ 280－3\ 490$$
$$＝22\ 092.026\ 9（元人民币）$$

利润率＝22 092.026 9÷183 000×100％＝12.07％

四、 出口商品盈亏核算

随着全球经济一体化以及我国加入 WTO 后经济迅猛发展，出口商品在国际市场上的竞争越来越激烈，商品是否有竞争力，价格因素起着非常重要的作用，因此对出口商品的价格要进行准确的核算，要做到既有竞争力，同时又要具备一定的盈利水平。

一般来说，以下两个指标在进行出口商品盈亏核算时较为常用。

（一）出口商品盈亏率

出口商品盈亏率是指出口商品盈亏额与出口商品总成本的比率。比率为正表示盈利，为负则意味着亏本。

$$出口商品盈亏率＝\frac{出口商品盈亏额}{出口商品总成本}×100％$$

其中，出口商品总成本包含原料成本、生产加工费、加工损耗、管理费用、机器损耗、国内运费、税金和杂费等。由于目前大部分企业仍享有出口退税待遇，所以出口成本中应减掉这部分退税收入。

出口商品总成本（退税后）＝出口商品采购成本（含增值税)＋定额费用－出口退税收入

其中

定额费用＝出口商品采购进价×费用定额率(5％～10％)。

定额费用一般包括生产加工费、银行利息、交通费用、管理费用和仓储费用等。

以 FOB 对外报价时，出口商品盈亏额＝出口销售人民币总收入－出口总成本

以 CIF 对外报价时，出口商品盈亏额＝出口销售人民币总收入－国际运费－保险费－出口总成本。

【例 2.10】 某服装进出口公司对外报价为每打 USD350.00CIF NEW YORK，总计 300 打，原料采购成本（含 17% 的增值税）为 CNY300 000.00，生产加工费 CNY 200 000.00，加工损耗为 2%，管理费用为 10%，仓储费用为 6%，退税率为 12%，运费为每打 USD10.00，保险费为每打 USD1.00，若暂不考虑机器损耗和其他杂费，以买入价 USD1＝CNY6.00（为美元的买入价）计算该出口商品盈亏率。

解： 计算盈亏率的时候应首先将货币统一，方法为

出口销售人民币总收入＝350.00×300×6.00＝630 000（元人民币）

出口商品总成本＝300 000.00＋200 000.00＋300 000.00×（2%＋10%＋6%）－

300 000.00÷（1＋17%）×12%

＝523 231（元人民币）

出口商品盈亏额＝出口销售人民币总收入－出口总成本－运费－保险费

＝630 000－523 231－（3000＋300）×6.00

＝86 969（元人民币）

出口商品盈亏率＝$\dfrac{86\ 969}{523\ 231}$×100%＝16.62%

从例 2.10 中可以看出，出口商品的盈利不仅与生产过程的成本有关，而且还与本币和进口国货币的比价有直接关系。

（二）出口商品换汇成本

出口商品换汇成本是指通过商品出口，用多少本币可以换回一个单位外币的比率。这项指标较为直观，在实际业务中常被采用，其计算公式为

$$换汇成本＝\dfrac{出口总成本（本币）}{出口商品的外汇净收入（FOB 价）}$$

用换汇成本核算盈亏的方法是将计算出的换汇成本与银行外汇买入价进行比较，如果计算出的换汇成本大于外汇买入价，则表示亏损；反之，则意味着盈利。

如例 2.10，其换汇成本计算如下：

出口商品的外汇净收入（FOB 价）＝105 000.00－3 000.00－300.00

＝101 700.00（美元）

出口总成本＝523 231.00（元人民币）

换汇成本＝$\dfrac{523\ 231}{101\ 700}$＝5.144 8（元人民币/美元）

通过以上计算可以看出通过出口该商品，每换回 1 美元需要 5.144 8 元人民币，而外汇牌价为每买入 1 美元需要 6.00 元人民币，因此每换回 1 美元可盈利 0.855 2（6.00－5.144 8）元人民币，盈利率为 16.62%$\left(\dfrac{0.855\ 2}{5.144\ 8}×100\%\right)$，与例 2.10 的计算结果相吻合。

（三）出口商品盈亏核算实例分析

下面以上海新龙股份有限公司向美国 CRYSTAL KOBE LTD. 的报价为例，核算上海新龙股份有限公司的出口商品盈亏率和出口商品换汇成本。

出口商品盈亏率的核算如下。

（1）出口销售人民币总收入＝61×6.00×500＝183 000（元人民币）

（2）出口商品总成本＝149 280＋3 490－11 483.076 9
$$=141\ 286.923\ 1（元人民币）$$

（3）出口商品盈亏额＝出口销售人民币总收入－运费－保险费－出口总成本
$$=183\ 000×(1-3\%)-12\ 420-1\ 711.05-1412\ 86.923\ 1$$
$$=22\ 092.026\ 9（元人民币）$$

（4）出口商品盈亏率＝$\dfrac{22\ 092.026\ 9}{141\ 286.923\ 1}×100\%=15.64\%$

出口商品换汇成本的核算如下。

出口商品的外汇净收入（FOB价）＝30 500×（1－3%）－2 070－30 500×110%
$$×0.85\%$$
$$=29\ 585-2070-285.175$$
$$=27\ 229.825（美元）$$

出口总成本＝141 286.923 1（元人民币）

换汇成本＝$\dfrac{141\ 286.92\ 31CNY}{27\ 229.825USD}=5.188\ 7（元人民币/美元）$

通过以上计算可以看出，上海新龙股份有限公司通过出口该商品，每换回1美元用5.188 7元人民币，而外汇牌价为每买入1美元需要6.00元人民币，因此每换回1美元可盈利0.811 3（6.00－5.188 7）元人民币，盈利率为15.64%$\left(\dfrac{0.811\ 3}{5.188\ 7}×100\%\right)$，与前面的计算结果相吻合。

五、 进口商品盈亏核算和价格核算

（一）进口商品盈亏核算

进口商品盈亏主要采用进口商品盈亏率加以核算，进口商品盈亏率是指进口盈亏额和进口总成本之间的比率，即

$$进口盈亏率=\dfrac{进口盈亏额}{进口总成本}$$

$$进口盈亏额=进口销售收入-进口总成本$$

【例2.11】　我国某外贸公司进口面料共800码，进口价格为每码6美元CIF上海，进口税为12%，其他国内费用以人民币计为：报关费200元人民币，货物检验费150元人民币，国内运费300元人民币，杂费100元人民币，进口面料经国内加工后以成衣出口总计可获净收入为7 000美元，若当时中国银行的外汇牌价为USD1＝CNY6.00，则该批进口商品的盈亏率计算过程如下。

进口总成本＝进口原料价格＋各种费用
$$=800×6×(1+12\%)+(200+150+300+100)/6.00$$
$$=5\ 376+125=5\ 501（美元）$$

进口销售收入＝7 000(美元)

$$进口盈亏额 = 进口销售收入 - 进口总成本$$
$$= 7\,000 - 5\,501$$
$$= 1\,499\ (美元)$$

$$进口盈亏率 = \frac{进口盈亏额}{进口总成本} \times 100\%$$
$$= \frac{1\,499}{5\,501}$$
$$= 27.25\%$$

(二) 进口商品价格核算

进口商品价格核算是指外贸公司通过对进口商品的进口价格、进口关税以及各项费用的核算，来确定合理的利润留成，制定正确的销售价格。其中，对进口关税和各项费用的统计和计算是非常重要的工作。

进口价格核算对业务费用、海运费和保险费的核算与出口报价核算基本相同，但在进口关税核算和进口环节代征税的计算方面存在差异。关税税款以人民币计征，如果进口货物的价格及有关费用是以外币计价的，海关将按照货物进口之日所适用的计征汇率折合为人民币来征收。关税以及进口环节增值税、消费税、滞纳金、滞报金的起征点是人民币50元。

1. 进口关税

进口关税税额的计算可分为从价关税和从量关税的计算，从价关税税额＝完税价格×适用的进口关税税率，从量关税税额＝进口货物数量×适用的单位税额，此外，还有采用复合关税的计算方法。

加入WTO后，我国对大部分进口商品的关税都进行了调整，降低了大部分商品的进口税率，并取消了部分商品的关税。和出口关税的征收方法一样，进口关税大都是从价计征的。

我国进口商品一般是以CIF价作为完税价格，因此若成交价格是CFR价或FOB价时，应将其折算为CIF价，以下为具体计算方法。

(1) 以CIF价格成交，成交价格即完税价格。

(2) 以CFR价格成交，完税价格计算公式为

$$完税价格 = \frac{CFR}{1 - 保险费率}$$

(3) 以FOB价格成交，完税价格计算公式为

$$完税价格 = \frac{FOB + F}{1 - 保险费率}$$

2. 进口环节代征税的计算

根据《中华人民共和国海关法》（以下简称《海关法》）的规定，在进口环节，海关代征的国内税主要涉及消费税和增值税。增值税的计征用从价税计算，而消费税的征税标准包括从价标准、从量标准和复合标准。

(1) 消费税。消费税是针对进口烟、酒、化妆品、护肤护发品、贵重首饰等商品征收的。从价消费税应纳税额的计算公式为

$$应纳税额 = 计税价格 \times 消费税率$$

$$计税价格 = \frac{关税完税价格 + 关税}{1 - 消费税率}$$

从量消费税额的计算公式为

$$应纳税额 = 应税消费品数量 \times 消费税单位税额$$

（2）增值税。在我国，增值税的税率有三种：第一种是出口货物适用的零税率；第二种是特定货物适用的低税率（13％）；第三种是一般货物适用的基本税率（17％）。

增值税的计税价格和应纳税额的计算公式为

$$计税价格 = 关税完税价格 + 关税 + 消费税$$

$$应纳税额 = 计税价格 \times 增值税率$$

【例2.12】 某进出口公司计划从美国进口美容器械2台，每台价格是3 000美元FOB纽约，海运运费估计为2 500美元，保险费为300美元，进口关税税率为33％，增值税税率为17％，进口的其他杂费，如认证费、报关费、商检费和国内运输费等总计为1 800元人民币，消费税税率为17％，如果该公司期望的利润率为20％，则该美容器械的国内销售价格应至少制定为多少？（若外汇牌价为USD1＝CNY6.00）

解：

第一步：计算关税完税价格和关税。

关税完税价格＝FOB价＋运费＋保险费

$$= (3\,000 \times 2 + 2\,500 + 300) \times 6.00 = 52\,800（元人民币）$$

关税＝关税完税价格×关税税率＝52 800×33％＝17 424（元人民币）

第二步：计算消费税和增值税。

$$消费税的计税价格 = \frac{关税完税价格 + 关税}{1 - 消费税税率}$$

$$= \frac{52\,800 + 17\,424}{1 - 17\%} = 84\,607.23（元人民币）$$

消费税＝计税价格×消费税税率＝84 607.23×17％＝14 383.23（元人民币）

增值税计税价格＝关税完税价格＋关税＋消费税

$$= 52\,800 + 17\,424 + 14\,383.23 = 84\,607.23（元人民币）$$

应纳增值税税额＝计税价格×增值税税率

$$= 84\,607.23 \times 17\% = 14\,383.23（元人民币）$$

第三步：计算进口总成本。

进口总成本＝FOB价＋海运运费＋保险费＋关税＋消费税＋增值税＋杂费

$$= 36\,000 + 15\,000 + 1\,800 + 17\,424 + 14\,383.23 + 14\,383.23 + 1\,800$$

$$= 100\,790.46（元人民币）$$

第四步：计算国内销售价格。

国内销售价格＝进口总成本×（1＋利润率）

$$= 100\,790.46 \times (1 + 20\%) = 120\,948.552（元人民币）$$

$$120\,948.552 \div 2 = 60\,474.276（元人民币）$$

每台该美容器械应至少售60 474.276元人民币。

3. 关于滞报金和滞纳金的核算

（1）滞报金。滞报金是海关依法对未在法定期限内申报进口货物的收货人采取的加收款项，属于经济惩罚性质。加收滞报金的目的在于加速口岸疏运、提高海关通关效率、促使进口货物收货人按规定时限申报进口。我国海关自 1987 年 8 月 1 日起就实行加收滞报金制度并沿用至今。根据我国《海关法》的规定：进口货物申报期限为自装载该货物的运输工具申报进境之日起 14 日内，逾期申报的，由海关征收滞报金。申报期限的最后一天是法定节假日或休息日的，顺延至法定节假日或休息日后的第一个工作日。滞报金日征收金额按规定以进口货物完税价格的 0.5‰征收，其公式为

$$应征滞纳金金额＝进口货物完税价格×0.5‰×滞报天数$$

（2）滞纳金。按照我国《海关法》和《关税条例》的规定：进出口货物的纳税义务人应当自海关填发税款缴款书之日起 15 日内缴纳税款；逾期缴纳的，由海关征收滞纳金。对于应纳关税的单位和个人，因在规定的期限内未向海关缴纳依法应缴纳的税款，海关依法在原应纳税款的基础之上，按照日加收滞纳税款的 0.5‰的滞纳金。滞纳金的起征额为 50 元，其公式为

$$应征滞纳金金额＝滞纳应征税税额×0.5‰×滞纳天数$$

第三节　书面合同的签订

在交易磋商过程中，一方发盘被另一方接受以后，交易即告成立，买卖双方就构成了合同关系。双方在磋商过程中的往返函电，即是合同的书面证明，但有时买卖双方还要签订书面合同或成交确认书，以进一步明确双方的权利和义务。

一、 书面合同的基本内容

在国际贸易的实际业务中，买卖双方通常需要将双方磋商的内容签订成固定格式的书面合同。正式书面合同的内容随其使用的形式和名称的不同而异，但其基本内容大体相同，一般可分为约首、本文和约尾三个部分。

约首是合同的序言部分，包括合同的名称、编号、缔约依据、缔约日期、缔约地点、当事人名称和地址等。

本文是合同的主体，列明合同的各项交易条款，包括货物的名称、品质、数量、包装、价格、交货、支付、保险、商品检验、索赔、不可抗力、仲裁等条款。凡可适用于各笔交易的共同性条款，通常均以"一般交易条件"（general terms and conditions）的形式事先印制在合同的背面。

约尾是合同的尾部，主要包括合同的份数、合同所使用的文字效力、缔约人的签字等。有的合同还在尾部订明生效条件以及合同适用的法律和惯例等。

书面合同的内容应符合我国的政策、法律、国际贸易惯例和有关国际条约的规定和要求，并做到内容完备、条款明确、严谨、前后衔接一致，与双方当事人通过发盘和接受所取得的协议相符。

二、 书面合同的形式

在国际贸易中，对书面合同的形式没有统一的规定，双方当事人可采用"合同"（contract）、"确认书"（confirmation）、"协议"（agreement），也可采用"备忘录"（memorandum）等形式。此外，"订单"（order）和"委托订购单"（indent）等也有使用。

我国外贸企业一般采用的书面合同主要是"合同"和"确认书"，这两种书面合同在各外贸企业一般都备有固定的格式，达成交易后，按双方商定的条件逐项填写即可。"合同"和"确认书"虽然在格式、条款项目的设立和措辞上有所不同，但两者的法律效力是相同的。

（一）合同（contract）

1. 出口合同（export contract）

出口合同是外贸企业和外商经过贸易磋商活动就某项商品达成交易后所签订的书面契约。合同明确规定了交易双方的权利和义务，把双方确认的具体交易条件用文字格式确定下来。出口合同是我国涉外经济合同之一，既是具有法律效力的文件，也是对外贸易重要的单证之一。出口合同一经签订，双方必须严格履行。

对外贸易各专业公司所使用的出口合同格式不尽相同，其中有合同（contract），售货合同、销售合同（均称 sales contract）等多种名称和式样。在对外贸易实务中，成交数额或成交批量较大的商品出口或成套机械设备的出口，均应制作正式的出口合同或销售合同；成交数额不大或出口批量小的一般商品的出口则多采用销售确认书等。

出口合同的主体，即合同的基本条款主要包括商品名称、品质规格、货号、数量、价格条件和货币、单价、金额、包装条款、装运条款、保险条款、付款条件、商检条款、索赔条款、异议条款以及不可抗力和仲裁条款等。除此之外如合同的转让、合同的修改与变更通知条款以及有些适用于本合同规定的如货款结算前货物所有权的规定，保证和担保的规定，货币保值的规定以及合同签订后增加费用的分摊规定等，均列为主体部分的一般条款作为对合同的补充和说明。

出口合同的圆满执行，除了及时组织货源以外，主要靠运输和结汇单据来实现，而运输和制单工作能否顺利进行又与合同条款的订立有着密切的关系。在签订合同时，除了应该考虑买方的要求外，更要认真考虑我方履约的可能性。因此，正确签订出口合同是出口方顺利组织出口运输和制单结汇的基本保证。出口合同如式样 2-1 所示。

2. 进口合同（import contract）

进口合同又称"购货合同"（purchase contract），是订购进口商品应签订的合同。进口合同的形式分条款式和表格式，一般由买方根据交易磋商的具体情况拟定条款式或填写固定格式的书面合同，经卖方核对无误后签字生效，其内容与出口合同大致相似，如式样 2-2 所示。

（二）确认书（confirmation）

确认书是一种简略的合同形式，其内容比销售合同简单。确认书虽与正式合同在格式、条款项目的说明上有繁简之分，在措辞上两者也有所不同，但作为契约主体的交易条件都应是完整、明确、一致的，而且确认书一经交易双方签字后就具有与合同同等的法律效力。

确认书一般适用于金额不大、批数较多的出口商品交易。外贸企业单位均有自印的固定格式的确认书，经过磋商达成交易后，由业务人员将双方谈妥的各项条件逐项填入，经双方负责人签字，即成为具有约束力的法律文件，双方据以遵守执行。从国际贸易的双方来说，确认书有售货确认书（sales confirmation）和购货确认书（purchase confirmation），售货确认书如式样 2－3 所示。

　　根据上海新龙股份有限公司（SHANGHAI NEW DRAGON CO.，LTD.）与美国 CRYSTAL KOBE LTD. 达成的交易，拟写售货确认书如下。

SALES CONFIRMATION

S/C No. 21SSG-017

Date：AUG. 8th，2019

The Seller：SHANGHAI NEW DRAGON CO.，LTD.　　**The Buyer**：CRYSTAL KOBE LTD.

Address：27. CHUNGSHAN ROAD E. 1　　　　　　 **Address**：1410. BROADWAY，ROOM

　　　　　　 SHANGHAI CHINA　　　　　　　　　　　　　　　 300 NY，NY10018 USA

　　We, the Seller, hereby confirm having sold to you, the Buyer, the following goods on terms and conditions as specified below:

Commodity and Specifications：Ladle's 55％ acrylic 45％ cotton knitted blouse

Quantity：500 dozen

Packing：In 120 cartons

Unit Price：USD 61 per dozen CIFC3％ New York

Total Value：USD 30 500. 00(SAY U. S. Dollars Thirty Thousand and Five hundred only)

Time of Shipment：To be effected on or before NOV. 20th，2019 with Partial shipments are not allowed, Transshipment is allowed.

Port of loading &. destination：Shipment from Shanghai to NY

Insurance：To be covered by the Seller, For 110 PCT of the total invoice value against all risks as per the relevant Ocean Marine Cargo of P. I. C. C. dated January 1st，2009.

Terms of Payment：The buyer shall open though a bank acceptable to the seller an Irrevocable Letter of Credit at sight to reach the Seller 30 days before the month of shipment and remained valid for negotiation in China until the 15th day after the day of shipment.

Remark：Please signs and return one original of this Sale Confirmation to us for file.

Comfirmed by:

　　THE SELLER　　　　　　　　　　　　　　　　　　 **THE BUYER**

　　_____　　　　　　　　　_____

　　（三）协议（agreement）

　　协议，在法律上是"合同"的同义词，只要它的内容对买卖双方的权利和义务做出了明确、具体和肯定的规定，它就与合同一样对买卖双方具有约束力。

　　另外，在国际贸易中，还存在备忘录（memorandum）、订单（order）和委托订购单（indent）等书面合同的形式。

式样 2-1　出口合同

上海新龙股份有限公司
SHANGHAI NEW DRAGON CO.，LTD.

正本
（ORIGINAL）

中国上海中山东一路 27 号
27 Chungshan Road（E.1）Shanghai，China

合同号码
Contract No.

买　方：
The Buyers：

合　同
CONTRACT

日　期：
Date：

传　真：
FAX：021-291730

电传号：
Telex number：TEXTILE

兹经买卖双方同意，由买方购进，卖方出售下列货物，并按下列条款签订本合同：

This CONTRACT is made by and between the Buyers and the Sellers；whereby the Buyers agree to buy and the Sellers agree to sell the undermentioned goods on the terms and conditions stated below：

（1）货物名称、规格、包装及唛头 Name of Commodity,Specifications, Packing Terms and Shipping Marks	（2）数量 Quantity	（3）单价 Unit Price	（4）总值 Total Amount	（5）装运期限 Time of Shipment

（6）装运口岸：

　　Port of Loading：

（7）目的口岸：

　　Port of Destination：

（8）付款条件：买方在收到卖方关于预计装船日期及准备装船的数量的通知后，应于装运前 20 天，通过上海中国银行开立以卖方为受益人的不可撤销的信用证。该信用证凭即期汇票及本合同第（9）条规定的单据在开证行付款。

Terms of Payment：Upon receipt from the Sellers of the advice as to the time and quantify expected ready for shipment, the Buyers shall open, 20 days before shipment, with the Bank of China, Shanghai, an irrevocable Letter of Credit in favour of the Sellers payable by the opening bank against sight draft accompanied by the documents as stipulated in Clause（9）of this Contract.

（9）单据：各项单据均须使用与本合同相一致的文字，以便买方审核查对。

Documents：To facilitate the Buyers to cheek up, all documents should be made in a version identical to that used in this contract.

A. 填写通知目的口岸对外贸易运输公司的空白抬头、空白背书的全套已装船的清洁提单。（如本合同为 FOB 价格条件时，提单应注明"运费到付"或"运费按租船合同办理"字样；如本合同为 CFR 价格条件时，提单应注明"运费已付"字样。）

Complete set of Clean On Board Shipped Bill of Lading made out to order, blank endorsed, notifying the China National Foreign Trade Transportation Corporation ZHONGWAIYUN at the port of destination. (if the price in this Contract is Based on FOB, marked "freight to collect" or "freight as per charter party"; if the price in this Contract is Based on CFR, marked "freight prepaid".)

B. 发票：注明合同号、唛头、载货船名及信用证号，如果分批装运，须注明分批号。

Invoice: indicating contract number, shipping marks, name of carrying vessel, number of the Letter of Credit and shipment number in case of partial shipments.

C. 装箱单及或重量单：注明合同号及唛头，并逐件列明毛重、净重。

Packing List and/or Weight Memo: indicating contract number, shipping marks, gross and net weights of each package.

D. 制造工厂的品质及数量、重量证明书。

Certificates of Quality and Quantity/Weight of the contracted goods issued by the manufacturers.

品质证明书内应列入根据合同规定的标准进行化学成分、机械性能及其他各种试验结果。

Quality Certificate to show actual results of tests to be made, on chemical compositions, mechanical properties and all other tests called for by the Standard stipulated heron.

E. 按本合同第（11）条规定的装运通知电报抄本。

Copy of telegram advising shipment according to Clause (11) of this Contract.

F. 按本合同第（10）条规定的航行证明书。（如本合同为 CFR 价格条件时，需要此项证明书；如本合同为 FOB 价格条件时，则不需此项证明书。）

Vessel's itinerary certificate as per Clause (10) of this Contract. (required if the price in this Contract is based on CFR; not required if the price in this Contract is based on FOB.)

份数 Number of copies 单证 Documents required 寄送 To be distributed	A	B	C	D	E	F
送交议付银行（正本） to the negotiating bank（original）	3	4	3	3	1	1
送交议付银行（副本） to the negotiating bank（duplicate）	1					
空邮目的口岸外运公司（副本） to ZHONGWAIYUN at the port of destination by airmail（duplicate）	2	3	2	2		

（10）装运条件：

Terms of Shipment：

A. 离岸价条款

Terms of FOB Delivery：

a) 装运本合同货物的船只，由买方或买方运输代理人中国租船公司租订舱位。卖方负担货物的一切费用风险到货物装到船面为止。

For the goods ordered in this Contract, the carrying vessel shall be arranged by the Buyers or the Buyers' Shipping Agent China National Chartering Corporation. The Sellers shall bear all the charges and risks until the goods are effectively loaded on board the carrying vessel.

b) 卖方必须在合同规定的交货期限三十天前，将合同号码、货物名称、数量、装运口岸及预计货物运达装运口岸日期，以电报通知买方以便买方安排舱位，并同时通知买方在装港的船代理。倘在规定期内买方未接到前述通知，即作为卖方同意在合同规定期内任何日期交货，并由买方主动租订舱位。

The Sellers shall advise the Buyers by cable, and simultaneously advise the Buyers' shipping agent at the loading port, 30 days before the contracted time of shipment, of the contract number, name of commodity, quantity, loading port and expected date of arrival of the goods at the loading port, enabling the Buyers to arrange for shipping space. Absence of such advice within the time specified above shall be considered as Sellers' readiness to deliver the goods during the time of shipment contracted and the Buyers shall arrange for shipping space accordingly.

c）买方应在船只受载期 12 天前将船名、预计受载日期、装载数量、合同号码、船舶代理人，以电报通知卖方。卖方应联系船舶代理人配合船期备货装船。如买方因故需要变更船只或更改船期时，买方或船舶代理人应及时通知卖方。

The Buyers shall advise the Sellers by cable, 12 days before the expected loading date, of the estimated laydays, contract number, name of vessel, quantity, to be loaded and shipping agent. The Sellers shall then arrange with the shipping agent for loading accordingly. In case of necessity for substitution of vessel or alteration of shipping schedule, the Buyers or the shipping agent shall duly advise the Sellers to the same effect.

d）买方所租船只按期到达装运口岸后，如卖方不能按时备货装船，买方因此遭受的一切损失包括空舱费、延期费及/或罚款等由卖方负担。如船只不能于船舶代理人所确定的受载期内到达，在港口免费堆存期满后第 16 天起发生的仓库租费、保险费由买方负担，但卖方仍负有载货船只到达装运口岸后立即将货物装船之义务并负担费用及风险。前述各种损失均凭原始单据核实支付。

In the event of the Sellers' failure in effecting shipment upon arrival of the vessel at the loading port, all losses, including dead freight, demurrage fines etc. thus incurred shall be for Sellers' account. If the vessel fails to arrive at the loading port within the laydays, previously declared by the shipping agent, the storage charges and insurance premium from the 16th day after expiration of the free storage time at the port shall be borne by the Buyers. However, the Sellers shall be still under the obligation to load the goods on board the carrying vessel immediately after her arrival at the loading port, at their own expenses and risks. The expenses and losses mentioned above shall be reimbursed against original receipts or invoices.

B. 成本加运费价条款

Terms of CFR Delivery:

卖方负责将本合同所列货物由装运口岸装直达班轮到目的口岸，中途不得转船。货物不得用悬挂买方不能接受的国家的旗帜的船只装运。

The Sellers undertake to ship the contracted goods from the port of loading to the port of destination on a direct liner, with no transshipment allowed. The contracted goods shall not be carried by a vessel flying the flag of the countries which the Buyers can not accept.

（11）装运通知：卖方在货物装船后，立即将合同号、品名、件数、毛重、净重、发票金额、载货船名及装船日期以电报通知买方。

Advice of Shipment: The Sellers shall upon competition of loading, advise immediately the Buyers by cable of the contract number, name of commodity, number of packages, gross and net weights, invoice value, name of vessel and loading date.

（12）保险：自装船起由买方自理，但卖方应按本合同第（11）条通知买方。如卖方未能按此办理，买方因而遭受的一切损失全由卖方负担。

Insurance: To be covered by the Buyers from shipment, for this purpose the Sellers shall advise the Buyers by cable of the particulars as called for in Clause(11) of this Contract, In the event of the Buyers being unable to arrange for insurance in consequence of the Sellers' failure to send the above advice, the Sellers shall be held responsible for all the losses thus sustained by the Buyers.

（13）检验和索赔：货卸目的口岸，买方有权申请中华人民共和国国家质量监督检验检疫总局进行检验。如发现货物的品质及/或数量/重量与合同或发票不符，除属于保险公司及/或船公司的责任外，买方有权在货卸目的口岸后 90 天内，根据中华人民共和国国家质量监督检验检疫总局出具的证明书向卖方提出索赔，因索赔所发生的一切费用（包括检验费用）均由卖方负担。FOB 价格条件时，如重量短缺，买方有权同时索赔短重部分的运费。

Inspection and Claim: The Buyers shall have the right to apply to the General Administration of Quanlity Supervision, Inspection and Quarantine of the People's Republic of China (AQSIQ) for inspection after discharge of the goods at the port of destination. Should the quality and/or quantity/weight be found not in conformity with the contract or invoice the Buyers shall be entitled to lodge claims with the Sellers on the basis of AQSIQ's Survey Report, within 90 days after discharge of the goods at the port of destination , with the exception, however, of those claims for which the shipping company and/or the insurance company are to be held responsible. All expenses incurred on the claim including the inspection fee as per the AQSIQ inspection certificate are to be borne by the Sellers. In case of FOB terms, the buyers shall also be entitled to claim freight for short weight if any.

(14) 不可抗力：由于人力不可抗拒事故，使卖方不能在合同规定期限内交货或者不能交货，卖方不负责任。但卖方必须立即通知买方，并用挂号函向买方提供有关政府机关或者商会所出具的证明，以证明事故的存在。由于人力不可抗拒事故致使交货期限延期一个月以上时，买方有权撤销合同。卖方不能取得出口许可证不得作为不可抗力。

Force Majeure: In case of Force Majeure the Sellers shall not held responsible for delay in delivery or nondelivery of the goods but shall notify immediately the Buyers and deliver to the Buyers by registered mail a certificate issued by government authorities or Chamber of Commerce as evidence thereof. If the shipment is delayed over one month as the consequence of the said Force Majeure, the Buyers shall have the right to cancel this Contract. Sellers' inability in obtaining export licence shall not be considered as Force Majeure.

(15) 延期交货及罚款：除本合同第（14）条人力不可抗拒原因外，如卖方不能如期交货，买方有权撤销该部分的合同，或经买方同意在卖方缴纳罚款的条件下延期交货。买方可同意给予卖方 15 天优惠期。罚款率为每 10 天按货款总额的 1％。不足 10 天者按 10 天计算。罚款自第 16 天起计算，最多不超过延期货款总额的 5％。

Delayed Delivery and Penalty: Should the Sellers fail to effect delivery on time as stipulated in this Contract owing to causes other than Force Majeure as provided for in Clause (14) of this Contract, the Buyers shall have the right to cancel the relative quantity of the contract, Or alternatively, the Sellers may, with the Buyers' consent, postpone delivery on payment of penalty to the Buyers. The Buyers may agree to grant the Sellers a grace period of 15 days. Penalty shall be calculated from the 16th day and shall not exceed 5％ of the total value of the goods involved.

(16) 仲裁：一切因执行本合同或与本合同有关的争执，应由双方通过友好方式协商解决。如经协商不能得到解决时，应提交北京中国国际贸易促进委员会对外经济贸易仲裁委员会，按照中国国际贸易促进委员会对外经济贸易仲裁委员会仲裁程序暂行规定进行仲裁。仲裁委员会的裁决为终局裁决，对双方均有约束力。仲裁费用除非仲裁委员会另有决定外，由败诉一方负担。

Arbitration: All disputes in connection with this Contract or the execution thereof shall be friendly negotiation. If no settlement can be reached, the case in dispute shall then be submitted for arbitration to the Foreign Economic and Trade Arbitration Commission of the China Council for the Promotion of International Trade in accordance with the Provisional Rules of Procedure of the Foreign Economic and Trade Arbitration Commission of the China Council for the Promotion of International Trade. The Award made by the Commission shall be accepted as final and binding upon both parties. The fees for arbitration shall be borne by the losing party unless otherwise awarded by the Commission.

(17) 附加条款：以上任何条款如与以下附加条款有抵触时，以以下附加条款为准。

Additional Clause: If any of the above-mentioned Clauses is inconsistent with the following Additional Clause(s), the latter to be taken as authentic.

买　　方   卖　　方

The Buyers：   The Sellers：

式样 2－2　进口合同

进口合同

合同号码：_____

日期：_____

买方：_____　　　　　　　　　　　　　　　　　　卖方：_____

兹经买卖双方同意，由买方购进，卖方出售下列货物，并按下列条款签订本合同：

（1）货物名称、规格、包装及唛头	（2）数量	（3）单价	（4）总值	（5）装运期限

（6）装运口岸：

（7）目的口岸：

（8）付款条件：买方在收到卖方关于预计装船日期及准备装船的数量的通知后，应于装运前 20 天通过中国银行开立以卖方为受益人的不可撤销的信用证。该信用证凭即期汇票及本合同第（9）条规定的单据在开证行付款。

（9）单据：各项单据均须使用与本合同相一致的文字，以便买方审核查对。

A．填写通知目的口岸对外贸易运输公司的空白抬头、空白背书的全套已装船的清洁提单（如本合同为 FOB 价格条件时，提单应注明"运费到付"或"运费按租船合同办理"字样；如本合同为 CFR 价格条件时，提单应注明"运费已付"字样。）

B．发票：注明合同号、唛头、载货船名及信用证号；如果分批装运，须注明分批号。

C．装箱单及/或重量单：注明合同号及唛头，并逐件列明毛重、净重。

D．制造工厂的品质及数量/重量证明书。

品质证明书内应列入根据合同规定的标准进行化学成分、机械性能及其他各种试验的实际试验结果。

份数　　单证 寄送	A	B	C	D	E	F
送交议付银行（正本）	3	4	3	3	1	1
送交议付银行（副本）	1					
空邮目的口岸外运公司（副本）	2	2	2	2		

E．按本合同第（11）条规定的装运通知电报抄本。

F．按本合同第（10）条规定的航行证明书（如本合同为 CFR 价格条件时，需要此项证明书；如本合同为 FOB 价格条件时，则不需要此项证明书）。

（10）装运条件：

A．离岸价条款

a) 装运本合同货物的船只由买方或买方运输代理人中国租船公司租订舱位，卖方负担货物的一切费用风险到货物装到船面为止。

b) 卖方必须在合同规定的交货期限 30 天前将合同号码、货物名称、数量、装运口岸及预计货物运达装运口岸日期以电报通知买方，以便买方安排舱位，并同时通知买方在装运港的船代理。倘若在规定期限内买方未接到前述通知，即视为卖方同意在合同规定期内任何日期交货，并由买方主动租订舱位。

c) 买方应在船只受载期 12 天前将船名、预计受载日期、装载数量、合同号码、船舶代理人以电报通知卖方，卖方应联系船舶代理人配合船期备货装船。如买方因故需要变更船只或更改船期，买方或船舶代理人应及时通知卖方。

d) 买方所租船只按期到达装运口岸后，如卖方不能按时备货装船，买方因此遭受的一切损失，包括空舱费、延期费及/或罚款等，由卖方负担。如船只不能于船舶代理人所确定的受载期内到达，在港口免费堆存期满后第 16 天起发生的仓库租费、保险费由买方负担，但卖方仍负有载货船只到达装运口岸后立即将货物装船之义务并负担费用及风险。前述各种损失均凭原始单据核实支付。

B. 成本加运费价条款

卖方负责将本合同所列货物由装运口岸装运到班轮目的口岸，中途不得转船。货物不得用悬挂卖方不能接受的国家的旗帜的船只装运。

(11) 装运通知：卖方在货物装船后，立即将合同号、品名、件数、毛重、净重、发票金额、载货船名及装船日期以电报通知买方。

(12) 保险：自装船起由买方自理，但卖方应按本合同第 (11) 条规定通知买方。如卖方未能按此办理，买方因而遭受的一切损失由卖方负担。

(13) 检验和索赔：货卸目的口岸，买方有权申请中华人民共和国国家质量监督检疫总局进行检验。如发现货物的品质及/或数量/重量与合同或发票不符，除属于保险公司及/或船公司的责任外，买方有权在货卸目的口岸后 90 天内，根据中华人民共和国国家质量监督检疫总局出具的证明书向卖方提出索赔，因索赔所发生的一切费用（包括检验费用）均由卖方负担。FOB 价格条件时，如重量短缺，买方有权同时索赔短重部分的运费。

(14) 不可抗力：由于人力不可抗拒事故使卖方不能在合同规定期限内交货或者不能交货，卖方不负责任。但卖方必须立即以电报通知买方，并用挂号函向买方提供有关政府机关或者商会所出具的证明，以证明事故的存在。由于人力不可抗拒事故致使交货延期一个月以上时，买方有权撤销合同。卖方不能取得出口许可证不得作为不可抗力。

(15) 延期交货及罚款：除本合同第 (14) 条人力不可抗拒原因外，如卖方不能如期交货，买方有权撤销该部分的合同或经买方同意在卖方缴纳罚款的条件下延期交货。买方可同意给予卖方 15 天的优惠期。罚款率为每 10 天按货款总额的 1％；不足 10 天者按 10 天计算。罚款自第 16 天起计算，最多不超过延期货款总额的 5％。

(16) 仲裁：一切因执行本合同或与本合同有关的争执，应由双方通过友好方式协商解决。如经协商不能得到解决时，应提交北京中国国际贸易促进委员会对外贸易仲裁委员会，按照中国国际贸易促进委员会对外贸易仲裁委员会仲裁程序暂行规则进行仲裁。仲裁委员会的裁决为终局裁决，对双方均有约束力。仲裁费用除非仲裁委员会另有决定，由败诉一方负担。

(17) 附加条款：以上任何条款如与以下附加条款有抵触，以以下附加条款为准。

买方：_____（盖章）   卖方：_____（盖章）

式样 2-3　售货确认书

上海市新龙股份有限公司
SHANGHAI NEW DRAGON CO. , LTD.

27 CHENGSHAN ROAD E. 1 SHANGHAI CHINA

TEL:8621-65342517　FAX:8621-65124743

TO:CRYSTAL KOBE LTD.

编号

No. 21SSG-017

售货确认书
SALES CONFIRMATION

日期

Date:AUG. 26th , 2019

货号 ART. NO.	品名及规格 COMMODITY AND SPECIFICATION	数量 QUANTITY	单价及价格条款 UNIT PRICE&TERMS	金额 AMOUNT
H32331SE	LADIES' 55% ACRYLIC 45% COTTON KNITTED BLOUSE	500 DOZS 120 CARTONS	USD 61 PER DOZ CIFC3% NEW YORK	USD30 500
			总金额 TOTAL AMOUNT VIF NEW YORK	—C3　915 USD29 585

装运条款

SHIPMENT: SHIPMENT ON OR BEFOR NOV. 20th , 2019 WITH PARTIAL SHIPMENTS ARE NOT ALLOWED TRANSSHIPMENT IS PROHIBITED FROM SHANGHAI TO NEW YORK

付款方式

PAYMENT:THE BUYER SHALL OPEN THOUGH A BANK ACCEPTABLE TO THE SELLER AN IRREVOCABLE L/C AT SIGHT TO REACH THE SELLER 30 DAYS BEFORE THE MONTH OF SHIPMENT REMAINED VALID FOR NEGOTIATION IN CHINA UNTIL THE 15TH DAY AFTER THE DATE OF SHIPMENT.

保　　险

INSURANCE:THE SELLER SHALL COVER INSUREANCE AGAINST ALL RISKS FOR 110% OF THE TLTAL INVOICE VALLUE AS PER THE RELEVANT OCEAN MARINE CARGO CLAUSE OF P. I. C. C. DATED JAN. 1ST , 2009.

注　　意　请完全按本售货确认书开证并在证内注明本售货确认书号码。

IMPORTANT:PLEASE ESTABLISH L/C EXACTLY ACCORDING TO THE TERMS AND CONDITIONS OF THIS S/C AND WITH THIS S/C NUMBER INDICATED.

　　　　　　　　　　　　　　　　　　　　SHANGHAI NEW DRAGON CO. ,LTD.

_____

买方(The Buyers)　　　　　　　　　　　　　　卖方(The Sellers)

 **练习题**

1. 创鸿（香港）有限公司收到美国 I. C. ISAACS & CO.，LP 的来函，如下所示。

I. C. ISAACS & CO.，LP

3840 BANK STREET, BALTIMORE, MARYLAND 21224, U. S. A.

SUPERB AIM（HONG KONG）LTD   May 15th, 2019
WESTERN DISTRICT BILLS CENTER
128 BONHAM STRAND E. H. K.

Dear Sirs,

    We learned that you are manufacturers of polyester cotton bed-sheets and pillowcases from the internet. We'd like you to send us details of your various ranges and some samples. Please state the terms of payment and discounts you would allown on purchase of not less than 300 hundred of individual items.

    We believed there is a promising market in our area for moderately priced goods.

    We are looking forward to your favorable reply.

Yours Truly

I. C. ISAACS & CO.，LP

Jonathan Smith

请根据以上信函拟写一份回信，回函要求包括以下内容：①产品的规格、价格和包装等资料可参见随寄的价目表；②样品另寄；③所提数量可以给 2% 的优惠；④用信用证付款。

2. 请将下列信函翻译成英文。

先生：

谢谢你方 9 月 10 日询价，今附上窗帘料子报价单。

我们已仔细地选择了一些花样并于今天另行寄上。它们的良好品质、诱人花样以及我们所报的合理价格将会使你方相信这些料子是货真价实的。各地房屋装潢商对我方有很大的供货需求，而这些需求我们现在很难满足，但如果我们在十天内收到你方订单，我们愿按所报价格报以实盘，在 12 月中旬交货。

对 100 匹或 100 匹以上的订单，我们可给予 2% 的特别折扣。我方要求货款在装运期前一个月用抵达我方的信用证支付。

盼望收到你方订单。

中国进出口公司

经理

2019 年 9 月 10 日

3. 以下是我国某公司对日本大阪 ABC 公司出口饲料蚕豆合同中的主要交易条件，合同条款中存在错漏，请予改正，并用英文写出正确、完整的合同条款。

品名及规格：饲料蚕豆（Feeding Broad Beans），良好平均品质

水分（Moisture）15%

杂质（Admixture）2%

数量：60 000 吨

包装：袋装

价格：每吨 200 元 CIF 班轮条件上海（包括佣金）

交货：2019 年 10 月 30 日装 3 000 吨

2019 年 11 月 30 日装 3 000 吨

保险：由卖方投保一切险、偷窃提货不着险、钩损险、战争险

支付：信用证支付

4. 2019 年 10 月，上海新发展进出口贸易实业有限公司收到新加坡海外贸易有限公司（OVERSEAS TRADEING CORPORATION，SINGAPORE）电洽求购美加净牙膏，货号为 NW101（MAXAM TOOTH PASTE，ART NO. NW101），双方往来电文如下，请根据双方磋商结果草拟一份订货书。

Oct. 9th

Incoming

MAXAM TOOTH PASTE ART NO. NW101 PLEASE CABLE PRESENT PRICE AND AVAILABLE QUANTITY FOR DEC.

Oct. 10th

Outgoing

YOURS NINTH MAXAM TOOTH PASTE ART NO. NW101 IN CARTONS OF SIX DOZENS EACH REFERENCE PRICE HK DOLLARS 120 PER DOZ CIFC 5% SINGAPORE SHIPMENT DEC.

Oct. 11th

Incoming

YOURS TENTH INTERESTED 10 000 CARTONS PLEASE OFFER FIRM.

Oct. 12th

Outgoing

YOURS ELEVENTH OFFER SUBJECT REPLY HERE THIRTEENTH 10 000 CARTONS HKD 120 PER DOZ CIFC5% SINGAPORE PAYMENT BY IRREVOCABLE SIGHT L/C SHIPMENT WITHIN 30 DAYS AFTER RECEIPT L/C.

Oct. 13th

Incoming

YOURS TWELFTH HKD 115 PER DOZ INSURANCE 110 PERCENT INVOICE VALUE AGAINST ALL RISKS AND WAR RISKS PAYMENT BY L/C AT 30 DAYS SIGHT PLEASE CABLE REPLY IMMEDIATELY.

Oct. 14th

Outgoing

YOURS THIRTEENTH HKD 118 PAYMENT AS USUAL SIGHT CREDIT REPLY HERE FIFTEENTH.

Oct. 15th

Incoming

YOURS FOURTEENTH L/C OPENING PLEASE CABLE CONTRACT NUMBER.

Oct. 16th

Outgoing

YOURS FIFTEENTH S/C NUMBER 01XDTTD-14778.

5. 上海旺盛贸易公司于 2019 年 5 月收到日本三井株式会社订购 17 公吨海产品的询价。旺盛贸易公司按正常报价程序进行报价核算。该海产品每公吨进货价格为 5 600 元人民币（含增值税 17%），出口包装每公吨 500 元人民币；该批货物国内运杂费共计 1 200 元人民币；出口商检费 300 元人民币；报关费 100 元人民币；港区港杂费 950 元人民币；其他各种费用共计 1 500 元人民币。旺盛公司向银行贷款的年利率为 8%，预计垫款时间 2 个月；银行手续费率为 0.5%（按成交价格计），退税率为 3%；海洋运费共 2 200 美元，保险费率 0.85%；三井株式会社要求报价含佣金 3%。若旺盛贸易公司的预期利润是 10%（以成交金额计），当时人民币对美元汇率为 6.00：1，试报出 CIF3% 的价格。

6. 中纺针棉毛织品进出口公司向韩国釜山某客户出口一批全棉内衣，其中，海运运费共 2 000 美元，出口定额费率是进货成本的 6%；当时人民币对美元的汇率为 6.00：1；保险费率为 0.75%，按成交总额 110% 投保；佣金率为 3%，增值税率为 17%；退税率为 8%；其他资料见下表。试核算该公司出口交易的利润总额和利润率。

货号	成交数量	计算单位	成交金额	成本
S8923	300	PIECE	USD 7.25	CNY 34.90
L8822	800	PIECE	USD 7.60	CNY 36.70
M8653	450	PIECE	USD 8.45	CNY 40.20
XL8865	600	PIECE	USD 8.70	CNY 44.50

7. 上海某公司向新加坡某客户出口一批商品共 10 公吨，报价为净重每公吨 FOB 上海 2 000 港元，该商品用木箱装，每箱装货 20 千克，箱重 5 千克，后外商要求改报 CFR 价。经查该商品以重量计收运费，上海至新加坡每公吨的基本费率为 500 港元，并收取港口附加费 20%。请计算总运费并重新报 CFR 价。

8. 一批出口货物 CFR 价为 USD100 000，后来客户要求改报 CIF 价加二成投保海运一切险和战争险，一切险费率为 0.6%，战争险费率是 0.03%。我方同意照办，请问我方应向客户补收多少保险费？

9. 上海新诚外贸公司出售一批货物到加拿大，出口总价为 10 万美元 CIF 温哥华，其中，从上海到温哥华的运费和保险费占 10%，这批货物的国内购进价为人民币 70 万元（含增值税 17%），该公司的费用定额率为 5%，退税率为 9%。结汇时，银行的外汇买入价为 1 美元折合人民币 6.00 元。请计算该批货物的出口商品换汇成本和出口商品盈亏率。

10. 上海某贸易公司从荷兰进口 3 000 箱某品牌美容产品，规格为 24 瓶×330 毫升/箱，申报价格为 FOB 鹿特丹 50 港元/箱，发票列明：运费为 20 000 港元，保险费率为 3‰，经海关审查属实。该产品的进口关税税率为 33%，消费税税额为 220 元人民币/公吨（1 公吨＝988 升），增值税税率为 17%，外汇牌价为 100 港元＝81.91 元人民币。求该批货物的关税、消费税和增值税。

本章要点	重要概念	重难点解析	习题详解

第三章　国际贸易结算方式

开篇案例

【案情】

上海新龙股份有限公司（SHANGHAI NEW DRAGON CO.，LTD.）出口一批女式 T 恤衫（GIRL'S T-SHIRTS）到纽约 MAXWELL HAMMERTON INC.（12，BROAD-WAY NEW YORK，N. Y. 10014.）。合同规定采用 D/P at sight 支付。2019 年 9 月 12 日，上海新龙股份有限公司委托中国银行上海分行作为托收银行，纽约商业信贷银行作为代收行托收货款。有关指示按《托收统一规则》办理，请你给上海新龙股份有限公司拟写一份托收指示书。合同金额为 15 000 美元，货物于 2019 年 8 月 31 日装上了 GLORIA 号船，从上海到纽约。

【分析】

托收指示书（collection order）是托收业务中卖方所提交单据中最为重要的单据，卖方（委托人）在托收指示书中应对银行和有关当事人的权利做出明确的指示。托收行在接受了出口人（委托人）的委托申请后，双方之间就构成了委托代理关系，因此，如果存在越权行为致使委托方受损，应由代理人负全部责任。委托人在填写托收指示书时，应根据国际商会第 522 号出版物《托收统一规则》的有关要求认真填写，具体填法如下。

COLLECTION ORDER

Sender: SHANGHAI NEW DRAGON CO., LTD. 27 ZHONGSHAN ROAD E. 1 SHANGHAI CHINA	Documentary Collection Place/Date SHANGHAI, 12th, September 2019

Our Reference   AK/88

We send you here with the following

documents for collection

	Registered BANK OF CHINA SHANGHAI BRANCH documentary collection P. O. Box 6006 SHANGHAI

Amount USD 15 000	Maturity D/P at sight	Drawee MAXWELL HAMMERTON INC. 12, BROADWAY NEW YORK, N. Y. 10014
		Drawee Bank COMMERCIAL CREDIT BANK NEW YORK

Draft	INV.	CUST. INV.	INS POL.	CERT. ORIG	PKG LIST	B/L	AWB	W/M CERT.	OTHER DOCUMENTS
3	4	2	4	2	3				

Goods: 11 700 SETS GIRL'S T-SHIRTS

By: S/S   GLORIA   From: SHANGHAI   To: N. Y.   On: 31st, Aug. 2019

Please follow the instructions marked "✕"

Documents goods to be delivered against				Draft			state the exact due-date	
✕	payment		acceptance		to be sent back after acceptance		to be collected on due-date	
✕	Your charges for drawee's account, if refused			✕	waive charges		do not deliver documents	
✕	Your correspondent's charges are for Account, if refused				waive charges	✕	do not deliver documents	
✕	protest in case of	✕	non-payment		non-acceptance	✕	do not protest in case of	✕	non-payment		non-acceptance
✕	advise	✕	non-payment		non-acceptance		by airmail	✕	by cable	✕	giving reason

Please credit the proceeds as follows:

☒   to our   U. S. Dollars   Account No. 298-5678HL-M88

☒   Remit

Remarks:

In case of difficulties, the collecting bank is requested to inform our representatives: Messrs. Beach & Co. Inc., Broad Street 485, New York 34, who will be of assistance but who are not allowed to alter the above instructions.

Signature SHANGHAI NEW DRAGON CO. , LTD.

The execution of this order is subject to the *Uniform rules for collections* issued by the international chamber of Commerce Publication No. 522.

第一节 汇付和托收

一、汇付

汇付（remittance），又称汇款，是债务人或付款人通过银行将款项汇交债权人或收款人的结算方式，是最简单的国际货款结算方式。汇付方式下，货运单据由卖方自行寄送给买方。

（一）汇付方式的当事人

汇付方式涉及四个基本当事人，即汇款人、汇出行、汇入行和收款人。

1. 汇款人（remitter）

汇款人即付款人，在国际贸易中通常是进口人。

2. 汇出行（remitting bank）

汇出行是接受汇款人的委托或申请，汇出款项的银行，通常是进口人所在地的银行。

3. 汇入行（receiving bank）

汇入行是接受汇出行的委托，解付汇款的银行，故又称解付行，通常是汇出行的代理行，是出口人所在地的银行。

4. 收款人（payee）

收款人即收取款项的人，在国际贸易中，通常是出口人，即买卖合同的卖方。

汇款人在委托汇出行办理汇款时，要出具汇款申请书，此项申请书是汇款人和汇出行的一种契约。汇出行一经接受申请就有义务按照汇款申请书的指示通知汇入行。汇出行与汇入行之间事先订有代理合同，在代理合同规定的范围内，汇入行对汇出行承担解付汇款的义务。

（二）汇付的种类

汇款根据汇出行向汇入行转移资金发出指示的方式，可分为以下三种类型。

1. 电汇（telegraphic transfer，T/T）

电汇是汇出行应汇款人的申请，采用电报、电传或环球银行间金融电讯网络（society for worldwide interbank financial telecommunication，SWIFT）等电讯手段通知在另一国家的分行或代理行（即汇入行）解付一定金额给收款人的一种汇款方式。

电汇方式的优点在于速度快，收款人可以迅速收到货款。随着现代通信技术的发展，银行与银行之间使用电传或网络电讯手段直接通信，快速而准确。电汇是目前使用较多的一种汇款方式，但其费用较高。

2. 信汇（mail transfer，M/T）

信汇是汇出行应汇款人的申请，用航空信函的形式，指示出口国汇入行解付一定金额的款项给收款人的汇款方式。信汇的优点是费用较低廉，但收款人收到汇款的时间较迟。

信汇与电汇类似，但二者采用的通信手段不同，电汇、信汇业务程序如图3-1所示。

3. 票汇（demand draft，D/D）

票汇是以银行票据作为结算工具的一种汇款方式，一般是汇出行应汇款人的申请，开立以出口国汇入行作为付款人的银行即期汇票，列明收款人名称、汇款金额等，交由汇款人自行寄给或亲自交给收款人，收款人凭票向付款行取款的一种汇付方式。

票汇与电汇、信汇的不同之处在于票汇的汇入行无须通知收款人取款，而由收款人持汇票登门取款；这种汇票除有限制转让和流通的规定外，经收款人背书，可以转让流通，而电汇、信汇的收款人则不能将收款权转让。票汇的业务程序如图3-2所示。

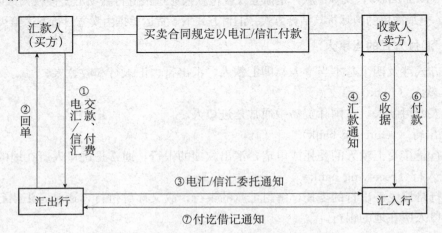

图3-1　电汇/信汇业务程序

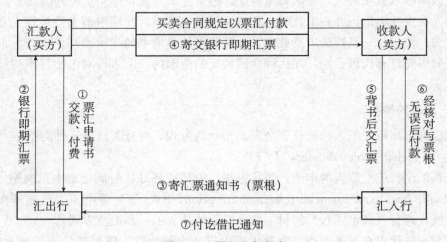

图3-2　票汇业务程序

（三）汇付方式在国际贸易中的使用

在国际贸易中，使用汇付方式结算货款，银行只提供服务而不提供信用，因此，使用汇付方式完全取决于买卖双方中的一方对另一方的信任，并在此基础上提供信用和进行资金融通。汇付属商业信用，提供信用的一方所承担的风险较大，所以汇付方式主要用于支付订金、分期付款、货款尾款以及佣金等费用。

二、托收

托收（collection）是指债权人（出口人）出具汇票委托银行向债务人（进口人）收取货款的一种结算方式。其基本做法是出口人根据买卖合同先行发运货物，然后开出汇票连同货运单据交出口地银行（托收行），委托托收行通过其在进口地的分行或代理行向进口人收取货款。

（一）托收方式的当事人

托收方式的主要当事人有四个，即委托人、托收行、代收行和付款人。

1. 委托人（principal）

委托人是开出汇票（或不开汇票）委托银行向国外付款人收款的出票人，通常就是卖方。

2. 托收行（remitting bank）

托收行是委托人的代理人，是接受委托人的委托转托国外银行向国外付款人代为收款的银行，通常是出口地银行。

3. 代收行（collecting bank）

代收行是托收行的代理人，是接受托收行的委托代向付款人收款的银行，通常是进口地银行，是托收银行在国外的分行或代理行。

4. 付款人（payer）

付款人即债务人，是汇票的受票人（drawee），通常是买卖合同的买方。

（二）托收的种类和业务程序

托收根据所使用汇票的不同，可分为光票托收和跟单托收两种。采用跟单托收方式，使用的汇票是跟单汇票，汇票随附运输单据等商业单据，而光票托收是指仅仅使用金融单据而不附带商业单据托收。国际贸易中的货款托收业务大多采用跟单托收方式。在跟单托收的情况下，根据交单条件的不同，可分为付款交单和承兑交单两种。

1. 付款交单（documents against payment，D/P）

付款交单是卖方的交单需以买方的付款为条件，即进口人将汇票连同货运单据交给银行托收时，指示银行只有在进口人付清货款时才能交出货运单据。如果进口人拒付货款，就不能拿到货运单据，也无法提取单据项下的货物。付款交单按付款时间的不同，可分为即期付款交单和远期付款交单两种。

（1）即期付款交单（D/P at sight）指出口人通过银行向进口人提示汇票和货运单据，见票人于见票时立即付款，付清货款后向银行领取货运单据。其业务程序如图 3-3 所示。

图 3-3 中序号说明：

① 出口人按照合同规定装货并取得货运单据后，填写托收申请书，开出即期汇票，连同货运单据交托收行，委托其代收货款。

② 托收行根据托收申请书缮制托收委托书，连同汇票、货运单据寄交进口地代收行。

③ 代收行收到汇票及货运单据，即向进口人做付款提示。

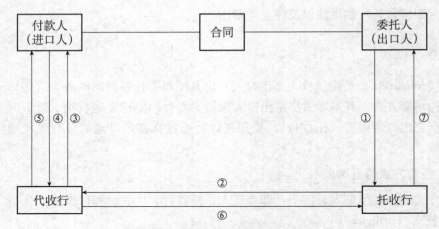

图 3-3　即期付款交单业务程序

④ 进口人审单无误后付款。

⑤ 代收行交单。

⑥ 代收行通知托收行，款已收妥并办理转账业务。

⑦ 托收行向出口人交款。

（2）远期付款交单（D/P at…days after sight）是由出口人通过银行向进口人提示汇票和货运单据，进口人即在汇票上承兑，并于汇票到期日付款后向银行取得单据。在汇票到期付款前，汇票和货运单据由代收行掌握。其业务程序如图 3-4 所示。

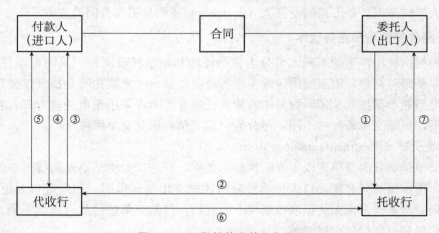

图 3-4　远期付款交单业务程序

图 3-4 中序号说明：

① 出口人按合同规定装货后填写托收申请书，开立远期汇票连同货运单据交托收行，委托代收货款。

② 托收行根据托收申请书缮制托收委托书，连同汇票、货运单据寄交代收行委托代收。

③ 代收行按照托收委托书的指示向进口人提示汇票与单据，进口人审核无误在汇票上承兑后，代收行收回汇票与单据。

④ 进口人到期付款。

⑤ 代收行交单。

⑥ 代收行办理转账，并通知托收行款已收到。

⑦ 托收行向出口人交款。

2. 承兑交单（documents against acceptance，D/A）

承兑交单是指出口人的交单以进口人的承兑为条件。进口人承兑汇票后，即可向银行取得全部货运单据，而对出口人来说，交出物权凭证之后，其收款的保障就完全依赖于进口人的信用。一旦进口人到期拒付，出口人便会遭受货、款两空的损失。因此，出口人选择这种付款方式时必须慎重。其业务程序如图 3-5 所示。

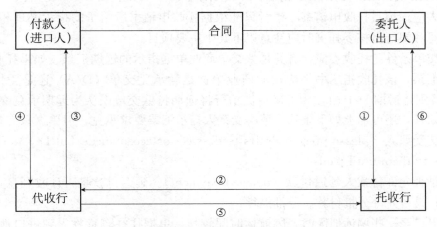

图 3-5　承兑交单业务程序

图 3-5 中序号说明：

① 出口人按合同规定装货并取得货运单据后，填写托收申请书，声明"承兑交单"，开出远期汇票连同货运单据交给托收行，委托其代收货款。

② 托收行根据托收申请书缮制托收委托书，连同汇票、货运单据寄交进口地代收行委托代收货款。

③ 代收行按照托收委托书的指示向进口人提示汇票与单据，进口人在汇票上承兑，代收行在收回汇票的同时，将货运单据交给进口人。

④ 进口人到期付款。

⑤ 代收行办理转账并通知托收行款已收到。

⑥ 托收行向出口人交款。

（三）托收方式的特点

银行办理托收业务时，只是按委托人的指示办事，并不承担付款人必须付款的义务，因此，托收属于商业信用。托收方式下，出口商的风险较大，其能否收到货款，完全依靠进口商的信用。在付款交单的条件下，虽然进口人在付款前提不到货物，但若进口人到期拒不付款赎单，由于货物已运出，在进口地办理提货、交纳进口关税、存仓、保险、转售以致低价拍卖或运回国内，需付出较高代价。而在承兑交单条件下，进口人只要办理承兑手续，即可取得货运单据从而提走货物，所以对出口人来说，承兑交单比付款交单的风险更大。但跟单托收对进口人很有利，减少了其需支出的费用，从而有利于资金周转。

托收和汇付都属于商业信用，但在国际贸易结算中，使用跟单托收的情况要比汇付方式多，这是因为汇付方式下资金负担不平衡，某一方需要承担较大风险，双方都会争取对自己有利的条件，双方利益难以均衡，故较少使用。而托收方式使双方的风险差异得到一些弥补，要比预付货款方式优越，特别是对进口商更为有利。

（四）托收委托书的填制

按照国际商会522号出版物《托收统一规则》的规定，一切托收单据都必须附有委托书（collection order），具体格式如式样3-1所示。

委托人应该填写托收申请书，银行只能根据托收申请书所给予的指示办理相关业务。委托人填写和银行审核委托书时应注意以下几个主要项目。

（1）交单条件。托收不应含有凭付款交单商业单据指示的远期汇票。如果托收含有远期付款的汇票，该托收指示书中应注明商业单据是凭承兑交单（D/A）还是凭付款交单（D/P）。特别是远期D/P时，为了避免提示行将远期付款交单误认为远期承兑交单办理，除一般条款外，还可加上如下条款：请向受案人提示汇票要求承兑，但单据只有在货款付讫后方可交受票人（please present drafts to drawee for acceptance；but DO NOT release documents to them until paid）。

（2）是否允许付款人延迟付款（delayed payment）。延迟付款是否计收利息，按何种利率计收；是否允许分批付款、分批提货。

货物出口至一些偏远地区时，因航运时间较长，单据往往较货物先到进口地，此时，买方即使付款或承兑后取得所有单据，仍需再等一段时间才取得货物。因此，买方可能要求卖方允许在货物到达目的港口时予以付款或承兑，如 acceptance and/or payment may be withheld pending arrival of goods。除非委托书中有此类提示，代收行一旦接到单据就应向付款人提示要求付款或承兑。

如为远期承兑交单方式，委托书中还应说明汇票承兑后以电报还是邮寄方式通知到期日以及是否由代收行保管汇票，待到期后向付款人提示付款。如 when accepted，inform us of maturing by cable/airmail holding the accepted draft for your presentation to the drawee for payment at maturing。如为远期付款交单，上述措辞可改为"请指示行代为保管已承兑汇票及单据待受票人付款，并通知到期日"（kindly keep the accepted drafts with the relative shipping documents in your custody pending payment and inform us due date）。在远期承兑或远期付款交单时，如果付款人提前付款，可以允许在票款中扣减贴息（discount at the rate of ××% p. a. is allowed on payment effected before maturity date）。此外，如果付款金额巨大，为了方便付款人的资金周转，可以加列允许分批付款、分批提货的指示（the goods may be partially released against partial payment）。

（3）货款如遭拒付，货到后是否要委托国外代收行代为存仓、保险。例如，If unpaid/unaccepted，store and insure goods。不过，原则上，代收行没有义务对跟单托收项下货物采取任何保险措施。但是，无论是否得到指示，如果银行为了保护货物而采取了措施，它们不对货物的处境和状况负责，也不对任何受委托看管或保护货物的第三者的行为负责。但代收行应立即将所采取的措施通知托收行。银行由于采取保护货物的措施而产生的手续费和其他费用一概由委托人负担。在特殊情况下，如预计货物比单据先到或采取远期付款交单方式时，委托人可以要求代收行到船务公司办理提货存仓、保险。即使有此项指示，代收行也可不予办理，但应立即通知委托行自己不能照办。

（4）是否安排需要时的代理。如委托人在遭到拒绝付款和/或拒绝承兑时，指定一名代理人作为需要时的代理，则应在托收指示书中明确且完整地注明该代理人的权限：是否有权提货、指示减价、修改条件、改变收款对象等。例如，in case of need refer to ××who will assist you to obtain acceptance/payment but who has no authority to amend the terms of this bill（如有需要请与××联系，该公司会协助贵行取得承兑/付款但无权更改任何条款）。如果委托人希望授权该代理人在付款人拒付时，可将货物提取存仓或再转卖，则必须在托收指示中充分说明该代理人的权限。委托人可要求代收行在所收货款中扣除若干金额给该代理人，但必须列明应扣的金额、代理人的姓名及有关资料，如 from proceeds deduct ×× to be paid to above agent。

（5）拒绝付款或拒绝承兑时，是否需要做成拒绝证书或者仅以航邮或电讯方式通知托收行即可。在即期汇票提示后付款人拒付（dishonour by non-payment），或者在远期汇票提示后不承兑（dishonour by non-acceptance），或者承兑后于到期日不付款等情况发生时，如认为有必要，委托人可以在托收指示中要求做成拒绝证书（protest）。所谓拒绝证书，是证明汇票已向付款人提示，但遭到拒绝承兑或拒绝付款的一种法律证明文件。在初次提示后，若受票人（付款人）已明确表示拒绝付款或拒绝承兑，托收指示中规定要做成拒绝证书，提示行可将汇票提交公证行（notary public），由公证人代表出票人再度向付款人提示，要求付款或承兑。若受票人再次拒绝兑付（dishonour），即把受票人陈述的理由记录下来，载入正式文件——拒绝证书，以证明拒绝付款或拒绝承兑的有关事实。

（6）银行手续费、利息及开支条款。最好在合同中事先订明银行费用由委托人支付还是付款人支付或者双方共同负担。整个托收业务是基于委托人的指示而办理的，因此，委托人应承担整个托收业务所产生的手续费或开支，但委托人仍可以指示提示行向受票人收取国外银行费用。如果托收行和代收行的费用全由委托人负担，付款人则只支付汇票金额，托收行只能收到扣除代收行费用的汇票金额，委托人取得扣除所有银行费用后的汇票金额。如果银行费用由委托人和付款人共同负担，代收行向付款人收取汇票的代收费用，托收行收到的只是汇票金额，委托人取得扣除托收行费用后的汇票金额，这种情况在国内最为常见，如 all banking charges outside China are for account of DRAWEES and collecting bank is requested to remit the full proceeds to us by telex to our（our head office's）account with XYZ bank in New York。

除了费用外，在远期付款交单或承兑交单托收中，委托人还可指示银行向受票人收取利息，在即期付款交单托收中，也可向受票人收取延期付款罚息，计息期可从提示日至实际付款日，利率可由委托人自行决定或按提示行的贷款利息计算。如，collect interest @ ×× p.a. from drawees from date of ×× until date of ××（请向受票人按年息××厘计自××收利息至××）。

如果受票人拒付，利息或手续费可否免收（waive/do not waive interest and/or collection charges if refused）。除非托收指示明确规定该项手续费、利息或开支不能免除（do not waive），提示行可以在不收该项费用的情况下将单据在付款或承兑后交予受票人。如果单据中所包括的金融单据注明了无条件的和肯定的利息条款，银行则应认为该利息金额是托收金额的组成部分，除非托收指示另有授权，金融单据上所列的本金和应收利息不能免除。若托收提示明确规定不准免除手续费和/或开支，则托收行、代收行或提示行对由此产生的任何费用和造成的延误不负责任（参阅 URC522 第 20、21 条）。最后还需注意一点，不论托收委托书中是列明所有费用由委托人负担，还是由受票人负担，一旦该项费用被拒绝承担，不论托收结果如何，代收行有权迅速向托收行收回有关开支、费用和手续费的支出。

（7）付款人（drawee）。名称、地址必须准确详细。

（8）代收行（collecting bank）。如果委托人要特别指定一家代收银行，应列出该行的名称，否则可由托收行自行选择。

第二节　信用证

一、信用证的定义

《跟单信用证统一惯例》（国际商会第 600 号出版物）第一条规定："跟单信用证统一惯例，2007 年修订本，国际商会第 600 号出版物，适用于所有在正文中标明按本惯例办理的跟单信用证（包括本惯例适用范围内的备用信用证）。除非信用证中另有规定，本惯例对一切有关当事人均具有约束力。"

该惯例的第二条规定："就本惯例而言：通知行意指应开证行要求通知信用证的银行。申请人意指发出开立信用证申请的一方。银行日意指银行在其营业地正常营业，按照本惯例行事的行为得以在银行履行的日子。受益人意指信用证中受益的一方。相符提示意指与信用证中的条款及条件、本惯例中所适用的规定及国际标准银行实务相一致的提示。保兑意指保兑行在开证行之外对于相符提示做出兑付或议付的确定承诺。保兑行意指应开证行的授权或请求对信用证加具保兑的银行。信用证意指一项约定，无论其如何命名或描述，该约定不可撤销并因此构成开证行对于相符提示予以兑付的确定承诺。兑付意指：a. 对于即期付款信用证即期付款。b. 对于延期付款信用证发出延期付款承诺并到期付款。c. 对于承兑信用证承兑由受益人出具的汇票并到期付款。开证行意指应申请人要求或代表其自身开立信用证的银行。议付意指被指定银行在其应获得偿付的银行日或在此之前，通过向受益人预付或者同意向受益人预付款项的方式购买相符提示项下的汇票（汇票付款人为被指定银行以外的银行）及/或单据。被指定银行意指有权使用信用证的银行，对于可供任何银行使用的信用证而言，任何银行均为被指定银行。提示意指信用证项下单据被提交至开证行或被指定银行，抑或按此方式提交的单据。提示人意指做出提示的受益人、银行或其他一方。"

简而言之，信用证是一种银行开立的有条件的承诺付款的书面文件。

二、 信用证的当事人

根据信用证的定义，信用证业务有三个基本当事人，即开证申请人、开证行、受益人。此外，通常还会有其他当事人，即通知行、议付行、付款行、偿付行、保兑行等。

1. 开证申请人（applicant）

开证申请人，又称开证人（opener），是指向银行申请开立信用证的人，一般为进口人，是买卖合同的买方。

2. 开证行（issuing bank；opening bank）

开证行是指接受开证人的申请开立信用证的银行，一般是进口地的银行。开证人与开证行的权利和义务以开证申请书为依据，开证行承担保证付款的责任。

3. 受益人（beneficiary）

受益人是指信用证上所指定的有权使用该证的人，一般是出口商，即买卖合同的卖方。

4. 通知行（advising bank；notifying bank）

通知行是接受开证行的委托，将信用证通知受益人的银行，一般为出口地的银行，是开证行的代理行。通知行负责将信用证通知受益人以及承担鉴别信用证表面真实性的责任，但不承担其他义务。

5. 议付行（negotiating bank）

议付行是指愿意买入或贴现受益人交来的跟单汇票的银行，因此又称购票行、贴现行或押汇行，一般是出口人所在地的银行。议付行可以是信用证条款中指定的银行，也可以是非指定银行，由信用证条款决定。

6. 付款行（paying bank；drawee bank）

付款行是指由开证行指定的在信用证项下付款或充当汇票付款人的银行。它一般是开证行，有时是代开证行付款的另一家银行。付款行通常是汇票的受票人，所以也将其称为受票行。付款人和汇票的受票人一样，一经付款，对受款人就无追索权。

7. 偿付行（reimbursing bank）

偿付行是指受开证行的授权或指示，对有关代付行或议付行的索偿予以照付的银行。偿付行偿付时不审查单据，不负单证不符的责任，因此，偿付行的偿付不视作开证行终局的付款。

8. 保兑行（confirming bank）

保兑行是指应开证行请求在信用证上加具保兑的银行。保兑行在信用证上加具保兑后，就对信用证独立承担付款责任。在实际业务中，保兑行一般由开证行请求通知行兼任，或由其他资信良好的银行充当。

三、 信用证支付方式的一般结算程序

采用信用证方式结算货款，从进口人向银行申请开立信用证，一直到开证行付款后收回垫款，须经过多个环节，办理各种手续，而不同类型的信用证，其具体做法亦有所不同。从信用证支付方式的一般结算程序来分析，其基本环节大致包括申请、开证、通知、议付、索偿、付款、赎单等。现以国际贸易结算中最为常用的不可撤销的跟单议付信用证为例，介绍信用证结算的一般操作程序，如图 3-6 所示。

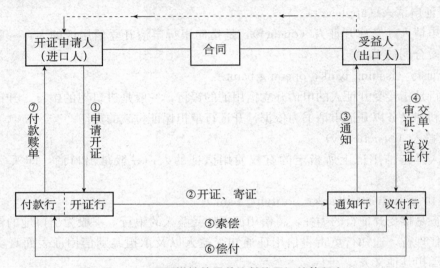

图 3-6　不可撤销的跟单议付信用证结算程序

1. 开证申请人向银行申请开立信用证

买卖双方通过交易磋商达成交易，订立买卖合同，明确规定货款的结算方式是采用信用证后，进口人在合同中规定的期限内向所在地银行提交开证申请书，申请开立信用证。开证申请书主要包括两部分内容：一是列明要求开证行所开立信用证中的条款，其基本内容须与买卖合同的条款相符；二是开证人对开证行所做的声明，其基本内容是承认在其付清货款前，银行对单据及单据所代表的货物拥有所有权；承认银行可以接受"表面上合格"的单据，对于伪造单据、货物与单据不符等，银行概不负责；开证人保证单据到达后，要如期付款赎单，否则开证行有权没收开证人所交的押金和抵押品；等等。另外，在申请开证时，开证申请人要交纳一定比例的货款作为押金和手续费。

2. 开证行开立、寄送信用证

开证行接受开证申请人的开证申请后，向受益人开立信用证，所开信用证的条款必须与开证申请书所列内容一致。信用证一般开立正本一份、副本若干份。开证方式有"信开"（open by airmail）和"电开"（open by telecommunication）两种。信开是指开证时开立正本一份和副本若干份，邮寄给通知行。电开是指开证行将信用证内容加注密押，用电报或电传等电讯工具通知受益人所在地的代理行，请其转交受益人。电开可分为简电本（brief cable）和全电本（full cable）。所谓简电本，是进口人为了方便出口人及早备货、

安排运输而将仅有信用证金额、号码、装运期、有效期等少量信用证内容的文字用电讯工具通知出口人业已开证。这种简电本无法律效力，不能凭此付款交单、承兑或议付。这种简电通知往往注明"详情请见航邮件（detail airmail）"或类似字样。全电本开证是指使用电报或电传等电讯工具将信用证的全部条款传达给通知行。《跟单信用证统一惯例》第十一条 a 款规定："经证实的信用证或修改的电讯文件将被视为有效的信用证或修改，任何随后的邮寄证实书将被不予置理。若该电讯文件声明"详情后告"（或类似词语）或声明随后寄出的邮寄证实书将是有效的信用证或修改，则该电讯文件将被视为无效的信用证或修改。开证行必须随即不延误地开出有效的信用证或修改，且条款不能与电讯文件相矛盾。"该条 b 款规定："只有准备开立有效信用证或修改的开证行，才可以发出开立信用证或修改预先通知书。发出预先通知的开证行应不可撤销地承诺将不延误地开出有效的信用证或修改，且条款不能与预先通知书相矛盾。"目前，西北欧、美洲和亚洲等地区的银行广泛使用 SWIFT 开证，我国银行在电开信用证或收到的信用证电开本中，SWIFT 信用证已占很大比重。采用 SWIFT 能够使信用证标准化、固定化和格式统一化，且传递速度快、成本低，因此银行在开立信用证时乐于使用这种方式。

按理说，开证行可以将信用证直接寄给受益人，或交开证申请人转交给受益人，但在实际业务中几乎没有这样做的案例。这是因为出口人对国外银行并不熟悉，无法确认信用证的真假，因此，开证时一般要由开证行将信用证通过通知行通知或转交给受益人。

3. 通知行通知受益人

通知行收到信用证后，应立即核对信用证的签字印鉴（信开）或密押（电开），在核对无误后，除留存副本或复印件外，须迅速将信用证交给受益人。如果收到的信用证是以通知行为收件人的，通知行应以自己的通知书格式照录信用证全文并通知受益人。

4. 受益人审查、修改信用证，并交单议付

受益人收到信用证后，应立即进行认真审查，主要审核信用证中所列的条款与买卖合同中所列的条款是否相符。如发现有不能接受的内容，应及时通知开证人，请求其修改信用证。修改信用证的传递方式与开证相同。在修改不可撤销信用证时，应注意以下事项：信用证的修改必须征得各有关当事人的同意，方为有效，否则此项修改不能成立，信用证仍以原来的内容为准；如果修改通知涉及两个以上的条款，受益人只能全部接受或全部拒绝，不能接受其中一部分，拒绝其他部分；在同一份信用证中的多处条款的修改，应做到一次向对方提出；信用证的修改通知书应通过原证的通知行转递或通知。

受益人收到信用证经审查无误，或收到修改通知书并确认后，即可按照信用证规定发运货物，在货物发运完毕后取得信用证规定的全部单据，开立汇票和发票，连同信用证正本（如经修改的还需连同修改通知书）在信用证规定的交单期或信用证有效期内，递交给信用证规定的银行或与自己有往来的其他银行办理议付。

议付行在收到单据后应立即按照信用证的规定进行审核，并从收到单据次日起不超过5 个银行工作日将审核结果通知受益人。在我国出口业务中，较多使用议付信用证。所谓"议付"（negotiation），是指议付行在审核单据后，在确认受益人所交单据符合信用证条款规定的情况下，按信用证条款买入受益人的汇票和/及单据，按照票面金额扣除从议付

日到估计收到票款之日的利息，将净数按议付日市场汇率折算成人民币付给信用证的受益人。

议付行办理议付后持有汇票，成为正当持票人，这样银行就取得了单据的所有权。由于是议付行垫付资金来购买汇票和单据，所以又称议付行为"买单"。买单结汇是议付行向信用证受益人提供的资金融通，可加速其资金周转，有利于扩大出口业务，由此可见，它又是"出口押汇"的一种做法。

5. 索偿

索偿是指议付行根据信用证规定，凭单据向开证行或其指定行请求偿付的行为。议付行按信用证要求将单据分次寄给开证行或代付行，并将汇票和索偿证明书分别寄给开证行、付款行或偿付行，以航邮或电报、电传索偿。

6. 偿付

偿付是指开证行或被指定的代付行或偿付行向议付行进行付款的行为。开证行收到议付行寄来的汇票和单据，经检查认为与信用证规定相符后，应将票款偿还给议付行。如果信用证指定有付款行或偿付行，则由该指定的银行向议付行进行偿付。

7. 开证申请人付款赎单和提货

开证行在向议付行偿付后，立即通知开证申请人付款赎单。开证申请人接到通知后，应立即到开证行查验单据，如认为无误，就应将全部货款和有关费用向银行一次付清而赎回单据，银行则返还开证人在申请开证时所交的押金和抵押品。此时，开证申请人与开证行之间因开立信用证而构成的债权债务关系即告结束。如果开证人验单时发现单证不符，亦可拒绝付款赎单。如果开证申请人凭运输单据向承运人提货时，发现货物与买卖合同不符，这与银行无关，它只能向受益人、承运人或保险公司等有关责任方索赔。

四、 信用证的内容

在实际业务中，各银行的信用证格式并不统一，但内容大致相同。总的来说，信用证的内容就是国际货物买卖合同的有关条款与要求，受益人提交的单据，再加上银行保证。信用证实例如式样 3-2 所示，通常主要包括以下几方面内容。

1. 关于信用证本身的说明

（1）开证行名称（opening bank）。

（2）信用证的形式（form of credit）。

（3）信用证号码（L/C number）。

（4）开证日期、地点（date and place of issue）。

（5）开证申请人（applicant）。

（6）受益人（beneficiary）。

（7）有效期及地点（date and place of expiry）。

（8）信用证金额（L/C amount）。

（9）通知行（advising bank）。

（10）议付行（negotiating bank）。

2. 汇票条款

（1）出票人（drawer）。

（2）付款人（drawee）。

（3）汇票金额（draft amount）。

（4）汇票号码（number of draft）。

（5）汇票期限（tenor）。

（6）出票条款（drawn clause）。

3. 单据条款

（1）商业发票（commercial invoice）。

（2）品质检验证书（inspection certificate of quality）。

（3）重量检验证书（inspection certificate of weight）。

（4）运输单据（transport documents）。

（5）保险单据（insurance policy）。

（6）原产地证明书（certificate of origin）。

4. 货物条款

（1）货物名称和规格（description and specification）。

（2）数量（quantity）。

（3）单价（unit price）。

（4）包装（packing）。

5. 装运和保险条款

（1）装运港（port of loading/shipment）。

（2）卸货港或目的港（port of discharge or destination）。

（3）装运期（latest date of shipment）。

（4）分批装运和转船规定（the stipulations for partial shipment and transshipment）。

（5）保险条款（insurance clause）。

6. 特殊条款

内容视具体交易情况而定。在实践中可以规定 commision & discount（佣金、折扣）、charges（费用）、origin（产地）、negotiation & reimbursement（议付与偿付）等几个方面。

7. 跟单信用证统一惯例文句

This credit is subject to the Uniform Customs and Practice for Documentary Credits UCP（2007 Revision）International Chamber of Commerce publication NO. 600（本证根据国际商会 2007 年修订本第 600 号出版物《跟单信用证统一惯例》办理）。

五、 SWIFT 信用证简介

SWIFT 是环球银行间金融电讯协会的简称。该组织是一个国际银行同业间非营利性的国际合作组织，专门从事各国之间非公开性的国际金融业电讯业务，其业务范围主要有十大类：第一类，客户汇款与支票；第二类，银行头寸调拨；第三类，外汇买卖和存放款；第四类，托收；第五类，证券；第六类，贵金属和辛迪加；第七类，跟单信用证和保函；第八类，旅行支票；第九类，银行账务；第十类，SWIFT 系统电报。SWIFT 具有安全可靠、高速度、低费用、自动加核密押等特点。

凡依据国际商会制定的电讯信用证格式设计和利用 SWIFT 网络系统设计的特殊格式，通过 SWIFT 网络系统传递的信用证的信息，即通过 SWIFT 开立或通知的信用证称为 SWIFT 信用证，也称为"环球电协信用证"。一旦采用 SWIFT 信用证，必须遵守 SWIFT 使用手册的规定，使用 SWIFT 手册规定的代号（tag），现以 SWIFT 信用证为例介绍其代号。目前，开立 SWIFT 信用证的格式代号为 MT700 和 MT701，表 3-1 和 3-2 分别对这两种格式进行了简单介绍。

表 3-1 MT700 Issue of a Documentary Credit

M/O	Tag 代 号	Field Name 栏位名称	Content/Options 内 容
M	27	sequence of total 合计次序	1n/1n 1 个数字/1 个数字
M	40A	form of documentary credit 跟单信用证类别	24x 24 个字
M	20	documentary credit number 信用证号码	16x 16 个字
O	23	reference to pre-advice 预通知的编号	16x 16 个字
O	31C	date of issue 开证日期	6n 6 个数字
M	31D	date and place of expiry 到期日及地点	6n29x 6 个数字/29 个字
O	51a	applicant bank 申请人的银行	A or D A 或 D
M	50	applicant 申请人	4*35x 4 行×35 个字
M	59	beneficiary 受益人	[134x] 4*35x [134 个字] 4 行×35 个字

续表

M/O	Tag 代 号	Field Name 栏位名称	Content/Options 内 容
M	32B	currency code，amount 币别代号、金额	3a15n 3 个字母，15 个数字
O	39A	percentage credit amount tolerance 信用证金额加减百分比	2n/2n 2 个数字/2 个数字
O	39B	maximum credit amount 最高信用证金额	13x 13 个字
O	39C	additional amounts covered 可附加金额	4 * 35x 4 行×35 个字
M	41A	available with… by… 向……银行押汇，押汇方式为……	A or D A 或 D
O	42C	drafts at… 汇票期限	3 * 35x 3 行×35 个字
O	42A	drawee 付款人	A or D A 或 D
O	42M	mixed payment details 混合付款指示	4 * 35x 4 行×35 个字
O	42P	deferred payment details 延迟付款指示	4 * 35x 4 行×35 个字
O	43P	partial shipments 分批装运	1 * 35x 1 行×35 个字
O	43T	transshipment 转运	1 * 35x 1 行×35 个字
O	44A	loading on board/dispatch/taking in change at/from… 由……装船/发运/接管地点	1 * 65x 1 行×65 个字
O	44B	for transportation to… 装运至……	1 * 65x 1 行×65 个字

续表

M/O	Tag 代号	Field Name 栏位名称	Content/Options 内容
O	44C	latest date of shipment 最后装运日	6n 6个数字
O	44D	shipment period 装运期间	6 * 65x 6行×65个字
O	45A	description of goods and/or services 货物描述及/或交易条件	50 * 65x 50行×65个字
O	46A	documents required 应具备单据	50 * 65x 50行×65个字
O	47A	additional conditions 附加条件	50 * 65x 50行×65个字
O	71B	charges 费用	6 * 35x 6行×35个字
O	48	period for presentation 提示期间	4 * 35x 4行×35个字
M	49	confirmation instructions 保兑指示	7x 7个字
O	53A	reimbursement bank 清算银行	A or D A 或 D
O	78	instructions to the paying/accepting/negotiation bank 对付款/承兑/议付银行之指示	12 * 65x 12行×65个字
O	57A	"advise through" bank 收讯银行以外的通知银行	A, B or D A，B 或 D
O	72	sender to receiver information 银行间的通知	6 * 35x 6行×35个字

注：①M/O 为 Mandatory 与 Optional 的缩写，前者是指必要项目，后者为任意项目。

②合计次序是指本证的页次，共两个数字，前后各一，如"1/2"，其中，"2"指本证共 2 页，"1"指本页为第 1 页。

表 3 - 2　MT701　Issue of a Documentary Credit

M/O	Tag 代　号	Field Name 栏位名称	Content/Options 内　　容
M	27	sequence of total 合计次序	1n/1n 1 个数字/1 个数字
M	20	documentary credit number 信用证编号	16x 16 个字
O	45B	description goods and/or services 货物及/或劳务描述	50 * 65x 50 行×65 个字
O	46B	documents required 应具备单据	50 * 65x 50 行×65 个字
O	47B	additional conditions 附加条件	50 * 65x 50 行×65 个字

六、 信用证的审核与修改

为了确保收汇安全，信用证业务的受益人在收到信用证后，应立即对其进行认真的核对和审查，发现问题后应及时通知对方改证。审核信用证是银行和出口企业的共同职责，但它们在审核内容上各有侧重。银行着重负责审核有关开证行资信、付款责任以及索汇路线等方面的条款和规定；出口企业着重审核信用证的条款是否与买卖合同的规定相一致。信用证审核的主要项目包括以下几项。

（1）对开证行资信情况的审核。对国外开证行的资信进行审查是受益人的责任，受益人可以委托信用证的通知行调查开证行的资信，但通知行对所提供的信息不负任何法律责任。因此，在实际业务中，对于资信不佳或资历较差的开证行，除非对方接受我方要求并已请求另一家资信较为可靠的银行进行保兑或确认偿付，并且保兑行或确认偿付行所承担的责任已明确，偿付路线又属正常与合理，否则，此类信用证不能接受。

（2）对信用证是否已有效、有无保留或限制的审核。前文在介绍信用证业务流程时已提及，"简电本"不是有效文本，因此，出口企业在收到这样的信用证时要注意，只能按此进行发货准备工作，而不能急于发货，只有在收到开证行通过通知行递送的有效信用证文件并对之审核无误后方可发货，否则不能凭此收取货款。另外，如果信用证中附加"保留"和"限制"条款，这有可能是开证申请人故意设置的陷阱条款，凡此类信用证均不能接受，必须要求对方取消或修改这些条款。

（3）对信用证类型的审核。信用证的类型往往决定了信用证的用途、性质和流通方式，有时还直接关系到信用证能否执行。如果是保兑信用证，应检查证内有无"保兑"字样；如果是可转让信用证，应检查有无相应的条款规定；《跟单信用证统一惯例》（国际商会第 600 号出版物）明确规定：所有信用证均为"不可撤销"信用证。

（4）对信用证的有效期及到期地点等的审核。《跟单信用证统一惯例》（国际商会第 600 号出版物）第六条规定："信用证必须规定提示单据的有效期限。规定的用于兑付或者议付的有效期限将被认为是提示单据的有效期限。除非如 29（a）中规定，由受益人或代表受益人提示的单据必须在到期日当日或在此之前提交。可以有效使用信用证的银行所在的地点是提示单据的地点。对任何银行均为有效的信用证项下单据提示的地点是任何银行所在的地点。不同于开证行地点的提示单据的地点是开证行地点之外提交单据的地点。"因此，没有规定有效期的信用证是无效的，而关于信用证的到期地点，我国出口企业应争取在我国到期，以便在交付货物后及时办理议付等手续。至于交单日期，如果信用证未做规定，按惯例，银行有权拒收迟于运输单据日期 21 天后提交的单据，但无论怎样，单据也不得迟于信用证到期日提交。所谓最迟装运日期，是指卖方将货物装上运输工具或交付给承运人接管的最迟日期。在我国实际业务中，运输单据的出单日期通常就是装运日期。受益人所提交的运输单据的装运日期不得迟于信用证的有效期，一般应有一段时间间隔。在我国的出口业务中，如交单地点在我国，通常要求信用证的交单日期在装运期限后 15 天，以便受益人有足够的时间办理制单、交单议付等手续。

（5）对信用证金额和支付货币的审核。信用证规定的支付货币应与合同规定相同；金额一般应与合同金额相符。信用证金额是开证行承担付款责任的最高金额，因此，发票和/或汇票金额不能超过信用证金额，否则将被拒付。

（6）关于装运货物是否与合同一致的审核。受益人在审核信用证时必须依据合同对信用证规定的货物描述的内容进行逐项审核：① 商品的品名、货号、规格规定与合同规定是否相符；② 数量规定与合同规定是否相符；③ 货物的包装条款与合同规定是否相符；④ 商品价格条款和贸易术语是否有误等。

（7）对运输和保险条款的审核。信用证的运输条款必须与合同规定相符，对转运和分批装运条款要重点审核。《跟单信用证统一惯例》（国际商会第 600 号出版物）第三十一条规定："允许分批支款或分批装运"，第三十二条规定："如信用证规定在指定的时间段内分期支款或分期发运，任何一期未按信用证规定期限支取或发运时，信用证对该期及以后各期均告失效。"对于信用证内保险条款应注意：信用证内规定的投保险别是否与合同相符；信用证内规定的保险金额的额度是否与合同的规定一致；保险单据的出单日期是否迟于运输单据上注明的货物装船、发运或接受监督的日期。

（8）对信用证中要求单据的审核。对证内要求交付的各种单据，要根据合同的原订条款及习惯做法进行审核。如果单据上加注的条款与我国有关政策相抵触或我方无法办到，应及时通知开证人修改。

（9）对付款期限的审核。信用证的付款期限必须与买卖合同的规定一致。

（10）信用证"软条款"（soft clause）的审核。所谓信用证"软条款"，是指在不可撤销的信用证中加列的一种条款，结果使开证申请人实际上控制了整笔交易，受益人处于受制于人的地位，而信用证项下开证行的付款承诺毫不确定，很不可靠，开证行可随时利用这种条款单方面解除其保证付款的责任。信用证业务中的"软条款"，在我国有时也称为"陷阱条款"（pitfall clause）。例如，"the certificates of inspection would be issued and signed by authorized the applicant of L/C before shipment of cargo, which the signature will be inspected by issuing bank."这就是典型的"软条款"，实际上使开证申请人控制了整笔交易。

另外，对于来证中的其他条款或由不同国家的不同惯例产生的"特殊条款"应格外认真、仔细地进行审核，要特别注意信用证中有无歧视和无法办到的特殊要求。

总之，以上介绍的只是审证的要点。在实际工作中，从业人员还应根据买卖合同条款，参照《跟单信用证统一惯例》（国际商会第 600 号出版物）的最新规定和解释，以及贸易中的一些政策和习惯做法，逐条详细审核。

七、《跟单信用证统一惯例》

信用证自 19 世纪末开始使用至发展到今天，它已经成为国际贸易中使用得最为普遍的一种结算方式。但在处理单据时，各国银行往往从各自的利益出发，按照各自的习惯和规定办事，就信用证当事人的权利、责任，对单据的看法、对业务术语等，均没有统一的解释和公认的准则，因此，当事人之间经常发生争议和纠纷。国际商会为了减少因解释不同而引起的争端，调和各有关当事人之间的矛盾，一直致力于国际贸易惯例的制订和统一工作。1933年，国际商会颁布了第一个适用于跟单信用证的惯例，定名为《商业跟单信用证统一惯例》（*Uniform Customs and Practice for Commercial Documentary Credits*）。而后，随着国际贸易的发展，国际商会先后于 1951 年、1962 年、1974 年、1983 年、1993 年和 2007 年对该惯例进行了多次修订。由于通信工具的电子化、网络化以及计算机的广泛使用，国际贸易、金融、保险、单据处理和结算工作也发生了许多变化。为此，国际商会不断地修改和丰富相关出版物，最新的出版物是于 2006 年 10 月在 ICC 秋季会议上，与会各国国际商会国家委员会代表通过的《跟单信用证统一惯例》（2007 年修订本，国际商会第 600 号出版物），其英文全称 是 *Uniform Customs and Practice for Documentary Credits*，2007 *revision*，*I. C. C. Publication No.* 600（简称 UCP 600），该惯例已于 2007 年 7 月 1 日起正式生效。

与 UCP 500 相比，UCP 600 发生了较大的变化，主要表现在：①结构上发生了改变。将原来的 49 个条款压缩为 39 个条款，UCP 600 按照业务环节对原条款进行了归纳，使得现有条款更加明确和系统。②概念含义的变化。UCP 600 对"兑付"（honour）做出了解释。"兑付意指：a. 对于即期付款信用证即期付款。b. 对于延期付款信用证发出延期付款承诺并到期付款。c. 对于承兑信用证承兑由受益人出具的汇票并到期付款。"同时对议付也做出了解释，明确了议付是对票据及单据的一种买入行为，并且明确它是对受益人的融资。③对单据处理的新规定。UCP 600 将开证行、保兑行、指定行在收到单据后的处理时间修改为"不得迟于提示单据日期翌日起第五个银行工作日终了"。④关于可转让信用证的新规定。UCP 600 第三十八条规定："由第二受益人或代表第二受益人提交的单据必须向转让银行提示。"该条款是为了避免第二受益人绕过第一受益人直接交单给开证行，损害第一受益人的利益。同时，为了保护正当发货制单的第二受益人的利益，第三十八条还规定："如果第一受益人应当提交其自己的发票和汇票（如有），但却未能在收到第一次要求时照办；或第一受益人提交的发票导致了第二受益人提示的单据中本不存在的不符点，而其未能在收到第一次要求时予以修正，则转让银行有权将其从第二受益人处收到的单据向开证行提示，并不再对第一受益人负责。"

UCP 600 增强了信用证作为银行信用的完整性和可靠性，并使之与银行的实际做法更趋一致，促进了结算业务的标准化与统一化，使国际贸易和金融活动更加便利。应当指出的是，《跟单信用证统一惯例》只是一项国际贸易惯例，不具有强制的法律效力，但是目前各国法院几乎都把《跟单信用证统一惯例》作为裁决跨国信用证纠纷的依据，而且，在实际业务中，许多信用证上都注明是根据国际商会《跟单信用证统一惯例》第 600 号出版物开立的。因此，它无疑又是一项具有国际性、权威性的惯例。

式样 3-1　　托收委托书

BANK OF CHINA

RE:	DATE
DRAFT AND/OR	
DOCUMENTS FOR	**IN REFERRING ALWAYS**
TENOR OR	
MATURITY	
DRAWEE AND	
ADDRESS	

MAIL TO ...
　　　　...

　　　WE ENCLOSE THE RELATIVE DRAFT（S） AND DOCUMENTS MENTIONED HEREIN
　　　FOR YOUR COLLECTION
　　　PLEASE CREDIT THE PROCEEDS TO OUR HEAD OFFICE

ACCOUNT WITH ...
　　　...

MERCHANDISE
SHIPPED TO

DOCUMENTS ENCLOSED	DRAFT	INV.	C. INV.	B/L	AWB.	INS. POL.	PKG. LIST.	INSP. CERT.	W/M CERT.	CERT. ORIG.
1ST MAIL										
2ND MAIL										

PLEASE FOLLOW INSTRUCTIONS MARKED "×"

×	DELIVER DOCUMENTS AGAINST
	WHEN PAID SEND US PAYMENT ADVICE BY CABLE/AIRMAIL
	WHEN ACCEPTED INFORM US OF MATURITY BY CABLE/AIRMAIL HOLDING THE ACCEPTED DRAFT FOR YOUR PRESENATION TO THE DRAWEE FOR PAYMENT AT MATURITY
×	IF UNPAID AND/OR UNACCEPTED ADVISE US BY CABLE/AIRMAIL GIVING REASON
×	PROTEST/DO NOT PROTEST FOR NON-PAYMENT AND/OR NON-ACCEPTANCE
	ACCEPTANCE AND/OR PAYMENT MAY BE WITHHELD PENDING ARRIVAL OF GOODS
	COLLECT COMMISSION AND CHARGES （INCLUDING STAMP DUTY） OUTSIDE JAPAN FROM THE DRAWEE
	REMIT PROCEEDS BY CABLE/AIRMAIL TO OUR HEAD OFFICE ACCOUNT WITH THE ABOVE MINTIONED BANK INSTRUCTING THEM TO SEND US THEIR CREDIT ADVICE BY CABLE/AIRMAIL
	AUTHORIZE US TO DEBIT YOUR WITH OUR HEAD OFFICE BY CABLE/AIRMAIL
	IN CASE OF NEED， PLEASE REFER TO
	COLLECT THROUGH DRAFT AND DOCUMENTS SHOULD BE SENT BY REGISTERED AIRMAIL

SPECIAL INSTRUCTIONS：

　　　　　　　　　　　　　　　　　　AUTHORIZED SIGNATURE：

THIS COLLECTION IS SUBJECT TO UNIFORM RULES FOR COLLECTIONS （1996 REVISION），
INTERNATIONAL CHAMBER OF COMMERCE， PUBLICATION NO. 522

式样 3-2   不可撤销 SWIFT 信用证

交通银行上海浦东分行

Bank of Communications

Shanghai Pu Dong Branch

DATE：DEC. 5th，2019	OUR REF LCEA03P-0891
TO： SHANGHAI YU AN ZHI YING DISPLAY EQUIPMENT CO.，LTD.	FROM： ASIA COMMERCIAL BANK LTD.，SINGA-PORE

L/C NO. DZ/3/IM/302052   DATED 2019/11/28   FOR USD 122 400

Dear Sirs，

We have pleasure in advising you that we have received from the above bank an authenticated Letter of Credit by telex/airmail contents of which are as per attached sheet，which constitutes an integral part of credit advice.

Please note that this credit does not bear our confirmation and does not involve any undertaking on part instructions on the contrary stipulated hereon.

This advice and the attached （and any subsequent amendment） must accompany all presentations.

Bank of Communications

Shanghai Pu Dong Branch

> Remarks：If you find any terms in this credit you are unable to comply with or any error in your name and/or address. Please communicate direct with your buyers immediately with a view to arranging any defined amendments and thus avoid difficulties which would otherwise arise when documents are presented.

December 3rd，2019 8：44 am

＝RECEIVED＝advice of third bank's credit FM710 ················· ORIGINAL 0001＝

***

***　　DESTINATION COMMCNSHAPDG　　　　SW20191202FS000000111600

***　　SESS　2200　　　　　　　　　　　　DATE RCVD 2019-NOV-03 15：18

***　　SRQU 490075

*** ··

***　　ORIGINATOR ASIA COMMERCIAL BANK LTD.　FROM SWIFT

***　　SESS 6897 ASIA COMMERCIAL BANK LTD.　DATE SENT 2019-NOV-03 08：18

***　　SEQU　038298　SINGAPORE

*** ································NORMAL································

***

***　：27/sequence of total　　　　：1/2

***　：40B/form of documentary credit　：IRREVOCABLE

***

***　：21/documentary credit no.　　：DZ/3/IM/302052

***　：31C/date of issue　　　　　　：2019/11/28

***　：31D/date and place of expiry　：2019/12/20 AT BENEFICIARY'S COUNTRY

***　：50/applicant　　　　　　　　：ABC COMPANY. SINGARPORE

***　：59/beneficiary　　　　　　　：SHANGHAI YU AN ZHI YING DISPLAY

***　　　　　　　　　　　　　　　　EQUIPMENT CO. LTD. NO 521 KANGHUA

***　　　　　　　　　　　　　　　　ROAD，WAIGAOQIAO，INDUSTRIAL ZONE

***　　　　　　　　　　　　　　　　PUDONG, SHANGHAI, CHINA

***　：32B/currency code amount　　：USD 122，400.00

***　：41A/available with/by　　　　：BANK OF CHINA

***　　　　　　　　　　　　　　　　SHANGHAI BRANCH

***　：42P/deferred payment details　：PAYABLE 60 DAYS AFTER SHIPMENT DATE

***　：43P/partial shipments　　　　：PROHIBITED

***　：43T/transshipment　　　　　　：ALLOWED

***　：44B/for transportation to　　：SINGAPORE

***　：44D/shipment period　　　　　：FROM 2019-DEC-03 TILL DEC-06

***　：45A/description goods and/or services

***　　　　　　　　　　　　　　　：COLOR MONITOR 14 WITH LOW RADIATION WITH

***　　　　　　　　　　　　　　　MITSU ACCORDING TO CONTRACT NO YRPI-9610028A.

***　　　　　　　　　　　　　　　：DELIVERY TERMS：FOB SHANGHAI

***　：46A/documents required

***　　　　　　　　　　　　　　　1. COMMERCIAL INVOICE WITH COUNTRY OF ORIGIN

　　　　　　　　　　　　　　　　　　OF ALL GOODS

***　　　　　　　　　　　　　　　2. ORIGINAL AND 2 COPIES OF ORGINAL CERTIFICATE

***　　　　　　　　　　　　　　　3. PACKING LIST IN TRIPLICATE

***　　　　　　　　　　　　　　　4. FULL SET（3/3）OF ORIGINAL BILL OF LADING MADE OUT

***　　　　　　　　　　　　　　　　TO ABC COMPANY，222 YORK STREET，SINGAPORE 3205

***	: 47A/additional conditions	: INSURANCE COVERED BY APPLICANT
***		IN CASE OF DISCREPANT DOCUMENTS PRESENTA-
		TION OUR DISCREPANT
***		FEE OF USD40. OO WILL BE DEDUCTED FROM PROC-
		EEDS
***	: 71B/details of charges	: ALL COMMISSIONS AND CHARGES OUTSIDE
***		SINGAPORE ARE FOR BENEFICIARY'S ACC.
***	: 48/period for presentation	: DOCUMENTS TO BE PRESENTED WITHIN
***		15 DAYS AFTER SHIPMENT
***	: 49/confirmation instructions	: WITHOUT
***	: 78/instructions to pay/neg bk	
***		AGAINST YOUR TESTED ADVICE TO US, AT LEAST 3
***		WORKING DAYS
***		BEFORE PAYMENT, STATING PRESENTATION OF
***		DOCUMENTS IN CONFORMITY
***		WITH L/C TERMS WE SHALL CREDIT YOU ACCORDING
***		TO YOUR INSTRUCTIONS AT ***** MATURITY DATE.
***	: 57D/account with inst-address	: YOUR WAIGAOQIAO FREE TRADE ZONE
***		SUB-BRANCH
***	: 72/sender to receiver information	: PLS ACKNOWLEDGE RECEIPT AND QUOTING
***		OUR REF. NO. DZ/3/IM/302052. PLS REMIT
***		USD60. 00 TO OUR A/C WITH UNION BANK
***		OF CALIFORNIA INT'L, NEW YORK BEING

Page2

***		OUR L/C ADVISING COMM USD20. 00 AND
***		COST OF THIS SWIFT USD40. 00.
***	: It is subject to the Uniform Customs and Practice for Documentary Credit（2007 Revision），International Chamber of Commerce Publication No. 600.	
***	: MAC/Message Authentication Code	: 750658B2
***	: CHK/Checksum Result	: 70C9463B6737
***	....	....
***	: DAC/Disposition Address Code	: SHPDG
***	: TTK（TESTKEY RESULT）	: TESTED ON DATE 2019. 12. 02
***	.... ACKMOWLEDGEMENT	
***		
***	: 177/Date and Time（YYMMDDHHMM）	: 20191202　15：23
***	: 451/acceptance/rejection	: accepted
***		

*** ....PRINT REQUEST FROM ON 2019DEC-03 AT 15：41：57............

***		
***	Entry	: SWSERV	Date：191202	Time：15：23：52
***		

.... CMHS/00003514/19-DEC-03/15：41：57＝P 2/2＝

练习题

1. 翻译下列专用名词。

(1) 光票托收   (2) 跟单托收   (3) 托收委托书

(4) 汇付   (5) 托收行   (6) 公证行

(7) 保兑的不可撤销信用证   (8) 即期信用证   (9) 远期信用证

(10) 可转让信用证   (11) 循环信用证   (12) 书面担保

(13) 票汇   (14) documents against payment at sight

(15) documents against acceptance

(16) dishonour by non-payment

(17) dishonour by non-acceptance

(18) remitting bank   (19) protest   (20) beneficiary

(21) principal   (22) transferor   (23) transferee

(24) issuing bank   (25) drawee bank   (26) SWIFT

(27) applicant   (28) negotiating bank   (29) UCP

2. 现有一批托收货物降价，付款人向代收行提出，经与委托人联系，货价减少 8 800 美元，托收金额减到 USD500 000 并提供了委托人同意减额的传真，请问：

(1) 代收行可否应付款人的请求或凭其提供的委托人传真按部分付款条件交单？

(2) 如代收行经托收行同意按减少的金额支付，请用英文以代收行的身份向托收行草拟一份电询函。

(3) 用英文以托收行身份草拟一份对代收行的回电。

(4) 将下列代收行指示账户付款的电文译成中文。

Please T/T remit USD500 000 to BANK OF YOKOHAMA LTD. account YOKO35829 under their tested telex advice to YOKOHAMA quoting their Ref No. Q-66-M-8302, today your charges if any for principal's acct.

In cover, debit our acct.

3. 下面是一篇有关托收利弊的文章，请将其翻译成中文。

ADVANTAGE AND DISADVANTAGE OF COLLECTION

The most unsatisfactory feature of the D/P form of transaction is the possibility of the buyer or his bankerrefusing to honor the draft and take up the shipping documents, especiallyat a time when the market is falling. In such a case, the seller may not receive his payment, although he is still the owner of the goods.

Under D/P method, before making payment, the buyercan not get documents of title to the goods and take delivery of the goods. The ownership of the goods still remains in the hands of the seller. If the buyer dishonors the draft, the seller can sell goods to others.

In the case of payment by D/A, the further difficulty arises that, on the buyer accepting the draft, the documents of title will besurrendered to him. Hence, if the buyer goes bankruptor becomes insolvent before the payment of the draft, the loss will fall on the seller.

Therefore, seldom does a seller accept payment by D/P or D/A, unless the buyer is of unquestionable integrity or if there is a special relation between the seller and the buyer. It is far better for the exporter to use L/C rather than D/P or D/A. However, under certain circumstancesor for certain purposes, payment by D/P or D/A is still deemed necessary, for instance:

（1）For implementation of foreign trade policy, especially for the promotion of trade with developing countries.

（2）For promotion of exports, especially to push the sale of our new products and difficult-sell commodities.

（3）For promotion of trade with the small enterprises by granting credits to them.

（4）For simplifying procedures of payment while doing business with affiliated corporation.

4. 请将下列信用证条款翻译成中文.

（1）Available by beneficiary's drafts at sight together with the following documents bearing our credit number.

（2）All drafts drawn under this credit must contain the clause" Drawn under Bank of China, credit No. 98325 and dated Nov. 18th, 2019".

（3）Signed commercial invoice in quintuplicate indicating contract No, marks and Nos. as well as the credit number.

（4）Full set of clean on board Bills of Lading make out to order endorsed in blank marked"freight Prepaid" and notify the above mentioned applicant.

（5）Marine insurance policies or certificates in negotiable form for 110% full CIF invoice value covering All Risks and War Risks as per ocean marine cargo clause of the people's Insurance Company of China dated 1/1/2009 with extended cover up to Singapore with claims payable at destination in the currency of draft.

（6）Packing list in duplicate detailing the complete inner packing specification and contents of each package.

（7）We hereby engage with the drawer, endorsers and bona-fide holders of drafts drawn under and in compliance with the terms of the credit that such drafts, if drawn and negotiated within the validity of this credit, shall be duly honored on due presentation and delivery of documents as specified.

（8）Evidencingshipment of 1 000 cartons of basketball from Shanghai to Hong Kong by sea not later than Aug. 15th, 2019 with shipments and transshipment allowed.

（9）All documents must be presented to the negotiating bank within 15 days after the date of issuance of the shipping documents but within the validity of the credit.

（10）We hereby issue this Document Credit in your favor. It is subject to the Uniform

Customs and Practice for Documentary Credit（2007 Revision, International Chamber of Commerce, Paris, France, publication No. 600）and engages us in accordance with the terms of Article 9 thereof. The number and the date of the credit and the name of our bank must be quoted on all drafts required. If the credit is available by negotiation, the amount and date of each negotiation must be noted on the revers of this credit by the bank where the credit is available.

5. 我某公司出口一批货物，合同规定采用托收方式付款，假设寄单邮程为 10 天，根据下表填写有关日期。

支付条款	托收日期	进口商在汇票上承兑日期	进口商 付款日期	代收行向 进口商交单日期
D/P at sight	11/1			
D/P at 30 days after sight	11/1			
D/A at 30 days after sight	11/1			

6. 案例分析题

（1）国内某公司以 D/P 即期付款交单方式出口一批商品，并委托国内甲银行将单证寄往第三国乙银行转给进口国丙银行托收。后来得知丙银行破产收不到货款，该公司要求退回有关单证却毫无结果，请问托收银行应负什么责任？

（2）某贸易公司出口一批商品，付款条件为远期 45 天付款交单。出口人虽在填写的委托书中说明除本金外需加收利息，但并未说明利息不能免除，在出口人所提交的汇票上也未列明利息条款。当银行向进口人提示单据时，进口人只肯交付本金而拒付利息，在此情况下，银行在收到本金后即交出单据，并通知出口人有关拒付利息的情况。试问：出口方能否追究代收行未收利息即交单的责任。

本章要点	重要概念	重难点解析	习题详解

第四章　信用证在国际贸易结算中的运用

开篇案例

【案情】

利用第二章的案例，上海新龙股份有限公司（SHANGHAI NEW DRAGON CO., LTD.）与美国 CRYSTAL KOBE LTD. 就含 55% 丙烯酸树脂 45% 的棉女士短衫（LADIES' 55% ACRYLIC 45% COTTON KNITTED BLOUSE）签订了合同，请帮进口商 CRYSTAL KOBE LTD. 草拟一份开证申请书向美国纽约银行申请开立信用证，并帮助纽约银行开出一份信用证。

【分析】

开证申请书（irrevocable documentary credit application）是信用证业务中买方向开证行申请开证的重要单据，其填制必须要符合《跟单信用证统一惯例》（国际商会第 600 号出版物）的相关规定，填制的主要注意事项参见本章相关内容。本案例中开证申请书具体填写和分析见后文。

上海新龙股份有限公司
SHANGHAI NEW DRAGON CO．，LTD.

27 CHUNGSHAN ROAD E. 1 SHANGHAI CHINA

TEL：8621-65342517　FAX：8621-65124743

TO：CRYSTAL KOBE LTD.

编号

No. 21SSG-017

售货确认书
SALES CONFIRMATION

日期：

Date：AUG. 26th，2019

货号 ART. NO.	品名及规格 COMMODITY AND SPECIFICATION	数量 QUANTITY	单价及价格条款 UNIT PRICE & TERMS	金额 AMOUNT
H32331SE	LADIES' 55％ ACRYLIC 45％ COTTON KNITTED BLOUSE	500DOZ 120 CARTONS	USD 61 PER DOZ CIFC3％ NEW YORK	USD30 500
			总金额 TOTAL AMOUNT CIF NEW YORK	－C3　915 USD29 585

装运条款

SHIPMENT：SHIPMENT ON OR BEFOR NOV. 20TH，2019 WITH PARTIAL SHIPMENTS ARE NOT ALLOWED TRANSSHIPMENT IS PROHIBITED FROM SHANGHAI TO NEW YORK.

付款方式

PAYMENT：THE BUYER SHALL OPEN THROUGH A BANK ACCEPTABLE TO THE SELLER AN IRREVOCABLE L/C AT SIGHT TO REACH THE SELLER 30 DAYS BEFORE THE MONTH OF SHIPMENT REMAINED VALID FOR NEGOTIATION IN CHINA UNTIL THE 15TH DAY AFTER THE DATE OF SHIPMENT.

保险

INSURANCE：THE SELLER SHALL COVER INSUREANCE AGAINST ALL RISKS FOR 110％ OF THE TOTAL INVOICE VALLUE AS PER THE RELEVANT OCEAN MARINE CARGO CLAUSE OF P. I. C. C. DATED JAN. 1ST，2009.

注意：请完全按本售货确认书开证并在证内注明本售货确认书号码。

IMPORTANT：PLEASE ESTABLISH L/C EXACTLY ACCORDING TO THE TERMS AND CONDITIONS OF THIS S/C AND WITH THIS S/C NUMBER INDICATED.

CRYSTAL KOBE LTD.

买方（The Buyers）

SHANGHAI NEW DRAGON CO．，LTD..

卖方（The Sellers）

分析：

IRREVOCABLE DOCUMENTARY CREDIT APPLICATION

TO：BANK OF NEW YORK   Place/date：Sept. 25th, 2019   NEW YORK

Beneficiary(fullname and address) SHANGHAI NEW DRAGON CO. , LTD. 27. CHUNGSHAN ROAD E. 1, SHANGHAI CHINA	L/C NO. Ex-Card No. Contract No.
	Date and place of expiry of credit Dec. 5th, 2019 in Shanghai

Partial shipments
☐ allowed ☒ not allowed

Transshipment
☐ allowed ☒ not allowed

Issue by airmail
☒ Issue by tele-transmission

Loading on board/dispatch/taking in charge at/from
SHANGHAI not later than   Nov. 20th, 2019
for transportation to   NEW YORK

Amount(both in figures and words)
USD29 585（SAY UNITED STATES DOL-
LARDS TWENTY NINE THOUSAND FIVE
HUNDRED AND EIGHTY FIVE ONLY）

Description of goods：
LADIES' 55% ACRYLIC 45%
COTTON KNITTED BLOUSE
USD61 PER DOZ
CIFC3% NEW YORK
Packing：IN 120 CARTONS

Credit available with
☒ by sight payment ☐ by acceptance ☐ by negotiation
☐ by deferred payment at
against the documents detailed herein
☒ and beneficiary's draft for 100% of the invoice value
☐ FOB   ☐ C&F   ☒ CIF

Documents required：(marked with×)

1. （×）Signed Commercial Invoice in 4 copies indicating L/C No. and Contract No.
2. （×）Full set of clean on board ocean Bills of Lading made out to order and blank endorsed, marked "freight [ ] to collect/[×] prepaid [ ] showing freight amount" notifying CRYSTAL KOBE LTD. 1410 BROADWAY, ROOM 300 NY 10018 U. S. A.
3. （ ）Air Waybills showing "freight [ ]to collect/[ ]prepaid[ ]indicating freight amount" and consigned to
4. （ ）Memorandum issued by ＿＿＿＿＿＿＿ consigned to
5. （×）Insurance Policy/Certificate in 2 copies for 110% of the invoice value showing claims payableat destination in currency of the draft. Blank endorsed, covering（[×] Ocean Marine Transportation All Risks, War Risks
6. （×）Packing List/Weight Memo in 3 copies indicating quantity/gross and net weight of each package and packing condition as called for by the L/C
7. （×）Beneficiary's certified copy of cable/telex dispatched to the accountees within 24 hours after shipment advising[×] name of vessel/[ ]No. /[ ]wagon No. , date, quantity, weight and value of shipment.
8. （×）Beneficiary's Certificate certifying that extra copies of the documents have been dispatched to applicant according to the contract terms.
9. （ ）Other documents, if any:

Additional instructions：

1. （×）All banking charges outside the opening bank are for beneficiary's account.
2. （×）Documents must be presented within 15 days after the date of issuance of the transport documents but within the validity of this credit.
3. （×）Third party as shipper is not acceptable. Short form/Blank Back B/L is not acceptable.
4. （ ）Both quantity and amount[   ]% more or less are allowed.
5. （×）All documents to be forwarded in one cover, unless otherwise stated above.
   You correspondents to advise beneficiary [ ]adding their confirmation[×] without adding their confirmation
   Payments to be debited to our U. S. Dollars account no   10-668855368
   Signature：CRYSTAL KOBE LTD.

第一节　进口信用证结算

一、填制开证申请书和申请开列信用证

买卖双方签订合同以后，进口方向银行申请开立信用证以前，一般要填写开证申请书（documentary credit application），银行再根据申请书的内容开出正式信用证（见式样4-1）。

开证申请书是申请人与开证行之间的书面契约，也是申请人对开证行的委托。开证申请书主要根据合同中的有关条款填写，申请人应将合同副本一并提交银行供其参考和核对。但值得注意的是，尽管信用证是根据合同内容开立的，但一经开立，它与合同是相互独立的，因而申请人应认真审查合同的主要条款，将其列入开证申请书中。进口商应根据银行的规定填制开证申请书，一般为一式三份。开证申请书分为正反两面，正面的内容需要进口方填写，反面的内容一般为银行印好的格式条款。下面以中国银行的开证申请书为例进行介绍。

（一）信用证开证申请书正面内容的填制

开证申请书正面的内容是客户对开证行进行委托的法律有效文件，其正本一般由银行印发，内容由开证申请人填写，通常需要填制以下几项内容。

（1）申请开证日期。一般填制在申请书的右上角。

（2）受益人。应填写受益人的名称（全称）及详细地址、电话号码等。

（3）信用证的性质。根据 UCP 600 条款的规定，所有信用证均为不可撤销信用证，不可撤销跟单信用证一般已印制在申请书上，如果需要保兑等可以在此加上。信用证的号码由开证行填写。信用证的有效期及到期地点由开证申请人填写。

（4）分批装运和转运。应根据合同的规定明确表示"允许"或"不允许"，在选择项目前面的方框中打"×"表示选择该项。

（5）信用证的传递方式。有四种可供选择的传递方式，即信开（航空邮寄）、电开（电报）、快递、简电后随寄电报证实书，在所选择项前面的方框中打"×"表示选择该项。

（6）装运条款。应根据合同规定填写装运地（港）及目的地（港），最晚装运期，如果需要转运，则应写明转运地（港）。

（7）信用证金额。金额必须用数字和文字两种形式表示，并且要写明币种。信用证金额是开证行付款的最高限额，必须根据合同的规定明确表示清楚，如果允许其金额有一定比率的上下浮动幅度，也应该写清楚。

（8）有关货物的情况。主要包括货物名称、规格、数量、包装、单价等内容，所有内容都必须与合同的规定相一致。

（9）信用证付款方式的选择。信用证有效兑付方式有四种，即即期支付、承兑支付、议付、延期支付。应根据合同的规定进行选择，在所选择方式前的方框中打"×"。

（10）汇票条款。应根据合同的规定，填写信用证项下应支付发票金额的百分比。如合同规定所有货款都用信用证支付，则应填写信用证项下汇票金额是发票金额的100%。如果合同规定该笔货款由信用证和托收各支付50%，则应填写信用证项下汇票金额是全部发票金额的50%。对于汇票的支付期限，如即期应填写 at sight；如果是远期，应填写具体的天数，如30天、60天、90天等。根据 UCP 600 规定，信用证项下汇票的付款人必须是开证行或指定付款行。

（11）贸易术语。有 FOB、CFR、CIF 和"其他条件"可供选择，应根据合同成交的贸易术语在所选择项前的方框中打"×"。如果是"其他条件"，则应在该项目后面写明所使用的具体术语。

（12）单据条款。银行印制好的单据要求共有11条，其中，第1条到第11条列出了具体的单据，第12条是"其他单据"，即除以上11种单据以外的单据要求可填在第12条中。填制单据条款时应注意：①在所需要单据前的括号里打"×"；②在所选择单据条款中填写具体的要求，如果印制好的要求不完整，可在该单据条款后面补充填写；③必须严格按照合同规定填写单据条款，既不能随意提出超出合同规定的要求，也不能随意降低或减少合同规定的要求。

（13）附加条款。印制好的附加条款有6条，如果需要可在其前面的括号里打"×"；如果有其他附加条款，可根据合同规定和买方的具体需要填写在第7条中。

（14）申请人信息。开证申请人的开户银行、银行账号、申请人（法定代表）签字以及联系电话等信息。

（二）信用证开证申请书反面的内容

开证申请人除了填写信用证申请书正面的内容外，还应注意其背面条款。这些条款也是开证申请人与开证行之间协议的组成部分，一般是由开证行在印制申请书时就已根据其习惯做法和国际惯例将这些条款确定下来，主要包括以下几方面内容。

（1）申请人同意按照 UCP 600 办理该信用证项下一切事宜，并同意承担由此产生的一切责任。

（2）声明委托银行开列信用证，并向银行保证按时支付货款、手续费、利息及一切费用。

（3）明确收到单据后，申请人在规定的期限内通知开证行办理对外付款/承兑，否则作为申请人同意接受单据，同意付款/承兑。

（4）申请人保证在单证表面符合的条件下办理有关付款/承兑手续。如因单证有不符点而拒绝付款/承兑，申请人保证在开证行接单到通知书中规定的日期之前将全套单据如数退还开证行并附上书面理由，由开证行按照国际惯例确定能否对外拒付。

（5）声明该信用证及其项下业务往来如因邮、电或其他方式传递发生遗失、延误、错漏等，银行概不负责。

（6）声明如信用证需要修改，应由申请人及时向开证行提出书面申请，由开证行根据具体情况确定能否办理修改。

（7）声明在收到开证行开出的信用证、修改书副本后，保证及时与原申请书核对，如有不符之处，保证在收到副本之日起×个工作日内通知开证行，如未通知，当视为正确无误。

（8）声明如因申请书字迹不清或词义含混而引起的一切后果由申请人负责。

开证申请人填制开证申请书后，连同所需附件递交开证行，向开证行申请开列信用证。

二、 银行开列信用证

在信用证业务中，开证行是第一性的付款人。只要出口商通过其银行交来完全符合信用证规定的单据，开证行就必须履行付款责任，因此，开证行必须依据进口商递交的开证申请书，完整、准确、及时地开出信用证。

开证行根据进口商提供的开证申请书开立信用证时，必须进行认真审核。审核要点包括如下几个。

（1）开证所使用的货币币别应与成交合约所规定的币别相同。

（2）开证金额的大小写必须一致。

（3）价格条件在进口企业对外成交时已经确定，银行在审核价格条件时，必须注意与价格条件适应的运输单据和保险单据，以使信用证条款前后吻合。

（4）付款条件均为不可撤销信用证。除特殊要求外，一般不开立可转让信用证，因为可转让信用证第二受益人的资信可能不可靠。付款期限有即期付款、远期付款等。

（5）到达港或目的港应为进口国口岸。

（6）开证申请书中所列的各项开证条款，前后不得有矛盾之处。

开证行审核开证申请书后，还要审查开证申请人的资信情况，并根据不同开证申请人的具体情况确定收取开证保证金的金额。开证行对以上内容审核无误后，即按照开证申请人的要求开列信用证。开证的方法一般有信开本和电开本两种。信开即以邮寄方式开证，分为平邮、航空挂号和特快专递等；电开即以电报、电传或 SWIFT 等电讯方式开证，分为详电（或称全电）开证和简电开证，以及引用旧证的套证和约定格式的套打方式。信用证的具体内容在第三章已有介绍，在此不再赘述。

三、 修改信用证

开证行应开证申请人请求开出信用证后，开证申请人认为或者应受益人的要求，需要对原信用证的内容或条款进行修改时，可向开证行提出修改申请，银行凭修改申请书办理。

（1）申请人提交信用证修改申请书（见式样 4-2）。修改申请书的内容应包括需修改的信用证号码及修改内容。

（2）审查修改申请书的内容。银行接到信用证修改申请书后，应根据申请书所列证号调出存档的原信用证副本对照审核，审核的内容包括以下几点。

① 修改申请书所列证号、申请人名称必须与银行存档的原证相符，以免串证或重复修改；

② 修改后的条款之间有无抵触之处；

③ 修改后的条款对我方有无不利之处；

④ 修改的内容与原证有关的条款应做相应修改，使修改后的信用证各条款之间相互吻合、衔接；

⑤ 凡系增加金额的修改，需补足增额部分的保证金。

（3）缮制信用证修改通知书。银行审核修改申请书后，可缮制修改通知书，一般用电讯方式通知国外转递行，修改通知书加列密押后发出，然后将修改通知书副本按修改日期依次附贴于原信用证后留底备查，同时，将另一副本送交申请人。

四、 审单、 承兑或付款、 进口付汇核销和信用证注销

（一） 审单

开证行接到国外议付行寄来的单据，应根据信用证规定的条款全面、逐项地审核单证之间、单单之间是否相符，并根据国外议付行的寄单索偿通知书，核对单据的种类、份数，以及汇票、发票与索偿通知书所列金额是否正确。审核无误后，凭议付行的寄单索偿通知填制进口单据发送清单，附上全部单据送开证申请人签收，经开证申请人全面审核无误，在五个工作日内办理付款。索偿通知书、汇票及一份清单连同信用证留底，归入代办案卷内，以待办理对外付款。

对于审单付款的问题，银贸双方都应当在思想上明确，若按正常做法，审核进口单据应当是开证行的职责。开证行在审核单据无误以后，就应当直接对外办理付款，不必事先征得开证申请人的同意。在我国，开证行在接到国外寄来单据以后，未经详细审核就先交开证申请人审核，这是一种变通的做法，属于暂借单据的性质。之所以采用这种做法，主要是为了简化手续，因为开证行如先审核单据再转交申请人，申请人仍须再审一遍，况且开证申请人对货物规格等情况较开证行熟悉，申请人又都是国内企业，所以才把这两道手续合二为一。正因为这样，申请人接到单据后，在办理对外付款之前，要对单据妥善保管，以便在单证不符欲拒付时可以对外退单。

在审单过程中，如发现单证不符，一般可采取全部拒付、部分拒付或扣减货款等办法处理，但应在合理的时间内（一般在三个工作日）以最迅速的方法向议付行提出，在对方尚未答复之前，由开证行代议付行保存全部单据，归存拒付案卷单独保管，等待处理。如系电开拒付，所发生的电报或电传费用于付款时扣收或另函收取。

（二） 承兑或付款

进口商收到开证行转去的单据，经核验无误后向开证行办理付款或承兑手续，银行则应立即根据信用证规定并结合国外议付行索汇通知书的要求，对外办理付款或承兑。如果信用证规定为即期付款，则应对外办理付款手续；如为远期付款，则应办理承兑手续，确

定付款到期日，发出承兑通知书，并于到期日付款转账。对于总的付款或承兑时间，应控制在银行接到单据后五个工作日内对外办理。

银行收到进口公司交来加盖印章的确认付款的文件之后，对照证号从"待付款"案卷内调出原"进口单据发送清单"、索偿证明书及信用证留底，经核查，确定手续齐备、内容正确、本币与外币折算无误后，在信用证留底背批付汇日期、金额、余额及有关事宜后办理付款手续。

为了做到在合理的时间内对外办理付款或承兑，银行应建立检查制度，即每日检查待付款案卷内的到期付款或承兑情况，如有到期应付而未付或未承兑的，应及时办理相关手续。如因申请人迟付而引起国外议付行索赔，其迟付利息应由申请人负担；如属银行责任，则由银行负责。

（三）进口付汇核销

进口付汇核销是国家为防止企业汇出外汇而实际不进口货物的逃汇行为，通过海关对进口货物实施监管，监督进口付汇，对进口单位实行进口付汇核销制度。根据该制度的规定，进口企业在进口付汇前，需向付汇银行申领由国家外汇管理局统一印制的《进口付汇核销单》（参见式样 4-4），凭以办理付汇。货物进口后，进口单位或其代理单位凭盖有海关"放行章"或"验讫章"的货物进口报关单，连同《购买外汇申请书》（参见式样 4-3）、《进口付汇核销单》向银行办理进口付汇核销手续。《购买外汇申请书》和《进口付汇核销单》由进口单位填写，银行根据外汇牌价表中（参见式样 4-5）的汇率，以人民币兑换信用证上所规定的外币以及各项费用。以下为进口付汇核销的基本操作流程。

1. 进口付汇核销资格的申请

进口单位需持下列材料向注册所在地的外汇局申请办理列入"对外付汇进口单位名录"手续：①商务部（委、厅）的进出口经营权的批件；②工商管理部门颁发的营业执照；③技术监督部门颁发的企业代码证书。外汇局审核上述材料确定无误后，为进口单位办理列入"对外付汇进口单位名录"手续，只有列入名录的单位才具有对外付汇的资格，不在名录内的进口单位不得直接到外汇指定银行办理进口付汇。进口单位如果被列入"由外汇局审核真实性的进口单位名单"，在付汇时需要提交由外汇局签发的"进口付汇备案表"。

2. 进口付汇备案的办理

国家外汇管理部门对较为特殊的贸易，银行资金风险较大以及逃、套汇发生频率较高的进口付汇一般实行事前登记制度，即通过发放"进口付汇备案表"的方式进行管理。进口单位在付汇或开立信用证前，要判断是否需要向外汇局申请进口付汇备案，如需要则持有关材料到外汇局办理进口付汇备案手续，领取进口付汇备案表，外汇指定银行凭此办理进口付汇，最后由备案表签发地外汇局办理核销手续。

一般情况下，需要事前向进口单位所在地外汇局办理备案手续的情况主要有：①进口单位不在"对外付款单位名录"或被列入"由外汇局审核真实性的进口单位名单"的；②付汇后 90 天以上到货的；③预付款超过合同金额 15%且超过 10 万美元的；④属于异地付汇的；⑤属于转口贸易的；⑥所购买的货物直接用于境外工程的；⑦开立一年以上远期信用证的；⑧推迟进口付汇期限的。

3．办理开证或购付汇手续

进口单位须持有关材料到外汇指定银行办理开证或购汇手续，所需材料主要包括：①进口单位填写的进口付汇核销单；②进口付汇备案表（需要时）；③进口合同、发票；④进口货物报关单正本（货到付款方式）。

4．办理进口付汇核销报审

进口单位在有关货物报关后一个月内到外汇局办理进口核销报审手续，进口单位在办理到货报审手续时，须提供下列单据：①进口付汇核销单（如核销单上的结算方式为"货到付款"，则报关单号栏不得为空）；②进口付汇备案表（如核销单付汇原因为"正常付汇"，企业可不提供该单据）；③进口货物报关单正本（如核销单上的结算方式为"货到付汇"，企业可不提供该单据）；④进口付汇到货核销表（一式两份）；⑤结汇水单及收账通知单（如核销单付汇原因不为"境外工程使用物资"及"转口贸易"，企业可不提供该单据）；⑥外汇局要求提供的其他凭证和文件。

银行进口付汇核销及对外付汇申报应严格按照外汇局有关规定办理，其申报的凭证是"进口付汇核销单"，在办理时要注意以下事项：①每份进口核销单只能办理一笔付汇手续；②付汇时，企业必须提交加盖企业印章的进口核销单；③进口核销单加盖银行有关业务章后，第一联装订成册报外汇局，第二联退进口单位，第三联银行留存；④如信用证没有执行或对外拒付，业务已了结，应将进口核销单退还申请人，银行代外汇局发放的进口核销单需予以注销，并归专夹保管。

（四）信用证注销

无论信用证是否发生对外支付，均应在超过有效期 3 个月后进行注销。如果信用证未超过有效期或在超过有效期不到 3 个月的情况下，经有关各方当事人同意，且通知行已确认受益人同意撤证并已确认收回信用证正本，该信用证可予以撤销并收取有关费用。在信用证执行完毕或信用证注销、撤销后，银行应将保证金退还开证申请人，并在开证登记簿上做好相应的记录，对于采用授信开证的，应通知有关部门恢复其授信额度。

第二节 出口信用证结算

一、审核信用证

出口方收到进口方申请银行开来的信用证后，必须核对印鉴或密押，以鉴别来证的表面真实性。根据相关惯例的规定，对开证行资信和国家风险的审查是受益人的责任，受益人可以委托信用证通知行调查开证行的资信和国家风险，但银行对其提供的信息不负任何法律责任。银行与出口商在审核信用证方面可以分工合作，既要共同认真审核信用证内容，又对审核内容各有侧重。银行应侧重于议付、收汇方面，如对开证行、偿付行或保兑行的资信、态度和作风进行审查，以及对付款办法、使用货币、汇率、利率等条款进行审核；出口商应侧重于交货、履约方面，如对货运单据、价格条件、运输方式、装运期等条款进行审查，并要与有关的合约函电进行核对，以确保货物如期出运与安全收汇。以下详细叙述出口信用证内容的审核。

（一）来证背景

来证背景主要是对来证的政治背景、资信能力进行了解，以及确定要不要加具保兑或由偿付行确认偿付等内容。如开证行资信欠佳，应要求另一银行加以保兑；如其资力与来证金额不相适应，应要求加列电汇索偿条款（T/T reimbursement clause）；如无保证付款的文句或索汇方式和索偿路线欠妥，应不予接受。

（二）信用证的类型

根据《跟单信用证统一惯例》（国际商会第 600 号出版物）的规定，信用证均为不可撤销信用证。我国出口企业要求国外来证是不可撤销的，而且要注明"irrevocable"字样。

（三）有效期、议付地点和交单期限

信用证上必须规定有效期，否则必须要求开证行予以明确。信用证上的有效期一般应与装运期有一定的合理间隔（一般是 15 日），以便在货物装运后有足够的时间做好制单、交单工作。如未具体规定运输单据签发日期后若干天内交单，根据 UCP 600 第 14 条规定受益人或其代表在不迟于装运日后 21 天提交正本运输单据，并且不能迟于信用证的到期日。

如来证规定在国外到期，应当提出修改为在国内到期，否则须提前交单，留出单据寄达议付地的邮程时间，但仍存在单据不能及时寄到的风险。

（四）装运条款

1. 日期

信用证的装运期一般应有 latest（最迟），not later than（不迟于），until…（截止），before…（在……之前）等字样以便发货人有一定的时间装运，例如，"shipment date April 30th，2007"，这种指定具体日期的句子应要求修改，因为装船签单日期不可能正好与此吻合。

2. 分批装运和转船

（1）根据 UCP 600 的规定，信用证如果没有规定是否可以分批装运和可否转船，应理解为允许分批装运和允许转船。

（2）如信用证规定在指定的时间内分期支付及/或装运，若其中有一期的货物未按期出运，以后各期均告失效，不能再发运，要等待买方同意并通过开证行发出修改申请书后才能发运。

（3）装运港（地）和目的港（地）应根据不同贸易术语加以审核。

另外，需要注意的是，如果信用证指定某个等级的船或限装 15 年以上船龄的船或限装公会班轮（conference line vessel），一般不能接受，而应要求修改信用证。

（五）币值和金额

首先，要核对来证币别与合同是否一致；其次，要核对来证金额与合同是否一致。如

有佣金或折扣，还应核对是按减除佣金或折扣后的净值开证，还是按不减除佣金或折扣的金额开证。另外，有的国家开出的信用证订明部分金额以信用证付款，余额以无证托收付款，这种部分信用证付款、部分托收的信用证，其信用证金额仅为部分货款金额，如是全部货款的 70%，其余的 30% 就属于托收业务，但这种信用证应订明"30%货款付讫后，银行方可放单"（documents to be released only after payment of the balance 30%）。

（六）来证所需的各种单据

对来证所需的各种单据应审核有关文字，查看有无特殊要求以及我方能否办理。

（七）货物的描述

来证的品名、货号、规格、包装和合同号码必须与合同一致，应逐条逐字审核。如有错误，应提出修改。

（八）银行费用

银行费用一般包括通知费、保兑费、承兑费、议付费、修改费、邮费等，这些费用大约占货款总值的 0.25%～0.3%。该费用一般认为由开证申请人支付，如果信用证规定由受益人支付，可以要求开证申请人修改为由其支付。

（九）特殊条款

对信用证的特别条款或补充内容要多加注意，以免发生差错，如信用证的提单条款为"full set of clean on board ocean Bills of Lading…"（只要求全套清洁已装船提单，而不规定份数），但在信用证的特别条款规定"two signed original B/L must be forwarded to us in the first mail and the third signed original copy to be forwarded in the second mail"，如不注意就可能按一般惯例只提供两份正本提单。

二、 修改信用证

受益人在收到进口人开来的信用证后，在审核信用证时，如发现里面有我方不能接受的条款和要求，应及时向对方提出修改要求。修改信用证，既应持慎重态度，又要权衡轻重、灵活掌握。修改信用证时应注意以下几个问题。

（1）信用证修改书必须经原通知行传递方为有效。

（2）凡需要修改的内容，应一次向开证人提出，尽量避免多次改证。如果修改通知书涉及两处以上的条款，要么全部接受，要么全部拒绝，而不能只接受部分修改内容。

（3）只有开证申请人、开证行和受益人都同意，修改才有效。如果当事人一方不同意修改，则修改不能成立，信用证仍以原条款为准。

（4）受益人必须在收到通知行的《修改通知书》后，才能办理装运事宜，绝不可仅凭买方通知"证已改妥"或其他类似的通知就发货装船。

（5）改证手续费一般由提出修改的一方负担。国内银行通常按修改次数收取修改费用，而不按信用证金额的多少计算。

三、 制单

在货物托运以后，受益人应按信用证的各项要求缮制各种单据，做到单证一致、单单一致，使单据从格式到内容合乎规范，做到正确、完整、及时、简明、整洁。因为在信用证方式下，银行只凭单据付款，而不管货物如何，即使实际所交货物同信用证及合同的要求一致，如果单据所列内容与信用证规定不相符，银行仍可拒付；反之，若货物与信用证的规定不尽相同，但只要单据所列内容与信用证一致，银行仍将付款。至于所交货物与合同不符的争议，纯属买卖双方事务，银行不介入。因此，出口公司必须完整、准确地制作各种单据，并及时送交银行，以确保安全迅速地收汇。

在实际业务中，制单一般是按以下程序来操作的。

"核"，首先应将货物的原始资料，如出仓单或装箱单等与信用证或合同核对，查清证、货是否相符。

"算"，单据中有很多数据需要计算，如发票金额，佣金，保险金额，海关发票，运费及 FOB 价，货物的尺码、毛重、净重等，这些数据都必须在制单前算好。

"配"，根据信用证要求把本批出口货物所需的各种单据的空白格式按需要的份数（包括送交银行结汇所需的份数、留底及其他所需要的份数）逐一配妥备用。

"制"，制单可以先从发票着手，因为发票是一切单据的中心，发票制妥后，再参照其内容缮制其他单据。

"审"，单据制好后，制单人员应先自审，如有差错应立即更正，再将单据送交有关人员进一步审核。

出口单证一般以发票、装箱单为基础单据，发票制妥后就可缮制运输单据、保险单据、检验证书、产地证书等单据。这些单据，我们在以后章节中分别介绍。

四、 审单

在跟单信用证支付方式下，银行必须严格审核受益人所提交的各项单据，看其是否符合信用证条款的规定，这就是银行对单据必须执行的"严格符合原则"（The doctrine of strict compliance），即所谓的"单证一致""单单一致"原则，也就是说，受益人交来的单据必须与信用证条款的要求一致，单据与单据之间的内容亦要相互一致。

虽然各种单据的内容不同，但审单有其基本原则，以下为不同单据的具体审查内容。

（一）汇票

（1）大、小写金额及货币名称必须一致。

（2）付款期限应符合信用证规定。

（3）汇票金额不得超过信用证金额。

（4）出票人、收款人、付款人都必须符合信用证的规定。

（5）出票人印章或签字无误。

（二）商业发票

（1）抬头人必须符合信用证规定。"抬头人"一般为进口商的名称和地址。

（2）签署人必须是出口商。在信用证支付方式下，发票的签发单位必须是信用证的受益人。

（3）商品的描述必须完全符合信用证的规定。

（4）单价和价格条件必须符合信用证规定。发票的金额不得超过信用证的金额，如数量、金额均有"大约"或类似字样的，可允许增减 10%。

（5）包装、重量和尺码。在发票中应列明商品的包装、毛重、净重及尺码，这些数据是运输环节订舱配船的依据，必须准确无误。

（三）海运提单

（1）必须是已装船清洁提单（clean on board B/L），以表明货物已经装船。

（2）航运路线、装货港、卸货港、提单日期、抬头（或收货人）或被通知人等均应符合信用证的规定。

（3）提单上必须注明"运费预付"（freight prepaid）或"运费到付"（freight collect）字样，并符合信用证的规定。

（4）送交银行的提单应有船公司签字，凡须背书者，背书不能遗漏。

（5）提单交到银行的日期应在提单日期后的 21 天以内或符合信用证的有关规定。

（6）交到银行的提单一般是全套正本提单（original B/L），交来的份数应与提单上注明的份数一致（一般为三份），并与信用证要求相符。如信用证要求提供副本提单（non-negotiable B/L），也应照交。

（7）货物的描述。运输单据中关于货物的描述与商业发票的要求不同，根据 UCP 600 的规定，除商业发票外，在其他一切单据中，货物的描述可使用统称，即主要的商品名称，如茶叶、棉花，不需要详列具体规格。

（四）保险单据

（1）保险单的被保险人名称应与信用证规定的相符。如未规定，通常以出口商名义投保，然后再做成空白背书。

（2）保险金额（insured value）要符合信用证的规定，通常为发票金额的 110%。保险金额如果有小数，必须采用进一法而不是四舍五入法。例如，如果计算出来的保险金额为 1 987.10，那么应该填写为 1 988 元。

（3）保险单的日期不得迟于提单上的装船日期。

（4）保险单应载明赔偿时的支取地点、支取代理行和支付的货币币种（一般为保险币种）。如信用证未做规定，则货物运抵之目的地即为支取地点。

（5）除非信用证特别规定，保险凭证（insurance certificate）和暂保单（cover note）不得代替保险单（insurance policy），但保险单可以代替保险证明书。

其他单据，如产地证、检验证书、装箱单、重量单、尺码单等，一般应先与信用证有关条款核对，然后再与发票核对其共有项目是否一致。

五、 交单结汇

（一）交单

交单是指出口单位在规定时间内向银行提交信用证项下的全套单据，这些单据经过银行审核，根据信用证条款中的不同汇付方式，由银行办理结汇。

交单的要求有三条：第一是备齐单据。所谓备齐有两个含义，其一是信用证规定的单据全都齐备；其二是每种单据的份数都符合信用证要求。第二是内容正确，即单据内容与信用证规定严格一致。第三是提交及时，交单的日期既不能超过信用证有效期也不能超过运输单据签发日期后 21 天。

（二）结汇

结汇是指出口商将出口货物销售所收取的外汇按照售汇之日银行外汇牌价的银行买入价卖给银行。例如，上海一家外贸公司出口一批货物到美国纽约，货物价值为 500 000 美元，出口公司凭即期信用证和全套货运单据向中国银行办理结汇手续。假设当日美元对人民币的比价是 100 美元 ＝ 636.22/638.77 人民币，银行手续费为 0.15％，年利率为 6.25％，来回邮程按 15 天扣息，可以计算得出该公司实际结汇 3 168 157.72 人民币。目前，我国银行所采用的出口结汇方式主要有以下四种。

1. 出口押汇

出口押汇又称买单结汇，或称议付，是指信用证项下的全套单据，经议付行审核无误后，银行以单据为质押品，在按票据金额扣除利息后，将余额垫付给受益人的议付方式。

出口单据叙做押汇后，议付行仍保留汇票或发票金额的追索权，如开证行拒付，议付行将会向出口商追讨已垫付之款。议付行与出口商之间在叙做押汇时一般都由出口商提供"质押书"（letter of hypothecation）之类的书面文件，对垫付款项的追索做出有利于银行的规定。银行叙做押汇时，其押汇利息一般按下列公式计算。

$$出口押汇利息＝票面金额×贴现利率×\frac{估计收到票款所需日数}{365}$$

（1）计息天数。从理论上说，即期单据的计息天数是邮程加开证行处理单据的工作日。目前，我国的银行是根据各个地区的平均收汇天数来确定各地区的计息天数的。凡远期单据，如属出票后一定时期付款或运输单据签发日后一定时期付款的，其计息天数就按议付日至到期日计算；如属见票后一定时期付款的，则按一定时期的天数加上即期计息的天数（即邮程加开证行处理单据的工作日）计息。以天津中国银行的规定为例，我国港、澳地区的港币信用证项下的汇票按 7 天扣息，日本的日元信用证项下的汇票按 10 天扣息，美国的美元信用证项下的汇票按 15 天扣息等。

（2）利率。出口押汇的利率采用浮动汇率，对美元、英镑、日元等货币均参照伦敦银行同业拆放利率（LIBOR）计息，LIBOR 分 1 个月、3 个月、6 个月、1 年等不同的利率，中国银行以 LIBOR1 个月的利率0.5％～1％的幅度作为我国出口押汇的利率，港元则以香港银行同业拆放利率（HIBOR）计息。

（3）收息货币。考虑到国内出口商的具体情况，目前，中国银行对即期信用证项下的押汇息以人民币记收，一般不直接以外币扣息而是将外汇全数付给受益人，再向其收取人民币押汇利息。

以上为信用证项下的押汇。此外，中国银行也办理无证托收的押汇业务，但只限于进口商资信良好、进口商外汇情况较好的业务，而且扣息天数要比信用证项下的押汇多一些。

2. 定期结汇

定期结汇是银行收单后，过一定天数向受益人付款的方式。由于定期结汇规定的天数就是出口押汇的计息天数，因此这两种出口结汇方式在融资方面对受益人来说没有什么区别，但对于资金宽裕的受益人来说，可免除计息和扣息的环节。

3. 收妥结汇

收妥结汇是出口地银行在收到货款贷记其账户的通知时向受益人付款的方式。目前，中国银行对可用电报索汇的信用证业务都用这个方法向受益人付款。此外，对单证不符的单据及大部分的托收业务，中国银行均采用收妥结汇。

4. 担保结汇

在单据不符信用证条款的情况下，议付行应出口商要求，由出口商向银行开出"担保书"（letter of indemnity）承担开证行/开证人提出异议时所发生的一切损失和风险，议付行凭以议付或接受单据，同时向开证行寄单，寄单时列明单证中存在的不符点。如开证行/开证人拒付，则议付行凭"担保书"向出口商追回票款；如开证行/开证人同意付款，则"担保书"不再有效。担保结汇有很大风险，只有在出口商与开证人的关系极为良好，并且取得开证人书面同意的情况下才会办理。

六、 出口收汇核销管理

出口收汇核销制度是国家为加强出口收汇管理，确保国家外汇收入，防止外汇流失而指定外汇管理部门对出口企业贸易项下的外汇收入进行监督检查的一种制度。我国自1991年1月1日起开始采用《出口收汇核销单》（简称核销单，见式样4-6）对出口货物实施直接收汇控制，其做法是国家外汇管理局印发《出口收汇核销单》，由货物的发货人或其代理人填写，海关凭以受理报关，外汇管理部门凭以核销收汇。因此，《出口收汇核销单》是跟踪、监督出口单位出口货物收汇核销的重要凭证之一。

（一）《出口收汇核销单》的缮制

《出口收汇核销单》由出口收汇核销单存根联、正联以及出口退税专用联三联构成，其包括以下几个缮制要点。

1. 存根联的缮制

（1）编号。编号事先由国家外汇管理局统一印就。

（2）出口单位。填写合同出口方的全称并加盖公章，应与出口货物报关单、发票等同项内容一致。

（3）单位代码。填写领取核销单的单位在外汇管理局备案的号码，由 9 位数代码组成。

（4）出口币种总价。填写出口成交货物总价及使用币种，按照应收外汇的原币种和收汇总额填写，一般应与商业发票总金额相同。

（5）收汇方式。根据合同的规定填制收汇方式，如 L/C、T/T、D/P 等。

（6）预计收款日期。根据具体的收汇方式推算出可能收汇的日期，按照不同的规定填写。即期信用证和即期托收项下的货款，从寄单之日起，近洋地区（我国香港和澳门地区）20 天内，远洋地区（我国香港和澳门地区以外的地方）30 天内结汇或收账；远期信用证和远期托收项下货款，从汇票规定的付款日期起，我国港澳地区 30 天内、远洋地区 40 天内结汇或收账；分期付款要注明每次收款的日期和金额。

（7）报关日期。填写海关放行日期。

（8）备注。填写出口单位就该核销单项下需要说明的事项。例如，在委托代理方式下，使用代理出口单位的核销单时，代理出口单位须在此栏注明委托单位的名称和地址，并加盖代理单位公章；两个或两个以上单位联合出口时，应由报关单位在此栏加注联合出口单位的名称、地址和各单位的出口金额，并加盖报关单位公章；原出口商品调整或部分退货、部分更换的，还应填写原出口商品核销单的编号等。

（9）此单报关有效期截止到×××（日期）。通常填写出口货物的装运日期。

2. 正联的缮制

正联除编号、出口单位和单位代码与存根联相同以外，还包括以下几个栏目。

（1）银行签注栏。由银行填写商品的类别号、货币名称和金额、收结汇日期，并加盖银行公章。

（2）海关签注栏。海关验放该核销单项下的出口货物后，在该栏目内加盖"放行"或"验讫"章，并填写放行日期。

（3）外汇局签注栏。外汇管理部门对核销单、报关单、发票等审核无误后，在该栏内签注，并由核销人员签字，加盖"已核销"章。

3. 出口退税专用联的缮制

出口退税专用联除编号、出口单位和单位代码与上述两联相同以外，还包括以下几个栏目。

（1）货物名称。填写实际出口货物的名称，应与发票、出口货物报关单的品名相一致。

（2）数量。按包装方式的件数填写，应与报关单同项内容相一致。

（3）币种总价。同存根联。

（4）报关单编号。按照报关单实际编号填写。

（5）外汇局签注栏。同正联。

（二）出口收汇核销业务的基本操作流程

出口收汇核销工作主要当事人有出口企业、外汇管理局、海关、银行和税务机关。出口企业向当地外汇管理局申领《出口收汇核销单》，并备好其他相关手续，在当地办理核销手续。其具体流程如图 4-1 所示。

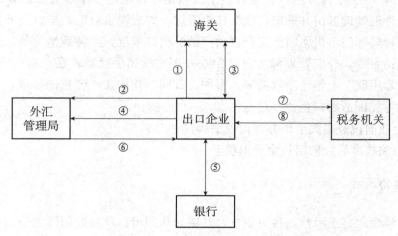

图 4-1 出口收汇核销业务流程

图 4-1 中序号说明：

① 到海关办理"中国电子口岸"入网手续。出口企业到海关办理"中国电子口岸"入网手续，并到有关部门办理"中国电子口岸"企业法人 IC 卡和"中国电子口岸"企业操作员 IC 卡电子认证手续。

② 向外汇管理局申领核销单。初次申领《出口收汇核销单》的出口企业应先到注册所在地外汇管理局办理登记手续，外汇管理局在审核相关材料后，为出口企业办理登记手续，建立出口企业电子档案信息。出口企业操作员在网上向外汇管理局申请所需领用核销单份数后，凭 IC 卡、核销员证、出口合同（首次申领时提供）到注册地外汇管理局申领纸质《出口收汇核销单》。出口企业在正式使用核销单前，应当加盖单位名称及组织机构代码条形章，在骑缝处加盖单位公章，出口企业填写的核销单内容应与出口货物报关单上记载的有关内容相一致。

③ 向海关报关。出口企业报关时，向海关提交事先从外汇管理部门领取的加盖出口企业公章的、有编号的《出口收汇核销单》，经审核无误后，海关在核销单和有核销单编号的报关单上加盖"放行章"。应该注意的是，一张外汇核销单只能对应一张出口货物报关单。

④ 向外汇局交单。出口企业通过网络在"中国电子口岸出口收汇系统"将已用于出口报关的核销单向外汇管理局交单。

⑤ 向银行办理出口收汇手续。出口企业在汇票和发票上注明核销单编号，持全套结汇单据向银行办理议付或托收。银行在办理议付或托收手续后，应在核销单上盖章后连同

结汇水单（收账通知）一并退回出口企业。出口企业在向议付行（信用证业务）或托收行（无证托收业务）交单时，必须随附盖有"放行章"的核销单，凡没有随附核销单的单据，银行一律拒绝受理。

⑥ 到外汇管理局办理出口收汇核销手续。出口企业不论采用何种方式收汇，必须在最迟收款日期后 30 个工作日内，凭银行签章的核销单、结汇水单或收账通知以及有关证明文件到当地外汇管理部门办理出口收汇核销手续。如逾期未收汇，出口企业应及时以书面形式向外汇管理部门申报原因。实行自动核销的出口单位，除特殊情况外，无须去外汇管理局办理核销手续。外汇管理局为出口企业办理完核销手续后，在《出口收汇核销单》的"出口退税专用联"上签注净收汇额、币种、日期，并加盖"已核销"章，并将"出口退税专用联"等凭证退出口企业办理退税。

⑦ 出口企业向税务机关申请办理退税手续。

⑧ 税务机关核准后，向出口企业退税。

七、 出口退税

为鼓励出口企业自主经营、自负盈亏，并增强我国出口产品的国际竞争力，根据国际惯例，我国从 1985 年开始对出口产品实行退税制度。所谓出口退税，是指有出口经营权的企业和代理出口货物的企业，除另有规定外，可在货物报关出口并在企业财务账册做销售处理后，凭有关凭证按月报送税务机关批准退还或免征增值税和消费税。

1994 年，我国相继出台了《出口货物退（免）税管理办法》等有关退税的政策法规。为加强出口退税的管理，我国政府实行出口退税与出口收汇核销挂钩的政策，规定出口企业申请出口退税时，应向国家税务机关提交出口货物报关单（出口退税专用联）、出口销售发票、购货发票以及出口收汇核销单（出口退税专用联）、税收缴款书等单据，经国家税务机关审核无误后才予以办理。

2007 年，财政部、国家税务总局联合发布《关于调低部分商品出口退税率的通知》（财税〔2007〕90 号），从 2007 年 7 月 1 日起，取消濒危动物、植物及其制品等 10 类商品的出口退税，调低植物油等 15 类商品的出口退税率，花生果仁、油画、雕饰板、邮票、印花税票等商品改为出口免税。

（一） 出口企业的退税登记

凡经批准有进出口经营权的企业以及实行独立经济核算的企业单位，应持工商营业执照（副本），填写《出口企业退税登记表》，于批准日起 30 天内到所在地主管退税业务的税务机关办理出口企业退税登记。

（二） 出口退税的一般程序

出口企业在产品报关出口，并在财务账册上做完销售处理后，按月、旬逐批填具出口产品退税申请书，报主管出口退税业务的税务机关申请退税。同时，必须提供"三单两票"，即银行结汇水单、出口收汇核销单（出口退税专用联）、出口货物报关单、出口销售发票、出口购货发票，经税务机关审核无误后，退还有关税款。

1. 有关证件的送验及登记表的领取

出口企业办理出口退税应先办理出口退税登记，持出口经营权批件（复印件）和工商营业执照（副本），于批准日起 30 天内到当地主管退税业务的税务机关办理退税登记。企业领到《出口企业退税登记表》后，即按登记表及有关要求填写，加盖企业公章和有关人员印章后，连同出口产品经营权批准文件、工商登记证明等材料一起报送税务机关，税务机关经审核无误后，即受理登记。

2. 出口货物退税的申报

出口企业应按期向当地主管出口退税业务的税务机关申报退税。出口企业在报关后，通过"中国电子口岸"系统核对报关信息，并将有关信息输入国税局的出口货物退（免）税电子申报系统向税务机关办理预申报。从 2005 年起，我国已经取消对出口货物的退（免）税清算。关于出口货物退（免）税申报期限的现行政策规定为：出口企业应在货物报关出口之日（以《出口货物报关单（出口退税专用）》上注明的出口日期为准）起 90 日内，向退税部门申报办理出口货物退（免）税手续。逾期不申报的，除另有规定者和确有特殊原因经地市级以上税务机关批准者外，不再受理该笔出口货物的退（免）税申报。如果出口企业未按上述规定期限申报退（免）税的，主管征税部门应视同内销货物予以征税。因此，凡是已超过上述规定期限未申报退（免）税的货物，应该尽快到主管征税部门将其视同内销申报纳税，否则主管征税部门可依据我国《税收征收管理法》给予处罚。

3. 税务机关定期审核

税务机关对出口企业的电子数据进行初审，受理申报。若预申报没有通过（如报关单、增值税专用发票无信息等情况），经同意可予以改正补报。

4. 出口企业提供相关凭证，取得退税

出口企业向税务机关办理正式退税时，需要提供出口货物的增值税专用发票（已认证）、《出口货物报关单（出口退税专用联）》、《出口收汇核销单（出口退税专用联）》以及已输入税务机关软件的光盘（包括三张表：《出口货物退税进货明细表》《出口货物销售明细账》《出口退税汇总申请表》）。税务机关对相关单据审核通过后，将出口退税资金划转出口企业并通知出口企业退税款到达的时间。

（三）出口退税应提供的凭证

企业办理出口退税须提供的凭证主要有以下六个。

（1）购进出口货物的增值税专用发票（税款抵扣款）或普通发票；

（2）出口货物销售明细账；

（3）盖有海关验讫章的《出口货物报关单》（出口退税联，附核销单编号）；

（4）已办完核销手续的《出口收汇核销单（出口退税专用）》；

（5）《出口货物退税申请表》；

（6）与出口退税有关的其他材料。

如属于委托代理出口，委托方在申办退税时还须提供《代理出口货物证明》和《代理出口协议副本》。《代理出口货物证明》由省、自治区、直辖市国家税务局印制，由受托方开具并经主管其退税的税务机关签章后，由受托方交委托方。《代理出口协议》约定由受托方收汇核销的，税务机关须在外汇管理局办理完外汇核销手续后，方能签发《代理出口货物证明》，并注明"收汇已核销"字样。

（四）出口退税的计算方法

为了与出口企业的会计核算办法相一致，原《出口货物退（免）税管理办法》规定了两种退税计算办法：一种计算办法是出口企业兼营内销和出口货物且其出口货物不能单独设账核算的，应先对出口的货物免征出口环节增值税，然后对内销货物计算销项税额并扣除当期进项税额后，对未抵扣完的进项税额再用公式计算出口货物的应退税额，该办法简称为"免、抵、退"办法；另一种计算办法是出口企业将出口货物单独设立库存账和销售账记载的，依据购进出口货物增值税专用发票所列明的进项金额和退税率计算应退税额。由于运用这种办法是对购进的出口货物先缴税，然后再纳入国家出口退税计划审批退税，因此，简称为"先征后退"办法，主要适用于未按第一种"免、抵、退"办法退税的其他生产企业和外贸企业。

1. "免、抵、退"税的计算

"免、抵、退"税适用于有进出口经营权的生产企业自营或委托出口的自产货物的增值税，计税依据为出口货物的离岸价，退税率与外贸企业出口货物退税率相同。其特点是出口货物的应退税款不是全额退税，而是先免征出口环节税款，再抵减内销货物应纳税额，对内销货物应纳税额不足抵减应退税额部分，根据企业出口销售额占当期（1个季度）全部货物销售额的比例确定是否给予退税。具体计算公式为

当期应纳税额＝当期内销货物的销项税额－当期给予免征抵扣和退税的税额

当期给予免征抵扣和退税的税额＝当期进项税额－当期出口货物不予免征抵扣和退税的税额

当期出口货物不予免征抵扣和退税的税额＝当期出口货物的离岸价×外汇人民币牌价×（增值税规定税率－退税率）

如果生产企业有"进料加工"复出口货物业务，对以"进料加工"贸易方式进口的料件，应先按进口料件组成计税价格填具《进料加工贸易申报表》，报经主管出口退税的国税机关同意签章后，允许对这部分进口料件以《进料加工贸易申请表》中的价格为依据，按规定征税税率计算税额作为进项税额予以抵扣，并在计算其免抵税额时按规定退税率计算税额予以扣减。为了简化手续，便于操作，具体体现在"当期出口货物不予免征抵扣和退税的税额中"，计算公式为

$$\text{当期出口货物不予免征抵扣和退税的税额} = \text{当期出口货物的离岸价} \times \text{外汇人民币牌价} \times (\text{征税税率} - \text{退税率})$$

$$-\dfrac{\text{当期海关核销免税}}{\text{进口料件组成计税价格}} \times (\text{征税税率} - \text{退税率})$$

当生产企业1个季度出口销售额不足其同期全部货物销售额的50%，且季度末应纳税额出现负数时，应将未抵扣完的进项税额结转下期继续抵扣。当生产企业1个季度出口销售额占其同期全部货物销售额50%以上（含50%），且季度末应纳税额出现负数时，按下列公式计算应退税额。

（1）当应纳税额为负数，且绝对值≥本季度出口货物的离岸价×外汇人民币牌价×退税率时，应退税额＝本季度出口货物的离岸价格×外汇人民币牌价×退税率；

（2）当应纳税额为负数，且绝对值＜本季度出口货物的离岸价格×外汇人民币牌价×退税率时，应退税额＝应纳税额的绝对值；

（3）结转下期抵扣的进项税额等于本期未抵扣完的进项税额－应退税额。

2. "先征后退"税的计算

"先征后退"税办法适用于没有进出口经营权的生产企业委托出口的自产货物，其特点是对出口货物出口环节照常征收增值税、消费税，手续齐全给予退税。征税由主管征税的国税机关负责，退税由主管出口退税的国税机关负责。

先征后退的征、退增值税计税依据均为出口货物的离岸价格，征税税率为增值税规定税率，退税税率为出口货物适用的退税税率。具体计算公式为

当期应纳税额＝当期内销货物的销项税额＋当期出口货物的销项税额－当期进项税额

其中

当期出口货物销项税额＝当期出口货物的离岸价×外汇人民币牌价×征税税率

因此

$$\text{当期应纳税额} = \text{当期内销货物的销项税额} + \text{当期出口货物离岸价}$$
$$\times \text{外汇人民币牌价} \times \text{征税率} - \text{当期全部进项税额}$$

$$\text{当期应退税额} = \text{当期出口货物离岸价格} \times \text{外汇人民币牌价} \times \text{退税税率} - \text{当期海关核销}$$
$$\text{免税进口料件组成计税价格} \times \text{退税税率}$$

采用以上公式计算退税额时应注意以下几点。

（1）当期是指国税机关给企业核定的纳税期，一般为1个月。

（2）当期进项税额包括当期全部国内购料、水电费、允许抵扣的运输费、当期海关代征增值税等税法规定可以抵扣的进项税额。

（3）外汇人民币牌价应按财务制度规定的两种办法确定，即国家公布的当日牌价或月初、月末牌价的平均价。一旦确定计算方法，企业在一个纳税年度内不得更改。

（4）企业实际销售收入与出口货物报关单、外汇核销单上记载的金额不一致时，税务机关按金额高的征税，按出口货物报关单上记载的金额退税。

（5）应纳税额小于零的，结转下期抵减应交税额。

式样 4 - 1　信用证

MT:S700　　　　　　　ISSUE OF DOCUMENTARY CREDIT　　　　　PAGE 00001

　　　　　　　　　　　　FUNC SWPR3

　　　　　　　　　　　　UMR 00182387

APPLICATIONG HEADER　　　　1100 1586 70225 SAIB H. K. JTC×××3846 992024 001015 1447

　　　　　　　　　　　　　　　　　　　　　◆ BANK OF NEWYORK

　　　　　　　　　　　　　　　　　　　　　◆ 48 WALL STREET P. O. BOX 11000

　　　　　　　　　　　　　　　　　　　　　◆ NEW YORK, N. Y. 10249, U. S. A.

USER HEADER　　　　　　　SERVICE CODE 103:

　　　　　　　　　　　　　BANK PRIORITY216:

　　　　　　　　　　　　　MSG USER REF280:

　　　　　　　　　　　　　INFO. FROMC1 116:

SEQUE NCE OF TOTAL　　　◆ 27:1/2

FORM OF DOC. CREDIT　　◆ 40:IRREVOCABLE

DOC. CREDIT NUMBER　　◆ 20:L-02-I-03437

DATE OF ISSUE　　　　　◆ 31C:20190930

EXIPRY　　　　　　　　　◆ 31D:DATE20191205 AT NEGOTIATING BANK'S COUNTER

APPLICANT　　　　　　　◆ 50:CRYSTAL KOBE LTD. ,

　　　　　　　　　　　　　1410 BROADWAY, ROOM 300

　　　　　　　　　　　　　NEW YORK, N. Y. 10018 U. S. A.

BENEFICIARY　　　　　　◆ 59:SHANGHAI NEW DRAGON CO. , LTD.

　　　　　　　　　　　　　27CHENGSHAN ROAD E, 1

　　　　　　　　　　　　　SHANGHAI, CHINA

AMOUNT　　　　　　　　◆ 32B:CURRENCY USD AMOUNT 28 130

AVAILABLE WITH/BY　　◆ 41D:BANK OF CHINA BY NEGOTIATION

DRAFTS AT...　　　　　◆ 42C:DRAFTS AT SIGHT FOR FULL INVOICE VALUE

DRAWEE　　　　　　　　◆ 42A:BANK OF NEW YORK

PARTIAL SHIPMENTS　　◆ 43P:NOT ALLOWED

TRANSSHIPMENT　　　　◆ 43T:PROHIBITED

LOADING IN CHARGE　　◆ 44A:SHIPMENT FROM SHANGHAI

FOR TRANSPORT TO　　◆ 44B:NEW YORK

LATEST DATE OF SHIP　◆ 44C:20191120

DESCRIPT. OF GOODS　　◆ 45A:LADIE'S 55% ACRYLIC 45% COTTON KNITED BLOUSE

　　　　　　　　　　　　　STYLE NO. H32331SE ORDER NO. 21SSG-017

　　　　　　　　　　　　　500 DOZS AT USD 61 PER DOZ CIFC3% NEW YORK

DOCUMENTS REQUIRED　　◆ 46A:

+ORIGINAL SIGNED COMMERCIAL INVOICE IN QUADRUPLICATE INDICATING S/C NO. 21SSG-017 OF SHANGHAI NEW DRAGON CO. , LTD.

+PACKING LIST IN TRIPLICATE.

+INSURANCE POLICY OR CERTIFICATE IN TWO FOLD AND ENDORSED IN BLANK FOR 110

PCT OF FULL TOTAL INVOICE VALUE COVERING ALL RISKS, WAR RISKS AS PER THE RELEVANT OCEAN MARINE CARGO CLAUSE OF P. I. C. C. DATED JAN. 1ST, 2009. WITH CLAIMS, IF ANY, PAYABLE AT DESTINATION IN THE CURRENCY OF THE DRAFTS.

+3/3 SET OF ORIGINAL CLEAN ON BOARD MARINE BILL OF LADING MADE OUT CRYSTAL KOBE LTD., 1410 BROADWAY, ROOM 300 NEW YORK, NY10018 U. S. A. NOTIFY ABOVE MENTIONED APPLICANT WITH FULL ADRESS AND TEL. NO. 559-525-70000 AND MARKED "FREIGHT PREPAID".

+CERTIFICATE OF ORIGIN IN ONE ORIGINAL AND ONE COPY.

+INSPECTION IS TO BE EFFECTED BEFORE SHIPMENT AND INSPECTION CERTIFICATES ARE REQUIRED TO ISSUED BY CHINA EXIT AND ENTRY INSPECION AND QUARANTINE BUREAU.

+TEXTILE EXPORT LICENCE IN ONE ORIGINAL.

+BENEFICIARY'S CERTIFICATE STATING THAT ALL DOCUMENTS HAS BEEN SENT TO APPLICANT IMMEDIATELY AFTER SHIPMENT.

+CERTIFIED COPY OF BENEFICIARY'S FAX TO APPLICANT (FAX NO. 73423 FNCB HX) WITHIN 48 HOURS AFTER SHIPMENT ADVISING L/C NO., NAME OF VESSEL, DATE, QUANTITY AND VALUE OF THE SHIPMENT.

ADDITIONAL COND.	◆ 47:T. T. REIMBURSEMENT IS PROHIBITED.
DETAILS OF CHARGES	◆ 71B:ALL BANKING CHARGES OUTSIDE NEW YORK INCLUDING REIMBURSEMENT COMMISSION ARE FOR ACCOUNT OF BENEFICIARY.
PRESENTATION PERIOD	◆ 48:DOCUMENTS TO BE PRESENTED WITHIN 15 DAYS AFTER THE DATE OF SHIPMENT, BUT WITHIN THE VALIDITY OF THE CREDIT.
CONFIRMATION	◆ 49:WITHOUT
INSTRUCTION	◆ 78:THE NEGOTIATION BANK MUST FORWARD THE DRAFTS AND ALL DOCUMENTS BY REGISTERED AIRMAIL DIRECT TO US (BANK OF NEWYORK 48 WALL STREET P. O. BOX 11000 NEW YORK, N. Y. 10249, U. S. A.) IN ONE LOTS, UPON RECEIPT OF THE DRAFTS AND DOCUMENTS IN ORDER, WE WILL REMIT THE PROCEEDS AS INSTRUCTED BY THE NEGOTIATING BANK.

IT IS SUBJECT TO THE UNIFORM CUSTOMS AND PRACTICE FOR DOCUMENTARY CREDITS (2007 VERSION), INTERNATIONAL CHAMBER OF COMMERCE PUBLICATION NO. 600.

TRAILER:ORDER IS <MAC:><PAC:><ENG:><CHK:><PDE:>

MAC:3CDFF889

CHK:8A1AA1206080

式样 4-2 信用证修改通知书

BANK OF CHINA
SHANGHAI BRANCH

Oct. 10th, 2019

Messrs:

CRYSTAL KOBE LTD.

1410 BROADWAY,

ROOM 300 NEW YORK,

NY10018 U. S. A.

TEL:599-525-7000

FAX:73423 FNCB HX

TRANSMITTED THROUGH

BANK OF CHINA

SHANGHAI BRANCH

50 HUQIU ROAD

20012

SHANGHAI CHINA

Dear Sirs:

Re:our confirmed Credit No. L-02-I-03437

For USD 29 585

At the request of the exporter SHANGHAI NEW DRAGON CO. , LTD. , we hereby amend the terms of the above credit as follows:

All other terms remainunchanged.

Should these alteration not be acceptable to you, please inform us immediately. This letter is to be attached to the Advice of which it is to become an integral part.

Yours Faithfully

ACCOUNT

For SHANGHAI NEW DRAGON CO. , LTD.

Manger

Authorized Signature

Authorized Signature

式样 4-3　购买外汇申请书

购买外汇申请书

中国银行_____分（支）行

　　我公司为执行第_____号合同项下对外支付，需向贵行购汇。现按外汇局有关规定向贵行提供下述内容及所附文件，请审核并按实际付汇日牌价办理售汇。所需人民币资金从我公司_____号账户中支付。

1. 购汇金额：

2. 用　　途：□ 进口商品　　　　□ 从属费用　　　　□ 其他

3. 支付方式：□ 信用证　　　　　□ 代收　　　　　　□ 汇款（□ 货到付款　　□ 预付货款）

4. 商品名称：　　　　　　　　　　　　　　　　5. 数量：

6. 合　同　号：　　　　　　　　　　　　　　　　合同金额：

7. 发　票　号：　　　　　　　　　　　　　　　　发票金额：

8. □ 一般进口商品，无须批文

　　□ 控制进口商品，批文随附如下：

　　　　　　　□ 进口证明　　　□ 许可证　　　　□ 登记证明　　　□ 其他批文

　　　　　　　批文号码：　　　　　　　　　　批文有效期：

9. 附　　件：□ 批文　　　　　□ 合同/协议　　　□ 发票　　　　□ 正本运单

　　　　　　　□ 报关单　　　　□ 运费单/收据　　□ 保险费收据

　　　　　　　□ 佣金单　　　　□ 关税证明　　　□ 仓单　　　　□ 其他

申请单位_____（盖章）

银行审核意见：　　　　　　　　　　　　　　　　银行业务编号：

上述内容与随附文件/凭证描述相符，拟按申请书要求办理售汇

经办人：　　　　　　　复核人：　　　　　　　核准人：

售汇日期：　　　　　　　　　　　　　　　　　经办人：

（加盖售汇专用章）

式样 4－4　进口付汇核销单

进口付汇核销单

银行

进口单位（盖章） 联系人	电话	第一联　银行留存
付汇金额 进口合同号 进口商品名称 应到货日期	外汇来源 进口发票号 进口批件名称及编号 付款方式	
付汇日期（银行盖章）		
到货日期 报关单编号	到货金额 退汇	第二联　进口单位留存
到货及付汇差额	差额原因	
核销意见 　　　　　　　　　　　　　　　年　月　日（银行盖章）		

注：本核销单一式两联，不得涂改。

式样 4－5　中国银行外汇牌价表

中国银行外汇牌价表

2020 年 8 月 22 日　　　　　　　　　　　　　　　　单位：元人民币

货币名称	代 码	现汇买入价	现钞买入价	现汇卖出价	现钞卖出价	中行折算价
欧元	EUR	813.44	788.17	819.44	822.08	819.87
美元	USD	690.5	684.88	693.43	693.43	691.07
英镑	GBP	902.6	874.55	909.25	913.27	913.2
港币	HKD	89.08	88.38	89.44	89.44	89.17
日元	JPY	6.5174	6.3148	6.5653	6.5754	6.5352
韩国元	KRW	0.578	0.5577	0.5826	0.604	0.583
澳门元	MOP	86.59	83.69	86.93	89.83	86.57
澳大利亚元	AUD	493.84	478.5	497.48	499.68	497.4
加拿大元	CAD	523.29	506.77	527.15	529.47	524.28
瑞士法郎	CHF	756.23	732.9	761.55	764.81	761.44
丹麦克朗	DKK	109.17	105.8	110.05	110.57	110.12
挪威克朗	NOK	76.47	74.11	77.09	77.46	77.56
新西兰元	NZD	450.93	437.01	454.09	460.34	451.43
卢布	RUB	9.21	8.65	9.29	9.64	9.36
瑞典克朗	SEK	78.35	75.93	78.97	79.35	79.38
新加坡元	SGD	502.83	487.32	506.37	508.89	505.5
南非兰特	ZAR	40.18	37.1	40.46	43.61	40.04
土耳其里拉	TRY	93.89	89.29	94.65	108.67	94.62
菲律宾比索	PHP	14.13	13.65	14.31	14.94	14.21
泰国铢	THB	21.84	21.17	22.02	22.72	22

注：以上汇价是一百外币单位兑换人民币价格

式样 4-6　　出口收汇核销单

出口收汇核销单（出口退税专用）

编号：

出口单位：

单位代码：

货物名称	数量	币种总价

报关单编号：

外汇局签注栏：

年　月　日（盖章）

出口收汇核销单

编号：

出口单位：

单位代码：

银行签注	类别	币种金额	日期	盖章

海关签注栏：

外汇局签注栏：

年　月　日（盖章）

出口收汇核销单（存根）

编号：

出口单位：

单位代码：

出口币种总价：

收汇方式：

预计收款日期：

报关日期：

备注

此单报关有效期截止到

式样 4－7 索偿书

REIMBURSEMENT CLAIM
BANK OF CHINA

Date _____

To：Reimbursement Unit

LETTER OF CREDIT NO. _____
ISSUING BANK _____
OUR REFERENCE NO. _____

Gentlemen,

    We have negotiated documents under this Letter of Credit. Please reimburse us in accordance with the instructions checked.

    (   )Credit our account（number）_____ with you for _____
    (   )Remit ＄   to
     （Address）_____ （Accepted Number）_____ for
     credit to our account _____ with them.
    (   )Accept draft and（discount/hold until maturity）
    (   )The amount of our claim represents negotiation amounting to
     ＄_____ plus our charges（if any）of ＄_____
    (   )Advise payment via（   ）Airmail（   ）Cable/Wire
    (   )Advise non－payment via（   ）Airmail（   ）Cable/Wire

Yours Truly

_____
（Authorized Signature）

式样 4-8 偿付授权书

REIMBURSEMENT AUTHORIZATION ON LETTERS OF CREDIT

(LETTER HEAD OF NEGOTIATING BANK)

Date _____

To: Reimbursement Unit

LETTER OF CREDIT NO. _____

FOR $ _____

VALID UNTIL _____

Gentlemen,

We have advised the above Sight/Usance through _____ designating you as the reimbursing bank.

Please honor reimbursement requests by debiting our account with you as follows:

(   ) All charges are for our account.

(   ) All charges for beneficiary's account.

(   ) Accept drafts at _____ days, date _____ or sight.

Acceptance commission and discount charges (if any) are for our/beneficiary's account.

(   ) Special instructions.

Yours Truly

_____

(Authorized Signature)

 **练习题**

1. 案例分析

（1）某出口公司接日本银行开来不可撤销信用证，证中有下列条款："Credit amount USD50 000，according to invoice 75％ to be paid at sight，the remaining 25％ to the paid at 60 days after shipment arrival"。出口公司在信用证有效期内，通过议付行向开证行提交了单据，经检验，单证相符，开证行即付 75％货款，计 37 500 美元。但货到 60 天之后，开证行以开证人声称到货品质欠佳为理由，拒付其余 25％的货款。请问：开证行拒付是否有道理？为什么？

（2）我某外贸公司以 CIF 鹿特丹与某外商成交出口一批货物，按发票金额 110％投保一切险及战争险。售货合同中的支付条款只简单填写"Payment by L/C"（信用证方式支付），国外来证中有如下条款"Payment under this Credit will be made by us only after arrival of goods at Rotterdam"（该证项下的款项在货到鹿特丹后由我行支付）。受益人在审证时未发现，因此未请对方删除该条款。我某外贸公司在交单结汇时，银行也未提出异议。不幸的是，60％货物在运输途中被大火烧毁，船到目的港后开证行拒付全部货款。对此，应如何处理？

（3）我某公司与外商按 CIF 条件签订了一笔大宗商品出口合同，合同规定装运期为 8 月份，但未规定具体开证日期。外商拖延开证，我方见装运期快到，从 7 月底开始连续多次电催外商开证。8 月 5 日，外方发来开证的简电通知，我方因怕耽搁装运期，即按简电办理装运。8 月 28 日，外方开来信用证正本，正本上对有关单据做了与合同不符的规定。我方审证时未予注意，交银行议付时，银行也未发现，开证行即以单证不符为由，拒绝付款。你认为我方应从此事件中吸取哪些教训？

2. 根据销售合同条款审核信用证

销售合同条款

The seller：China National Cereals, Oils & Foodstuffs Corporation

The buyer：Hong Kong Food Company, Vancouver

Name of Commodity：Great Wall Brand Strawberry Jam

Specification：340 gram each tin

Quantity：50 000 tins

Unite Price：CAN＄2.50 PER TIN CFRC3％ VANCOUVER

Total Amount：CAN＄125 000

Shipment：Shipment from China port to Vancouver during Nov. 2019, partial shipment are allowed and transshipment is allowed.

Payment：Irrevocable L/C at sight, Documents must be presented within 15 days after date of issuance of the Bills of Lading but within the validity of the credit.

COMMECIAL BANK OF VANCOUVER

TO：China National Cereals,   DATE：Oct. 5th, 2019

Oils & Foodstuffs Corporation

Beijing, China

Advised Through Bank of China, Beijing

IRREVOCABLE DOCUMENTARY LETTER OF CREDIT

Dear Sirs,

We open this by order of Hong Kong Food Company, Vancouver for a sum not exceeding CAN $ 120 000(SAY CANADIAN DOLLARS ONE HUNDRED AND TWENTY THOUSAND ONLY) available by drafts drawn on us at sight accompanied by the following documents:

——Full set of clean on board Bill of Lading made out to order and blank endorsed, marked "Freight Collect" dated not later than November 30th, 2019 and notify applicant.

——Signed Commercial Invoice in quintuplicate.

——Canadian Customs Invoice in quintuplicate.

——Insurance Policies(or Certificates) in duplicate covering marine All Risks and War Risks subject to P. I. C. C. date Jan. 1st, 2009.

Evidencing shipment from China port to Montreal, Canada of the following goods: 50 000 tins of 430 grams of Great Wall Strawberry Jam, at CAN $ 2. 50 per tin CFR3‰ Vancouver, details as per your S/C No. 94/8712

Partial shipment are allowed.

Transshipment is allowed.

This Credit expires on November 30th, 2019 for negotiation in China.

It is subject to the Uniform Customs and Practice for Documentary Credit(2007 Revision), International Chamber of Commerce Publication No. 600.

3. 请根据上海粮油进出口公司审单的意见，给国外进口方 ABC Company Limited. 35-36 Street London U. K. 拟写信用证修改函一份。

SHANGHAI CEREALS AND OILS IMP. & EXP. CORP.

18th Flr. Huayuan Building,

677 Yanan West Road, Shanghai, China

Tel：(8621) 58818850 Fax：(8621) 58899655

审证意见

信用证号码：H982/M056378

合同号码：HY88CLM98

开证行：英国米兰银行（MIDLAND BANK LTD.）

申请人：ABC Company Ltd.

审证结果：

(1) 信用证大小写金额不一致，大写金额错误，合同金额是 USD 500 000。

(2) 汇票付款期限为见票后 60 天付款，与合同规定的即期付款不符。

(3) 合同规定允许分批装运和转船，而信用证中却禁止分批装运和转船。

(4) 保险加成率合同规定 110％，而信用证中却规定 150％。

(5) 信用证中要求运输单据签发后 5 天内交单议付，交单日期太紧张，建议改为 15 天。

(6) 信用证中没有写明受 UCP 600 条款约束的字句，建议加上。

4. 请根据信用证预审单的相关信息，为上海新联纺织品股份有限公司拟写一封修改函，对其中标出的 5 个问题进行修改。

信用证预审单

开证行	BANK OF NAGOYA LTD.			开证日期		Oct. 6th，2019				
申请人	THE GENRRU TRADING CO. LTD.			受益人		SHANGHAI NEW UNION TEXTILES IMP. & EXP. CORP. PU DONG COMPANY 3409 NEW DENG ROAD SHANGHAI CHINA				
信用证金额	①USD172 006（应为 USD172 066）			信用证号		NLC0310598				
汇票付款人	开证行			汇票期限		②见票后 60 天（应为即期）				
可否转船	可以			可否分批装运		可以				
装运期限	Dec. 15th，2019 以前			有效期	Dec. 30th，2019	到期地点		③KOBE		
唛头	未指定			交单日		④提单日后 3 天				

单据名称	提单	发票	装箱单	重量单	保险单	产地证	FORMA	寄单证明	寄单邮据	寄样证明	寄样邮据	检验证明
银行	3/3	3	3		2	2		3				3

提单或承运单据	抬头	to order	保险	一切险加战争险		
	通知	applicant		加成 10%	赔款地点	目的港
	注意事项	注明运费已付				

备注	⑤ 检验证明须由开证申请人签发

5. 请根据下列合同条款及审证要求审核国外来证，指出信用证中存在的问题并说明如何修改。

SALES CONFIRMATION

S/C NO：954361

DATE：June 15th，2019

THE BUYER：The Eastern Trading Company, Osaka, Japan

THE SELLER：Shanghai Donghai Garments Imp. & Exp. Corp. , Shanghai, China

NAME OF COMMODITY AND SPECIFICATION：

      Pure Cotton Men's Shirts

      Art. No. 9-71323

      Size Assortment S/3 M/6 and L/3 per dozens

QUANTITY：5 000 dozens 3% more or less at seller's option

PACKING：Each piece in a poly bag, half a dozen to a paper box, 10 dozens to a carton

UNITE PRICE：USD 120. 00 per doz. CIFC 5% Kobe/Osaka

SHIPMENT：During Aug. /Sept 2019 in two equal shipments

INSURANCE：To be covered by the seller for 110% of Invoice value against all Risks as per China Insurance Clause dated Jan. 1st, 2009.

PAYMENT：By Irrevocable Letter of Credit payable at sight, to reach the seller not later than July 20th, 2019 and remain valid for negotiation in China until the 15 days after the date of Shipment.

IRREVOCABLE DOCUMENTARY LETTER OF CREDIT

FUJI BANK, LTD.

1-CHOME, CHIYODA-KU

C. P. O. BOX 148, TOKYO, JAPAN

L/C No. 219307

July 15th, 2019

Advising Bank：

Bank of China, Shanghai

Beneficiary：

Shanghai Donghai Garments Imp. & Exp. Corp.

Shanghai China

Amount： not exceeding

USD 600 000. 00

Dear Sir：

    At the request of The Eastern Trading Company, Osaka, Japan. We here issue in your favour this Irrevocable Documentary Credit No. 219307 which is available by acceptance of your draft at 30 days after sight for full Invoice value drawn on FuJi Bank Ltd. New York Branch, New York, N. Y. U. S. A. bearing this clause："Drawn under Documentary Credit No. 219307 of FuJi Bank Ltd. " accompanied by the following documents：

    （1）Signed Commercial Invoice in four copies.

    （2）Full set clean on board Bills of Lading made out to order and blank endorsed marked "freight collect" and notify applicant.

    （3）Insurance Policy for full Invoice value of 150% covering all Risks as per ICC dated Jan. 1st, 2009.

    （4）Certificate of Origin Issued by the China Exit and Entry Inspection and Quarantine Bureau.

    （5）Inspection Certificate Issued by applicant.

    Covering：5 000 dozens Pure Cotton Men's Shirts

       Art. No. 9-71323

       Size Assortment：S/3、M/6、L/3 per dozen

       At US &120 CIFC5% Kobe/Osaka, packed in cartons of 10 dozens each.

    Shipment from Chinese Port to Yokohama at buyer's option not later than Sept. 30th, 2019.

    Transshipment is prohibited, Partial Shipments are allowed.

    The credit is valid in Shanghai, China.

    Special conditions：Documents must be presented within 15 days after date of Issuance of the Bills of Lading, but in any event within this credit validity.

We hereby undertake to honor all drafts drawn in accordance with the terms of this credit.

It is subject to the Uniform Customs and Practice for Documentary Credit(2007 Revision), International Chamber of Commerce Publication No. 600.

For FuJi Bank Ltd.
_____
—signed—

6. 阅读下列信用证

AUG. 8th, 2019   14:10:38   LOGICAL TERMINAL P005

MT S701   **ISSUE OF DOCUMENTARY CREDIT**

　　　　　　　　　　　　　　　　　　　　　PAGE 00001 FUNC SWPR3

MSGACK DWS765I AUTHENTICATION SUCCESSFUL WITH PRIMARY KEY

BASIC HEADER	F 01 BKCHCNBJA300 5976 662401
APPLICATION HEADER	O 700 1530 030807 MITKJPJTA××× 1368 960990 030808
	＊SAKURA BANK, LTD. , THE
	＊(FORMERLY: THE MITSUI TAIYO KOBE)
	＊TOKYO
USER HEADER	BANK, PRIORITY 113:
	MSG USER REF 108:
SEQUENCE OF TOTAL	＊27:1/3
FORM OF DOC. CREDIT	＊40 A: IRREVOCABLE
DOC, CREDIT NUMBER	＊20:090-3001573
DATA OF ISSUE	＊31 C:20190804
EXPIRY	＊31 D:DATE 20190915 PLACE IN THE COUNTRY OF BENEFICIARY
APPLICANT	＊50: TIANJIN-DAIEI CO. , LTD, SHIBADAIMON
	MF BLOG, 2-1-16, SHIBADAIMON,
	MINATO-KU, TOKYO, 105 JAPAN
BENEFICIARY	＊59: SHANGHAI GARMENT CORP, NO. 567
	MAOTAI RD. , SHANGHAI, CHINA
AMOUNT	＊32 B:CURRENCY USD AMOUNT 74 157. 00
ADD. AMOUNT COVERED	39 C:FULL CIF INVOICE VALUE
AVAILABLE WITH/BY	＊41 D: BANK OF CHINA
	BY NEGOTIAYION
DRAFTS AT...	42 C: DRAFT(S)AT SIGHT
DRAWEE	42 A: ＊ COMMERCIAL BANK
	＊ NEW YORK, NY
PARTIAL SHIPMENT	43 P: PARTIAL SHIPMENTS ARE ALLOWED
TRANSSHIPMENT	43 T: TRANSSHIPMENT IS NOT ALLOWED
LOADING IN CHARGE	44 A: SHANGHAI
FOR TRANSPORT TO...	44 B: KOBE，JAPAN
LATEST DATE OF SHIP.	44 C:20190831
DESCRIPTION，OF GOODS	45 A:

　　　　GIRL'S T/R VEST SUITS

　　　　ST/NO. 353713 6 000 SETS.   USD6. 27/SET   USD37 620. 00

　　　　　　　 353714 5 700 SETS.   USD6. 41/SET   USD36 537. 00

　　　　TOTAL: 11 700 SETS.   USD74 157. 00

PRESENTATION PERIOD   48：DOCUMENTS MUST BE PRESENTED WITHIN
                             15 DAYS AFTER THE DATE OF SHIPMEENT
CONFIRMATION   ＊49：WITHOUT
REIMBURSEMENT BANK   53 A：＊COMMERCIAL BANK
                                 ＊NEW YORK，NY

INSTRUCTIONS   78：
        IN REIMBURSEMENT，NEGOTIATING BANK SHOULD SEND THE BENEFICIARY'S
        DRAFT TO THE DRAWEE BANK FOR OBTAINING THE PROCEED，NEGOTIATING
        BANK SHOULD FORWARD THE DOCUMENTS DIRECT TO THE SAKURA BANK，
        LTD.，TOKYO INT'L OPERATIONS CENTER
        P. O. BOX 766，TOKYO, JAPAN
        BY TWO CONSECUTIVE REGISTERED AIRMAILS
DOCUMENTS REQUIRED   ＊46B：
        SIGNED COMME4RCIAL INVOICE IN 5 COPIES
        INDICATING IMPORT ORDER NO. 131283 AND CONTRACT NO. 03-09-403
        DATED JUL. 12，2019 AND L/C NO.
        FULL SET OF 3/3 CLEAN ON BOARD OCEAN BILLS OF LADING
        MADE OUT TO ORDER OF SHIPPER AND BLANK ENDORSED
        AND MARKED "FREIGHT PREPAID" NOTIFY TIANJIN-DAIEICO.，LTD
        6F，SHIBADAIMON MF BLDG.，2-1-16
        SHIBADAIMON，MINATO-KU TOKYO 105 JAPAN.
        TEL NO. 03-5400-1971，FAX NO. 03-5400-1976.
        PACKING LIST IN 5 COPIES
        CERTIFICATE OF ORIGIN IN 5 COPIES
        INSURANCE POLICY OR CERTIFICATE IN 2/2 AND ENDORSED IN BLANK FOR 110 PCT
        OF FULL TOTAL INVOICE VALUE COVERING ALL RISKS，WAR RISKS AS PER THE
        RELEVANT OCEAN MARINE CARGO CLAUSE OF P. I. C. C. DATED JAN. 1ST，2009. WITH
        CLAMS，IF ANY，PAYABLE AT DESTINATION
        TELEX OR FAX COPY OF SHIPPING ADVICE DESPATCHED TO
        TIANJIN-DAIEI CO.，LTD.（DIV：1，DEPT：3 FAX NO. 03-5400-1976）
        IMMEDIATELY AFTER SHIPMENT.
        BENEFICIARY'S CERTIFICATE STATING THAT THREE SETS COPIES OF
        NON-NEGOTIABLE SHIPPING DOCUMENTS HAVE BEEN AIRMAILD
        DIRECTLY TO THE APPLICANT IMMEDIATELY AFTER SHIPMENT.
ADDITIONAL COND.   47B：＊：
    （1）5PCT MORE OR LESS IN BOTH AMOUNT AND QUANTITY PER EACH ITEM WILL BE
        ACCEPTABLE.
    （2）BUYER'S IMPORT ORDER NO. 131283 MUST BE MENTIONED ON ANY SHIPPING DOCU-
        MENTS.
    （3）ABOVE CARGO SHALL BE CONTAINERIZED.
    （4）SHIPPING MARK OF EACH CARTON SHOULD INCLUDE BUYER'S IMPORT ORDER NO. 131283
    （5）T. T. REIMBURSEMENT IS NOT ACCEPTABLE.
    （6）ALL BANKING CHARGES OUTSIDE JAPAN ARE FOR ACCOUNT OF BENEFICIARY.

It issubject to the Uniform Customs and Practice for Documentary Credit（2007 Revision），International
Chamber of Commerce Publication No. 600.

ORDER IS<MAC：><PAC：><ENC：><CHK：><TNG：><PDE：>

MAC：BF35294E　CHK：6E452BBE2A45　　DLM：

本章要点	重要概念	重难点解析	习题详解

第五章 汇 票

开篇案例

【案情】

利用第二章和第四章的案例，上海新龙股份有限公司（SHANGHAI NEW DRAGON CO．，LTD.）与美国 CRYSTAL KOBE LTD. 就含 55％丙烯酸树脂 45％的棉女士短衫（LADIES' 55％ ACRYLIC 45％ COTTON KNITTED BLOUSE）签订了合同，根据进口商 CRYSTAL KOBE LTD. 向美国纽约银行申请开列的信用证填写跟单信用证项下的汇票。

【分析】

汇票的填写应严格遵守《中华人民共和国票据法》的相关规定，具体要求见本章的相关内容。以下为依据本案例填写的汇票。

BILL OF EXCHANGE

凭
Drawn under ___BANK OF NEW YORK___

信用证
L/C NO. ___L-02-I-03437___

日期
Dated ___Sept. 30th，2019___ 支取 Payable with interest @ ___ ％ 按 ___ 息 ___ 付款

号码 汇票金额
NO. ___STP015088___ Exchange for ___USD29 585___

上海
Shanghai ___ 20 ___

见票 ___ 日后（本汇票之正本未付）付交
At ___***___ sight of this SECOND of Exchange (First of Exchange being unpaid)
Pay to the order of _____BANK OF CHINA_____

金额
the sum of ___SAY US DOLLARS TWENTY NINE THOUSAND FIVE HUNDRED AND EIGHTY FIVE ONLY___

此致：
To：BANK OF NEW YORK
  48 WALL STREET
  P. O. BOX 11000
  NEW YORK，N. Y. 10249，U. S. A

SHANGHAI NEW DRAGON CO．，LTD.
×××
_____
(SIGNATURE)

汇票（bill of exchange，draft）是国际贸易结算中非常重要的一种票据。《中华人民共和国票据法》对汇票的定义为："汇票是出票人签发的，委托付款人在见票时或者在指定日期无条件支付确定的金额给收款人或者持票人的票据。"在国际贸易结算实务中，汇票在信用证和托收业务中都有使用，但在信用证业务中使用得更为广泛，下面分别介绍跟单信用证项下汇票（见式样5-1）和托收项下汇票（见式样5-2）的缮制。

第一节　跟单信用证汇票的缮制

一、出票根据（drawn under）

这一项要求填写开证行名称与地址。在信用证支付条件下，开证行是提供银行信用的一方，开证行开出的信用证最终伴随所要求的单据成为凭以向买方（付款人）收款的书面证据。本栏目要求根据信用证写出开证行全称。

二、信用证号码（L/C no.）

这一栏要求填写正确的信用证号码，但有时来证要求不填这一栏，出口公司在制单过程中也可以接受。

三、开证日期（dated）

这一栏应填写的是开证日期，常见的错误是把出具汇票的日期填在这一栏中，因此，在实务操作中应多加注意。

四、年息（payable with interest @% per annum）

这一栏目由结汇银行填写，用以清算企业与银行间的利息费用。

五、汇票小写金额（exchange for）

汇票上有两处有底纹的栏目，较短的一处填写小写金额，较长的一处填写大写金额。汇票金额一般不超过信用证规定的金额。在填写这一栏时应注意其金额不包含佣金，即应填写净价。

六、汇票大写金额（the sum of）

大写金额由小写金额翻译而成，要求顶格，不留任何空隙，以防有人故意在汇票金额上做手脚。大写金额由两部分构成：一是货币名称，二是货币金额。常见的货币英文名称写法包括美元（USD）、英镑（GBP）、瑞士法郎（CHF）、港币（HKD）、日元（JPY）、人民币（CNY）、欧元（EUR）、澳大利亚元（AUD）、加拿大元（CAD）等。

七、号码（no.）

这一栏应填写制作本交易单据的发票号码，这是为了核对发票与汇票中相同的内容是否一致，如金额、信用证号码等。一旦这一栏内容在一套单据中出现错误或需要修改时，只要查出与发票号码相同的汇票，就能确定它们是同一笔交易的单据，从而给核对和纠正错误带来了便利。在实务工作中，制单人员往往将这一栏称作汇票号码，因此，汇票号码一般与发票号码是一致的。

八、付款期限（at... sight）

汇票付款有即期和远期之分。

（1）即期汇票（sight draft），即在汇票的出票人按要求向银行提交单据和汇票时，银行应立即付款。即期汇票的付款期限一栏的填写较简单，只需使用"×××""———"或"＊＊＊"等符号或者直接将"AT SIGHT"字样填在这一栏中，但该栏不得空白不填。

（2）远期汇票（time draft），即在将来的某个时间付款。按表明"远期"起算的根据不同，可分为各种远期汇票，在此不做介绍。

九、受款人（pay to the order of）

应从信用证的角度来理解这一栏的填写要求。由于信用证是银行支付货款，而整个信用证的执行都处在银行的监督、控制下，同时，开证行也不会跟受益人产生直接往来，而是通过另一家银行与受益人接触。当开证行按信用证规定把货款交给受益人时，也应通过一家银行，这家银行应成为信用证履行中第一个接受货款的一方，为此，被称为受款人。因此，在信用证支付的条件下，汇票中受款人这一栏中填写的应是银行的名称和地址，通常为议付行的名称和地址。究竟要以哪家银行作为受款人，这要看信用证中是否有具体的规定，即是公开议付还是限制议付。

在填写汇票时，应将选择好的银行的名称、地址直接填入这一栏。以下为我国主要银行的英文名称。

中国银行   Bank of China
中国工商银行   Industrial & Commercial Bank of China
中国交通银行   Bank of Communication，China
中国农业银行   Agriculture Bank of China
中国建设银行   China Construction Bank

十、汇票的交单日期

汇票的交单日期指受益人把汇票交给议付行的日期。这一栏由银行填写，银行在填写

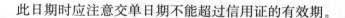

此日期时应注意交单日期不能超过信用证的有效期。

十一、付款人

信用证项下汇票的付款人和合同的付款人不完全相同。从信用证的角度来看，汇票的付款人应是提供这笔交易信用的一方，即开证行或其指定付款的付款人。但从合同的意义来看，信用证只是一种支付方式，是为买卖合同（S/C）服务的。买卖交易中最终付款人是买方，通常是信用证的开证申请人。按照国际商会制定的《跟单信用证统一惯例》第6条C款的相关规定："信用证不应凭以申请人为付款人的汇票支付。但如信用证要求汇票以申请人为付款人，银行将视此种汇票为一项额外的单据。"据此，如信用证要求以申请人为付款人的汇票，仍应照办，但这只能作为一种额外的单据。因此，在填写汇票时，应严格按照信用证的规定填写。

十二、出票人

虽然汇票上没有出票人一栏，但习惯上都把出票人的名称填在汇票的右下角，与付款人对应。出票人即出具汇票的人，在贸易结汇使用汇票的情况下，一般都由出口企业填写，主要包括出口公司的全称和经办人的名字。

在没有特殊规定时，汇票均为一式两份。汇票一般都在醒目的位置上印着"1""2"字样，或"original""copy"，表示第一联和第二联。汇票的第一联和第二联在法律上没有区别。第一联生效，第二联自动作废（second of exchange being unpaid）；第二联生效，第一联也自动作废（first of exchange being unpaid）。

第二节　托收汇票的缮制

在以托收方式托收汇款时，使用的汇票与信用证支付条件的汇票相似，但在填写方式上有以下几点区别。

（1）出票根据、信用证号码和开证日期三栏是不需要填写的，或在"draw under"后的空栏内打上"for collection"和发票号；或者在缮制托收汇票时，这三项不用缮制。

（2）在"付款期限"栏中，填写D/P at sight（即期付款交单）或D/P ×× days（××天远期付款交单）；D/A ×× days（××天承兑交单）。

（3）在"受款人"栏目中，填写托收行名称。

托收汇票也是一式两份，两联汇票具有相同的法律作用。当第一联汇票生效时，第二联自动作废（second of exchange being unpaid）；当第二联汇票生效时，第一联汇票自动作废（first of exchange being unpaid）。

式样 5-1　跟单信用证项下汇票

BILL OF EXCHANGE

凭
Drawn under ....　　L/C NO. 信用证 ....

日期　　　　　　　支取
Dated ....　Payable with interest　　@ ...... %　按 ...... 息 ...... 付款

号码　　　　汇票金额　　　　　　　　　　　上海
NO. ....　Exchange for ....　Shanghai .... 20 ....

见票 .... 日后（本汇票之正本未付）付交
At .... sight of this SECOND of Exchange (First of Exchange being unpaid)
Pay to the order of ....

金额
the sum of ....
....

此致：
To ....
　..

式样 5-2　托收项下汇票

BILL OF EXCHANGE

号码　　　　　　汇票金额　　　　　　　　　上海
No. _____　Exchange for _____　Shanghai _____ 20 _____

见票　　　　　日后（本汇票之副本未付）付交
At _____ sight of this FIRST of Exchange (Second of Exchange being unpaid)
Pay to the order of _____

金额
the sum of _____
_____

此致：
To _____
　_____

练习题

1. 翻译下列专用名词

（1）drawer　　　　　　　（2）drawee　　　　　　　（3）usance draft

（4）payee　　　　　　　　（5）bearer bill　　　　　　（6）acceptance

（7）endorsement　　　　　（8）commercial acceptance draft

（9）bill of exchange　　　　（10）documentary draft

2. 请将英国 1882 年《票据法》对汇票的定义翻译成中文。

A bill of exchange is an unconditional order in writing addressed by one person (the drawer) to another (the drawee) signed by the person giving it requiring the person to whom it is addressed (the drawee, who when he signs becomes the acceptor) to pay on demand, or at a fixed or determinable future time a sum certain in money to or to the order of a specified person, or to bearer (the payee). (Bill of Exchange Act, 1882 of the United kingdom.)

3. 下面是一份已填写好的托收汇票，请回答下列问题。

（1）汇票出票人、付款人分别是谁？

（2）汇票是即期还是远期？有几份汇票？

（3）该笔托收业务的托收行是谁？

BILL OF EXCHANGE

号码　　　　　　　　　汇票金额　　　　　　　　　　　　上海
No.　　HLK356　　　　Exchange for　　USD 56 000　　Shanghai　　　20
见票　　　　　　　　　日后（本汇票之副本未付）付交
At　　D/P AT 90 DAYS　　sight of this FIRST of Exchange (Second of Exchange being unpaid)
Pay to the order of　　　　　　　　　BANK OF CHINA
金额
the sum of　　SAY US DOLLARS FIFTY SIX THOUSAND ONLY

此致：
To MITSUBISHI TRUST & BANKING CO. LTD.，　　CHINA NATIONAL ANIMAL BYPRODUCTS
　　INTERNATIONAL DEPARTMENT，4—5　　IMP. & EXP. CORP. TIANJIN BRANCH
　　MARUNOUCHI 1—CHOME　　　　　　66 YANTAI STREET
　　CHIYODA—KU, TOKYO 100, JAPAN　　TIANJIN CHINA

4. 根据第四章练习题 6 的信用证填写跟单信用证项下汇票。

BILL OF EXCHANGE

凭　　　　　　　　　　　　　　　　　　　信用证
Drawn under　　　　　　　　　　　　　L/C NO.
日期　　　　　　　　支取
Dated　　　　　　　　Payable with interest　　@　　％　　按　　息　　付款
号码　　　　　汇票金额　　　　　　　　上海
NO.　　　　　Exchange for　　　　　　Shanghai　　　20
见票　　　　　日后（本汇票之正本未付）付交
At　　　　　sight of this SECOND of Exchange (First of Exchange being unpaid)
Pay to the order of
金额
the sum of

此致：
To

本章要点

重要概念

重难点解析

习题详解

第六章 发 票

开篇案例

【案情】

根据第二章的案例，上海新龙股份有限公司（SHANGHAI NEW DRAGON CO.，LTD.）与美国 CRYSTAL KOBE LTD. 就含 55% 丙烯酸树脂 45% 的棉女士短衫（LADIES' 55% ACRYLIC 45% COTTON KNITTED BLOUSE）签订的合同，以及第四章的案例进口商 CRYSTAL KOBE LTD. 向美国纽约银行申请开列的信用证和上海新龙股份有限公司的装箱单填写跟单信用证项下的发票（发票的开票日期为 2019 年 11 月 8 日，发票号码为 STP015088）。

【分析】

发票的填写应严格遵守实务操作中的相关规定，具体要求见本章第一节的相关内容。以下为依据本案例填写的发票。

上海新龙股份有限公司

SHANGHAI NEW DRAGON CO. , LTD.

PACKING LIST

ADD:27, CHUNGSHAN ROAS E1.

TEL:8621-65342517   FAX:8621-65124743

MESSR:

CRYSTAL KOBE LTD. ,   INVOICE NO:STP015088

1410 BROADWAY, ROOM 3000   S/C NO:21SSG-017

NEW YORK, N. Y. 10018 U. S. A.   Date:NOV. 8th, 2019

DESCRIPTION OF GOODS	SHIPPING MARKS:
55% ACRYLIC 45% COTTON LADIES' KNITTED BLOUSE STYLE NO. H32331SE: PAYMENT BY L/C NO. L-02-I-03437	CRYSTAL KOBE LTD. , NEW YORK ORDER NO. 21SSG-017 STYLE NO. H32331SE L-02-I-03437 CARTON/NO. 1-120 MADE IN CHINA

COLOUR BREAKDOWN: SIZE

COLOR	PACK	S	M	L	XL	XXL	XXXL	TOTAL(PCS)
IVORY		120	360	240				720
BLACK		320	360	440				1 120
NAVYBLUE		180	180	100				460
RED		432	580	440				1 452
WHITE		78	234	156				468
BROWN		160	280	220				660
TAWNY		320	360	440				1 120
TOTAL(PCS) :								6 000

CTN NO.	COLOR	CTNS	S	M	L	XL	XXL	XXXL	QUANTITY (PCS)
			SIZE ASSORTMENT						
1—20	IVORY	20	6	18	12				720
21—40	BLACK	20	16	18	22				1 120
41—50	NAVYBLUE	10	18	18	10				460
51—66	RED	16	16	28	22				1 056
67—79	WHITE	13	6	18	12				468
80—89	BROWN	10	16	28	22				660
90—109	TAWNY	20	16	18	22				1 120
110—120	RED	11	16	12	8				396

TOTAL: 6 000   PCS   IN   120   CARTONS   ONLY.

GROSS WT: 2 584KGS   NET WT: 2 326KGS

MEASUREMENT: 60×40×40CBCM   11. 58CBM

For and on behalf of

上海新龙股份有限公司

SHANGHAI NEW DRAGON CO. , LTD.

_____

Authorized Signature(s)

上海新龙股份有限公司
SHANGHAI NEW DRAGON CO. , LTD.
27 CHUNGSHAN ROAD E. 1.

SHANGHAI, CHINA

TEL:8621-65342517   FAX:8621-65124743

COMMERCIAL INVOICE

TO:M/S.

CRYSTAL KOBE LTD. ,

1410 BROADWAY, ROOM 3000

NEW YORK, N. Y. 10018 U. S. A.

号码

No.　**STP015088**

定单或合约号码

Sales Confirmation No.　**21SSG-017**

日期

Date　**NOV. 8ᵗʰ , 2019**

装船口岸 From　**SHANGHAI**	目的地 To　**NEW YORK**
信用证号数 Letter of Credit No.　**L-02-I-03437**	开证银行 Issued by　**BANK OF NEW YORK**

唛头 Marks & Nos.	货名数量 Quantities and Descriptions	总值 Amount
CRYSTAL KOBE LTD. , NEW YORK ORDER NO. 21SSG-017 STYLE NO. H32331SE L-02-I-03437 CARTON/NO. 1—120 MADE IN CHINA	LADIES' 55% ACRYLIC 45% COTTON KNITTED BLOUSE IN 120 CARTONS STYLE NO. H32331SE QUANTITY: 500 DOZ AT USD 61 PER DOZ CIFC3% NEW YORK	USD 30 500 —C3　USD 915
	CIF NEW YORK	USD 29 585

We certify that the goods
are of Chinese origin.

上海新龙股份有限公司

SHANGHAI NEW DRAGON CO. , LTD.

SHANGHAI, CHINA

××××

发票是出口方对进口方开立的发货价目清单，它是装运货物的总说明，也是进出口双方交接货物和结算货款的凭证。就广义而言，发票包括商业发票（commercial invoice）、形式发票（proforma invoice）、领事发票（consular invoice）、样品发票（sample invoice）、厂商发票（manufactures' invoice）、收讫发票（receipt invoice）、详细发票（detailed invoice）、海关发票（customs invoice）等。本章重点介绍商业发票和海关发票。就狭义而言，发票通常是指商业发票。

第一节　商业发票

一、商业发票的含义和作用

商业发票（commercial invoice）简称发票，是卖方向买方开立的，凭以向买方收取货款的发货价目清单，是装运货物的总说明。它全面反映合同内容，虽然不是物权凭证，却在全套货运单据中处于中心地位，其他单据的制作均应与发票上的内容保持一致。

商业发票的主要作用是供进口商凭发票核对货物的有关情况，收取货物，凭以支付货款和作为进出口商记账、报关、纳税的依据。具体来说，商业发票的主要作用包括以下几个方面：

(1) 卖方向买方的发货凭证，是卖方重要的履约证明文件；

(2) 便于进口人核对已装运的货物是否符合买卖合同的规定；

(3) 是进出口双方凭以收付货款和记账的重要凭证；

(4) 是进出口双方办理报关、纳税的重要依据；

(5) 是索赔和理赔的重要凭证。发票全面反映了交付货物的状况，是缮制其他单据的依据，是整套单据的中心单据。因此，发票是出口人必须提供的主要单据之一。

二、商业发票的基本内容

商业发票由出口企业自行拟制，没有统一的格式，但其基本栏目大致相同。发票在结构上分为首文、本文、结尾三部分。首文部分包括发票名称、号码、出口商的名称和地址、信用证和合同号码、发票抬头人、运输工具等。本文部分包括唛头、货物描述、单价和总值等。结尾部分包括有关货物产地声明、发票制作人签章等。下面以目前较通用的商业发票（见式样6-1）为例，介绍商业发票的基本内容和制作方法。

1. 出票人名称和地址

出票人的名称与地址在发票正上方表示。一般来说，出票人名称和地址是相对固定的，因此许多出口企业在制作单据时已将这一内容编入程序。

2. 发票名称

一般在出口业务中使用的，由出口方出具的发票大多是商业发票，所以并不要求一定标出"commercial"（商业）的字样，但一定要醒目地标出"invoice"（发票）的字样。

3. 发票抬头人（to）

只有少数信用证来证在发票条款中指出发票抬头人，多数来证都不做说明，因此，习惯上将信用证的申请人或收货人的名称、地址填入这一栏。国际商会《跟单信用证统一惯例》规定：除非信用证另有规定，商业发票的抬头必须做成开证申请人。

4. 发票号码（no.）

本栏由出口公司自行编制，一般采用顺序号，以便查对，同时也被作为相应的汇票号码。

5. 发票签发日期（date）

国际商会《跟单信用证统一惯例》规定银行可以接受签发日期早于开证日期的发票。一般而言，在全套单据中，发票是签发日期最早的单据，但是要注意，不应使发票签发日期迟于提单的签发日期，也不应使其晚于信用证规定的交单到期日。

6. 信用证号码（L/C no.）

当货款采用信用证方式支付时，这一栏填写信用证号码；当货款不采用信用证方式支付时，这一栏空白不填或删去。

7. 合同号（contract no.）

发票的出具都有买卖合同作为依据，但买卖合同不都以"contract"为名称，有时会使用"S/C""order""P. O."等。因此，当合同的名称不是 contract 时，应将本栏目的名称修改为相同的名称后，再填写该合同的号码。

8. 起讫地点（from... to...）

按货物运输实际的起讫地点填写。如果货物需要转运，转运地点也应明确地表示出来。例如，货物从广州经香港转船至德国的法兰克福，这一栏目填写为 from Guangzhou to Frankfurt W/T Hong Kong。

9. 唛头（shipping marks）

凡信用证有关于唛头的规定，必须依照规定制唛，而且发票中的唛头应与提单、托运单据严格保持一致，唛头通常由收货人、目的地、件号和件数以及有关参考号码组成。例如，信用证规定唛头是"ABC CO. /STOCKHOLM/SC8898/NO. 1—88"，则应在发票该栏打印：

ABC CO.

STOCKHOLM

SC8898

CNT NO. 1—88

如果信用证未规定唛头，则出口人可自行设计；如果无唛头，填写"N/M"。

10. 货物的描述（quantity & descriptions）

当不使用信用证支付货款时，合同有关货物内容的条款应如实地反映在发票的这一栏中。当使用信用证支付货款时，这一栏的内容应与信用证有关内容严格一致。《跟单信用证统一惯例》规定："商业发票中货物、服务或行为的描述必须与信用证中显示的内容相符。"

货物描述内容一般包括货物的名称、品质、规格、数量/重量、包装等。商品名称必须按照信用证原词填写，不得使用统称，除非信用证另有规定。如果货物有不同规格或者各规格价格不同，则应分别列出各种规格的数量、重量；货物以包装单位计价时，要列出货物包装单位的数量或件数。

11. 单价与总值（unite price and amount）

价格内容在发票中分别在两个栏目进行表示：单价（unite price）、总金额（amount）。单价又由四个部分组成：计价货币、计量单位、单位价格金额和价格术语。例如，USD（计价货币）24.50（单位价格金额）per piece（计量单位）CIF NEWYORK（价格术语）发票总金额通常是可以收取的价款，是发票上列明的单价与数量的乘积，不得超过信用证规定的总金额。如果合同中包含佣金，而信用证未加规定，其总金额中已扣除了佣金，则发票应能够反映扣佣的全过程，即同时表示出含佣价、佣金和净价。

12. 特殊条款（special terms）

在相当多的信用证中，除了要求一般的发票内容外，还要求在发票中列出证明某些事项的条款。在缮制发票时，可将上述内容打在发票的商品描述栏内。在实际业务中，常见的要求有：列明货物的 FOB 金额、运费以及保险费、布鲁塞尔税则号、注明货物的原产地是中国以及要求提供"证实发票"等。例如：

（1）The commercial invoice must certify that the goods are of Chinese origin。

（2）The commercial invoice should bear the following clause："we hereby certify that the contents of invoice herein are true and correct。"

当发票在本栏采用了"we hereby certify that the contents of invoice herein are true and correct."等条款证明了本发票内容真实、正确时，必须将发票末端所印就的"E. & O. E"划掉。"E. & O. E"是"errors and omissions excepted"的缩写，即"有错当查"，指发票签发人事先声明，一旦发票有误，可以更正。

13. 签名（signature）

一般由出口公司的法人代表或经办制单人员代表公司在此签名，并注明公司名称。根据 UCP 600 第十八条规定，发票无须签字。但当信用证要求"signed invoice"时，发票就需要签名；而当信用证要求"manually signed invoice"时，该发票必须手签。

第二节　海关发票

一、海关发票的含义和作用

海关发票（customs invoice）是指某些国家规定在货物进口时，必须根据海关规定缮制一种具有特定格式和内容的发票。该发票由出口方逐项填写，进口方据此办理货物的报关进口手续。它是某些国家执行差别待遇政策和设置商品进口壁垒的一种工具，较多使用于非洲、美洲和大洋洲的某些国家。

海关发票的作用主要表现在以下几个方面：

（1）便于进口国海关核定货物的原产地，根据进口国对不同国家的差别待遇政策，课以不同的进口税；

（2）是进口国海关核查进口商品在出口国国内市场的价格的依据，以防止出口商"低价倾销"，并且是确定是否要征收反倾销税的依据；

（3）是供进口国海关核算完税价格的依据；

（4）是供进口国海关进行海关统计的依据。

二、 海关发票的基本内容

海关发票的格式与具体内容因国而异，其内容除商品品名、单价、总值等与商业发票相同外，还包括商品的成本价值（cost/value of goods）和商品的生产国家（country of origin of goods）等内容。海关发票常见细目有：①外包装的价值；②货物装入外部容器的工资费用；③内陆运输费与保险费；④码头与港口费用；⑤海运费用；⑥海运保险费；⑦有关交货的其他费用；⑧其他特殊开支；⑨佣金；⑩现金折扣率；⑪出售给买主的价格；⑫现行国内价值或出口国的工厂/仓库/装运港的公开市场价格。

现以加拿大海关发票（见式样 6-2）为例，介绍海关发票的制作。

（1）vendor（卖方、发货人）。填写出口公司的名称及地址。

（2）date of direct shipment to Canada（直接运往加拿大的日期）。填写签发提单的日期和提单号码。

（3）Other references（其他参考文号）。填写有关合同、订单、发票的号码等。

（4）consignee（收货人）。填写加拿大收货人的名称与地址。

（5）purchaser's name and address（买方名称与地址）。填写买卖合同上买方签字人的名称与地址。如果填写的内容与第 4 栏的内容一样时，在这一栏填写"the same as consignee"（同收货人）。

（6）country of transshipment（转船的国家）。填写转船地点的名称。例如，在香港转船时，填写"W/T Hong Kong"；如果不转船，填写 N/A（not applicable）。

（7）country of origin of goods（原产国）。填写"China"（中国）；补充说明：如果装运的货物中含有非原产国的原料、零件、部件或材料，本栏填 N/A，具体情况按第 12 栏要求填入第 12 栏。

（8）transportation：give mode and place of direct shipment to canada（直接运往加拿大的方式和起讫地点）。填写两项内容：一是地点，二是运输工具。例如：从广州运往加拿大魁北克，使用海运方式。填写"from Guangzhou To Quebec，Canada By Sea"。

（9）conditions of sales and terms of payment（i. e. sale, consignment shipment, leased goods，etc.)（销售方式和支付条款，即销售、寄售、租赁等）。填写两项内容：一是价格术语，二是支付方式。例如，"CIF Toronto by L/C at sight""FOB Guangzhou by D/P at sight"。

（10）currency of settlement（结算货币）。填写成交时确定的支付货款的货币的名称的缩写，如 USD、HKD、EUR 等。注意，此栏应与商业发票使用的计价货币一致。

（11）no. of pkgs（件数）。填写最大包装的件数。

（12）specification of commodities（kind of packages，marks and numbers，general description and characteristics，i. e. grade，quality）（货物内容，包括包装方式、唛头、件数、货物描述和特征，即等级、品质）。填写的内容与商业发票的相同栏目完全一致。

（13）quantity（数量）。填写数量条款的内容，即实际交货的数额，如 5 000MT 等。

（14）unit price（单价）。填写计价货币、计量单位、单价数额和价格术语四个部分，如 USD 50 PER SET FOB ZHONGSHAN。有时只填写计价货币和单价数额，因为价格术语在第 9 栏中已打出，计量单位在第 13 栏中已打出，如@ USD 50.00。

（15）total（总金额）。填写的内容与商业发票的相同栏目完全一致。如果一张海关发票上有两个或两个以上不同货号的货物，应分别列出单价，相应地填写每一货号的总额。在上述内容打完之后，可以添加一条横线，在横线的下方打出各货号总额的合计数，也可以不填写这一内容，因为在第 17 栏要求填写发票总金额。

（16）total weight（总重量）。由 net（净重）和 gross（毛重）两个小栏目构成。填写整批货的总净重和总毛重，要求与提单和装箱单的相同栏目保持完全一致。

（17）invoice total（发票总额）。填写整批货的金额，并在金额的前面加上计价货币的缩写。

（18）if any of fields 1 to 17 are included on and attached commercial invoice, check this box（如果从第 1 栏至第 17 栏所填内容都已填写在所附的商业发票中，则查对本栏）。在本栏目最下一栏的横线上方打上同批货物的商业发票的号码。

（19）exporter's name and address（出口商的名称与地址）。填写时可以把第一栏的内容再填写一遍，也可以只填"The same as Vendor"。

（20）originator（name and address）（原产国负责人的名称与地址）。填写时，先填写出口公司的名称和地址，后填写负责人（制单经办人）的名字及其签名。

（21）departmental ruling（主管当局现行条例）。该栏指加拿大海关对本批货物进口的有关规定。在制单时，一般打上"N/A"字样。

（22）if fields 23 to 25 are not applicable, check this box（如果第 23 栏至第 25 栏不适用，查对本栏）。如果第 23～25 栏填上了内容（不一定全部填满），则使这一栏中的方格保持空白，否则就在方格中打上"×"。

（23）if included in field 17 indicate amount（下列金额是否已包括在第 17 栏内）。

①transportation charges, expenses and insurance from the place of direct shipment to Canada（从起运地至加拿大的运费和保险费）。填写运费和保险费之和。

②cost for construction, erection and assembly incurred after importation into Canada（进口到加拿大后因建造、安装和组装而产生的费用）。根据实际情况填写，如果无此项费用产生，在横线上方打上"N/A"（不适用）。

③export packing（出口包装费）。在填写时，可将实际费用或"N/A"打在横线的上方。

（24）if not included in field 17 indicate amount（下列金额是否不包括在第 17 栏中）。

①transportation charge. expenses and insurance to the place of direct shipment to Canada（从起运地到加拿大的运费和保险费）。如果在第 17 栏中没有包括运费和保险费，应填入这一栏，否则在横线上方打上"N/A"。

②amounts for commissions other than buying commissions（购买佣金以外的佣金）。按实际情况填写或打上"N/A"。

③export packing（出口包装费）。按实际情况填写或打上"N/A"。

（25）check（核对）。

①royalty payments or subsequent proceeds are paid or payable by the purchaser（买方已支付的专利费或售后支付的款项）。一般都使这一栏空白或打上"N/A"。

②the purchaser has supplied goods or services for use in the production of these goods（买方为这些货物的生产提供的货物或服务）。由于出口业务不涉及这一项，所以一般都在方格内打上"N/A"。

三、 填制海关发票的注意事项

（1）由于各国海关发票的格式不尽相同，使用时要注意不能混同使用。

（2）凡与商业发票相同的项目，两者内容必须完全一致，如品名、数量、唛头、金额等。

（3）凡需列明国内市场价或成本价时，注意其应低于 FOB 价，否则将可能被视为倾销。

（4）要正确核算运费、保险费和包装费，若以 CIF 或 CFR 成交，要正确计算出运费或保险费，再求 FOB 净值。

（5）海关发票应以收货人或提单的被通知人为抬头。

（6）签署海关发票的人可以是出口单位负责办事的人员，如果格式上要求填写证明人，则证明人需由其他人员来签字，二者不能是同一人，且该证明人的名字不能出现在出口单位的其他单据上。

（7）原产国别据实填写。如非完全产于一国的产品，应在商品描述栏内逐一列明各项商品的产地国名。

（8）对美国出口纺织品使用的海关发票 5519 格式，要填明每平方码盎司重量、平均纱支数、织造方式等。

（9）加拿大海关发票要求逐栏填写，不可留空不填。如果没有相应内容可填写，则填写"N/A"。

（10）加勒比共同体海关发票要以发票同样币种列明包装费用、运费和保险费。

（11）西非各国的海关发票要列明运费并印有出口单位名称的抬头，否则要以印有抬头的商业发票作为附件，并做如下声明：

We hereby certify that this commercial invoice is in support of the attached certified Invoice No... and that the particulars shown on the certified invoice are true and correct in every detail.

（12）毛里求斯、马耳他的海关发票无指定格式，可用无指定地区海关发票，并加注下列文句：

We hereby certify that this invoice is in all respect true and correct and is the only one issued for the goods mentioned herein and that no different invoice has been or will be furnished to any one.

以上是填制海关发票时的注意事项，在实务操作时一定要多加注意。

式样 6－1　商业发票

上海新龙股份有限公司

SHANGHAI NEW DRAGON CO.，LTD.

27 CHENGSHAN ROAD E. 1

SHANGHAI，CHINA

TEL：86-21-65342517　FAX：86-21-65124743

COMMERCIAL INVOICE

TO：M/S.

号码

No. ....

订单或合约号码

Sales Confirmation No. ....

日期

Date ....

装船口岸

From ....

目的地

To ....

信用证号码

Letter of Credit No. ....

开证银行

Issued by ....

唛头 Marks & Nos.	货名数量 Quantities and Descriptions	总值 Amount

We certify that the goods
are of Chinese origin.

上海新龙股份有限公司

SHANGHAI NEW DRAGON CO.，LTD.

SHANGHAI，CHINA

....

式样 6 - 2　　加拿大海关发票

Revenue Canada　　　Revenue Canada　　　**CANADA CUSTOMS INVOICE**

Customs and Excise　Douanes et Accise　FACTURE DES DOU ANES CANADIENNE

1. Vendor(Name and Address) /Vendor(Name et addresse)	**2. Date of Direct Shipment to Canada**/Date d'expedition directe vers le Canada **3. Other References**(Include Purchaser's Order No.) Autres references(Inclure le n de commande de l' acheteur)
4. Consignee(Name and Address) /Destinataire(Nom et addresse)	**5. Purchaser's Name and Address**(if other than Consignee) Nom et addresse de l' acheteur(S' il differe du destinataire) **6. Country of Transshipment** / Pays de transbordement **7. Country of Origin of Goods** Pays d' origine des marchandises / IF SHIPMENT INCLUDES GOODS OF DIFFERENT ORIGINS ENTER ORIGINS AGAINST ITEMS IN 12.
8. Transportation: Give Mode and Place of Direct Shipment to Canada Transport Preciser mode et point d' expedition directe Vers le Canada	**9. Conditions of Sale and Terms of Payment** (i. e. Sale, Consignment Shipment, Leased Goods, etc.) Conditions de vente et modalites de paiement (p. ex. vente, expedition en consignation, location de marchan-dises. etc.) **10. Currency of Settlement** / Devises du paiement

11. No of Pkgs ND'e De colis	**12. Specification of Commodities** (Kind of Packages，Marks and Numbers，General Description and Characteristics，i. e. Grade, Quality)	**13. Quantity** (State Unit) (Preciser I' unite)	Selling Price / Prix de vente	
			14. Unit Price Prix unitaire	**15. Total**

18. If any of fields 1 to 17 are included on an attached commercial invoice，check this box ☐ Commercial Invoice No. ＿＿＿＿	**16. Total Weight / Poids Total**	**17. Invoice Total**
	Net　　　　　　　Gross / Bru	

19. Exporter's Name and Address (If other than Vendor) Nom et addresse de l' exportatur (S' il deffere du vendeur)	**20. Originator** (Name and Address) / Expediteur d' origine (Nom et addresse)
21. Departmental Ruling (If applicable) / Decision du Ministere (S' il y a lieu)	**22.** If fields 23 to 25 are not applicable，check this box ☐ Si les zones 23 a 25 sont sans object，cocher cette boite

23. If included in field 17 indicate amount Si compris dans le total a la zone 17. Preciser (i) Transportation charges，expenses and insurance from the place of direct shipment to Canada. $ ＿＿＿＿ (ii) Costs for construction, erection and assembly incurred afer importation into Canada. $ ＿＿＿＿ (iii) Export packing. $ ＿＿＿＿	**24.** If not included in field 17 indicate amount Si non copris dans le total a la zone 17 preciser (i) Transportation charges. expenses and insurance to the place of direct shipment to Canada. $ ＿＿＿＿ (ii) Amounts for commissions other than buying commissions. $ ＿＿＿＿ (iii) Export packing. $ ＿＿＿＿	**25.** Check (If applicable)： Cocher (S' il y a lieu)： (i) Royalty payments or subsequent proceeds are paid or payable by the purchaser. ☐ (ii) The purchaser has supplied goods or services for use in the production of these goods. ☐

DEPARTMENT OF NATIONAL REVENUE CUSTOMS AND EXCISE　　**MINISTERE DU REVENU NATIONAL DOUANES ET ACCISE**

1. 以下是英国自制领域及原英属殖民地国家海关发票的一些条款，请将其翻译成中文。

（1）That the domestic value shown in the column headed "Current Domestic Values" are those at which the above—mentioned firm or company would be prepared to supply to and purchaser for home consumption in the country of exportation and at the date of exportation identically similar goods in wholesale quantities.

（2）That the said domestic value includes any duty leviable in respect of the goods before they are delivered for home consumption, and that on exportation, a drawback or remission of duty amount will be allowed by the revenue authorities in the country of exportation.

（3）In the case of goods which have at home at some stage entered into the commerce of /or undergone a process of manufacture in a foreign country, only that labor and material which is expended on or added to the goods after their return to the United Kingdom shall be regarded as the produce or manufacture of the United Kingdom calculating the proportion of labor and material in the factory or works cost of the finished article.

2. 根据中国金属矿产进出口公司上海分公司出口到加拿大一批大理石瓷砖的海关发票回答下列问题。

（1）提单的签发日期？提单号码是多少？

（2）该笔货物的收货人是谁？

（3）装运港、目的港和中转港分别是什么？

（4）该笔业务的支付方式是什么？

（5）该笔业务的总金额是多少？

（6）从上海到加拿大的运保费是多少？

CANADA CUSTOMS INVOICE

1. Vendor(Name and Address) CHINA NATIONAL METALS &. MINERALS IMP. &. EXP. CORPORATION SHANGHAI CHINA	2. Date of Direct Shipment to Canada B/L NO. MY88059　JAN. 18TH, 2019
	3. Other References
4. Consignee(Name and Address) INTERNATIONAL TRADING CORP. 1110 SHEPPARD AVENUE EAST. SUITE NO. 506, WUKKIWDAKE, IBTARIO CANADA	5. Purchaser's Name and Address THE SAME AS CONSIGNEE

	6. Country of Transhipment W/T HONG KONG	
	7. Country of Origin of Goods CHINA	IF SHIPMENT INCLUDES GOODS OF DIFFERENT ORIGINS ENTER ORIGINS AGAINST ITEMS IN 12.
8. Transportation FROM SHANGHAI TO TORONTO, CANADA BY SEA	9. Conditions of Sale and Terms of Payment CIF TORONTO BY L/C AT SIGHT	
	10. Currency of Settlement USD	

11. No. of Pkgs	12. Specification of Commodities (Kind of Packages, Marks and Numbers, General Description and Characteristics, i. e. Grade, Quality)	13. Quantity(State Unit) (Preciser I' unite)	Selling Price / Prix de vente	
			14. Unit Price	15. Total
16 CRATES	MARBLE TILES 1—16 MARBLE TILES 30. 5×30. 5×1cm 8 CRATES ART NO. 425-1 8 CRATES ART NO. 425-2	 312. 56SQM. 312. 56SQM.	 @ USD 24 @ USD 24	 USD 7 501. 44 USD 7 501. 44

18. If any of fields 1 to 17 are included on an attached commercial invoice, check this box ☐ Commercial Invoice No. 88M5566　JAN. 16TH, 2014	16. Total Weight / Poids Total		17. Invoice Total
	Net 16. 96M/T	Gross/Bru 17. 6M/T	USD 15 002. 88

19. Exporter's Name and Address(If other than Vendor) Nom et addresse de l' exportatur (S' il deffere du vendeur) SAME AS VENDOR	20. Originator(Name and Address)/ Expediteur d' origine (Nom et adresse)
21. Departmental Ruling (If applicable)/ Decision du Ministere(S' il y a lieu)	22. If fields 23 to 25 are not applicable, check this box ☐ Si les zones 23 a 25 sont sans object, cocher cette boite

23. If included in field 17 indicate amount Si compris dans le total a la zone 17. Preciser (i) Transportation charges, expenses and insurance from the place of direct shipment to Canada. $　USD 1 405. 89 (ii) Costs for construction, erection and assembly incurred afer importation into Canada. $ (iii)Export packing. $	24. If not included in field 17 indicate amount Si non copris dans le total a la zone 17 preciser (i) Transportation charges, expenses and insurance to the place of direct shipment to Canada. $ (ii)Amounts for commissions other than buying commissions. $ (iii)Export packing. $	25. Check(If applicable): Cocher(S' il y a lieu): (i)Royalty payments or subsequent proceeds are paid or payable by the purchaser. ☐ (ii) The purchaser has supplied goods or services for use in the production of these goods. ☐

DEPARTMENT OF NATIONAL REVENUE CUSTOMS AND EXCISE　　　**MINISTERE DU REVENU NATIONAL DOUANES ET ACCISE**

3. 实务操作题

根据第四章练习题的信用证填写商业发票。

上海市服装集团公司

SHANGHAI GARMENT CORPORATION

NO. 567 MAOTAI ROAD.

SHANGHAI, CHINA

TEL：8621-55876423　FAX：8621-55886756

COMMERCIAL INVOICE

TO：M/S.

号码
No.

定单或合约号码
Sales Confirmation No.

日期
Date

装船口岸
From

目的地
To

信用证号数
Letter of Credit No.

开证银行
Issued by

唛头 Marks & Nos.	货名数量 Quantities and Descriptions	总值 Amount

We certify that the goods
are of Chinese origin.

上海市服装集团公司
Shanghai garment Corporation
SHANGHAI，CHINA

注：（1）发票号码：MNGO886656

（2）发票日期 Aug. 18th，2019

（3）SHIPPING MARK：

TIANJIN—DAIEI CO

KOBE，JAPAN

CTN. 1—80

IMPORT ORDER NO. 131283

MADE IN CHINA

本章要点	重要概念	重难点解析	习题详解

第七章　运输单据

开篇案例

【案情】

根据第二章的案例，上海新龙股份有限公司（SHANGHAI NEW DRAGON CO.，LTD.）与美国 CRYSTAL KOBE LTD. 就含 55% 丙烯酸树脂 45% 的棉女士短衫（LADIES' 55% ACRYLIC 45% COTTON KNITTED BLOUSE）签订的合同，第六章的案例出口商上海新龙股份有限公司（SHANGHAI NEW DRAGON CO.，LTD.）开出的发票和装箱单的相关内容填写海运提单（注：2019 年 11 月 10 日上海新龙股份有限公司向中国对外贸易运输总公司办理海运托运手续，托运单显示货物毛重为 2 584kg，体积为 11.58m³。货物于 2019 年 11 月 20 日装上了 ZHE LU V.031118SE 船并由承运人中国对外贸易运输总公司签发三份正本提单，提单号为 CSA1505）。

【分析】

海运提单的填写应严格遵守实务操作中的相关规定，具体要求见本章第一节的相关内容。以下为依据本案例填写的提单。

Shipper	B/L No. CSA1505
SHANGHAI NEW DRAGON CO.，LTD.	

中国对外贸易运输总公司

上海　　SHANGHAI

联　运　提　单

COMBINED TRANSPORT

BILL OF LADING

Consignee or order

CRYSTAL KOBE LTD.，

1410　BROADWAY，

ROOM　300　NEW

YORK， NY10018

U. S. A.

RECEIVED the foods in apparent good order and condition as specified below unless otherwise stated herein. THE Carrier，in accordance with the provisions contained in this document，

1) undertakes to perform or to procure the performance of the entire transport form the place at which the goods are taken in charge to the place designated for delivery in this document，and 2) assumes liability as prescribed in this document for such transport One of the bills of Lading must be surrendered duty indorsed in exchange for the goods or delivery order

Notify address

THE SAME AS CONSIGNEE

TEL NO. 559-525-70000

Pre-carriage by	Place of Receipt

Ocean Vessel	Port of Loading
ZHELU V. 031118SE	**SHANGHAI**

Port of Discharge	Place of Delivery	Freight payable at	Number of original Bs/L
NEW YORK		**SHANGHAI**	**THREE （3）**

Marks and Nos. Number and kind of packages Description of goods Gross weight（kgs.） Measurement（m³）

CRYSTAL KOBE LTD.，	**LADIE'S 55% ACRYLIC 45% COTTON**		
NEW YORK	**KNITED BLOUSE IN 120 CARTON**	**2 584KGS**	**11. 58M³**
ORDER NO. 21SSG-017			
STYLE NO. H32331SE			
L-02-I-03437	**ON BOARD**		
CARTON/NO. 1—120			
MADE IN CHINA	**FREIGHT PREPAID**		

ABOVE PARTICULARS FURNISHED BY SHIPPER

Freight and charges	IN WITNESS whereof the number of original Bills of Lading stated above have been signed，one of which being accomplished，the other（s）to be void.
	Place and date of issue
	SHANGHAI　Nov. 20ᵗʰ，2019
	Signed for or on behalf of the carrier
	CHINA NATIONAL FOREIGN TRADE TRANSPORTATION CORPORATION AS CARRIER

SUBJECT TO THE TERMS AND CONDITIONS ON BACK

在国际货物买卖中，凡涉及运输的买卖合同，都需要就货物的运输方式以及当事人在有关货物运输方面的责任做出规定。在当今的国际贸易中，绝大部分交易是采用 FOB、CFR 和 CIF 等几种主要的贸易术语成交的。根据 INCOTERMS 2020 的有关规定，买卖双方中的一方必须与承运人订立运输合同并承担相应责任。在所有运输方式中，海洋运输使用得最为广泛，航空运输方式为后起之秀，发展速度非常迅猛。在海洋运输中，根据船舶营运方式的不同，又可以分为班轮运输和租船运输。本章主要介绍班轮运输单据的相关内容，而航空运输单据主要介绍国际货物托运书和航空运单。

第一节 海洋运输单据

一、杂货班轮货运单据

（一）托运单

在杂货班轮运输方式下，托运单（booking note）是指由托运人根据买卖合同和信用证的有关内容向承运人或其代理人办理货物运输的书面凭证。经承运人或其代理人对该单据签认，表示其已接受托运，即承运人和托运人运输合同关系即告建立。托运单（见式样 7－1）虽然不是出口结汇的正式单据，但由于它是日后制作提单的主要依据，因此比较重要。

1. 收货人（consignee）

在信用证支付方式下，对收货人的规定常用以下两种表示方法。

（1）记名收货人。记名收货人是直接将收货人的名称、地址完整地表示出来的方法。这一方法简单明了，收货人就是合同的买方。

（2）指示收货人。指示收货人常用空白指示和记名指示两种表示法。指示收货人隐藏了具体收货人的名称和地址，使单据可以转让。在空白指示情况下，单据的持有人可自由转让单据。在记名指示情况下，记名人有权控制和转让单据。

2. 被通知人（notify）

这一栏中应填写接收船方发出到货通知的人的名称与地址。

被通知人的选择与确定的权利属于合同的买方或买方代理人，买方有时确定自己为被通知人，有时将自己的代理人或其他与买方联系较密切的人确定为被通知人。被通知人的职责是及时地接收船方发出的到货通知并将该通知转告真实的收货人。

在极少数的交易中，可能出现要求收货人栏目和被通知人栏目空白的情况，这是因为提出要求的一方准备买卖在途货物，此时制作单据时要在副本单据的被通知人栏中填写买方或开证申请人的名称与地址。

3. 运输标志（shipping marks）

一般而言，买卖合同或者信用证中均规定了唛头。填写这一栏时，要求填写内容和形式与合同或信用证所规定的完全一致。例如：

ABC CO.

KOBE

CNT NO. 1—80

当买卖合同和信用证中没有规定唛头时，卖方可以自行选择一个合适的唛头。在选择唛头时，要便于买方提货并充分考虑买方利益和买方所在国的特别要求。也可以不制作唛头，此时在该栏打印 N/M。

4. 数量（quantity）

托运单中的数量指最大包装的件数。例如，出口 10 万码花布，装在 100 个纸箱内，这个栏目应填写 100 CARTONS 而不是 100 000YARDS。

5. 货物说明（description of goods）

填写这一栏时，允许只写统称。例如，出口各种用途的化工颜料，无须逐一列出颜料的规格、成分、用途而只写"化工颜料"。但是，如果同时出口化工颜料和瓷器产品，则应分别填写"化工颜料""瓷器"，而不允许只填写其中一种数量较多或金额较大的商品。

6. 重量（weight）

重量应分别计算毛重（gross weight）和净重（net weight）。如果一次装运的货物中有多种不同的包装材料或完全不同的货物，那么在填写这一栏时，应先分别计算并填写每一种包装材料或每一种货物的毛重或净重，然后合计全部的毛重和净重。在计算重量时，要求使用统一的计量单位，一般使用 kg。

7. 尺码（measurement）

在这一栏中填写一批货的尺码总数，一般使用 m^3。总尺码不仅包括各件货物尺码之和，还应包括件与件之间堆放时的合理空隙所占的体积，因此，总尺码都略大于货物的尺码数。在货物说明类中，毛重、净重和尺码三个栏目将作为填写装箱单（packing list）和重量单（weight note）的重要依据，因此要认真核查。

8. 分批装运（partial shipment）

这一栏应严格按照合同或信用证条款填写。如果合同或信用证规定分若干批装运或对分批装运有进一步说明，不要将这些说明填入本栏，而应将这些说明填入"特别条款"的栏中。本栏主要填写允许或不允许分批装运。

9. 转船（transshipment）

本栏的填写要求与"分批装运"栏一致，只能填写"允许"或"不允许"。如果合同和信用证中对这一内容有其他说明，应在"特别条款"栏中做出补充说明。

10. 装运期（time of shipment）

在信用证支付条件下，装运期是最重要的期限之一，要严格遵守。

装运期的表达可以全部使用阿拉伯数字，也可以混合使用英文与阿拉伯数字。例如，2019 年 5 月 6 日可表示为 2019‐05‐06，最好用 MAY 6th，2019。

装运期还可以表示为一段时间，如 2011 年 5—6 月。有时表示为不早于×月×日（NOT EARLIER...）、不迟于×月×日（NOT LATER THAN...）或装运期不迟于×年×月（SHIPMENT NOT LATER THAN...）或最迟装运期为×年×月×日（LATEST

SHIPMENT...）。

11. 到期日（expiry date）

到期日即信用证的有效期。在信用证支付条件下，有效期和装运期有着较密切的关系，因此这两个项目往往先后出现在同一张单据中。这一栏的填写一般根据信用证的规定，但如果装运期空白不填，这一栏也可相应空白。空白的原因主要是托运时间距装运期限、信用证到期日很远。

12. 运费

托运人不填这一栏，由船公司或其代理人填写。船公司或船代理在计算运费之后，将应收运费总额填入这一栏中。

13. 提单正本份数

信用证中一般都会用各种方式表示对提单正本份数的要求。例如，来证要求"3 original Bill of Lading"，指 3 份正本提单；来证要求"full set of Bill of Lading"，指全套提单。

14. 提单副本份数

究竟应提供多少份提单副本，一般在信用证中有明确规定。寄单需要份数在信用证中一般也都要做出明确规定。

15. 存货地点

这一栏内容用中文填写。填写货物出口前最后一个存放其的仓库名称与地点。

16. 运费缴付方式

这一栏填写"运费到付"或"运费预付"，填写两者中的哪一个取决于买卖合同中的价格术语，常见的有 FOB、CFR 和 CIF。对于按 FOB 成交的买卖合同，该栏应该填写"运费到付"，而对于按 CFR 或 CIF 成交的买卖合同，则应该填写"运费预付"。

17. 提单号

这一栏内容由船方或其代理人填写。提单是由承运人签发的与托运人之间的契约证明文件。当提单号和船名被填写在托运单上后，承运人、托运人之间的法律关系即被确定，同时更进一步证明船方或其代理经办的配船工作已完成。

一旦出现原定配载船舶无法适航、适货，需要更换配载船舶的情况，船方或其代理应及时通知托运人。托运人将根据通知修改托运单中的有关栏目，包括船名和提单号码。但有时更换配载船舶后，船方或其代理人只通知托运人修改船名。

由于托运单上显示的提单号，载明了承运人和托运人之间工作往来的原始记录，出口企业不仅应认真填写，而且还应保存好托运单，直至货款安全收回、货物如数到达、法定索赔期限结束。

18. 船名

这一栏内容由船方或其代理人填写，填写将承运货物的船舶名称。当船方或其代理人将填有船名的托运单退还出口企业时，证明配船工作完成。

19. 托运单编号

填写托运单编号一般要填写与发票号码一致的内容，这样做一是为了使发票填写的内容与实际装货的情况完全一致，二是为了便于查询、核对。

20. 托运单日期

该栏与托运单编号栏的处理方法一样，应填写与发票日期一致的内容，即开立发票的日期，但也可以早于发票日期。在实务中，应按实际开立托运单的日期填写。

21. 起运地和目的地

这一栏内容由出口企业按信用证规定的要求填写。填写时应注意世界上有港口重名的情况，如果有重名，往往要求在港口后写明国名。

22. 签字

在托运单的右下角由经办人签字，出口企业盖章。

23. 买方提出的特别条款

买方提出的特别条款来源于信用证中有关装运的内容，如允许分两批装运（partial shipments allowed in two lots）；装运由上海经香港至伦敦（shipment from shanghai to london via hong kong）。像这类由买方提出的特别条款应该一字不漏地填在托运单的这个栏目中，其目的是要求承运人严格履行。

24. 卖方提出的特别条款

卖方提出的特别条款通常针对船方或其代理人的装运行为，旨在保护受载货物，因此，这些特别条款无须征得买方同意或确认。这类特别条款的内容包括要求用集装箱装运；不与其他货物混杂；不被其他重物挤压；货物在装卸和放置时不倒置。

（二）装货联单

目前，我国各港口使用的装货联单的组成不尽相同，但主要由装货单（shipping order，S/O）、收货单（mate's receipt，M/R）、留底（counterfoil）三联组成（见式样 7 - 2、式样 7 - 3 和式样 7 - 4）。

装货单是托运人凭以要求船公司装船的依据。收货单又称大副收据，是船公司装完货，经大副签字表示收妥货物的凭证，也是船公司签发提单的最重要的凭证。留底是船公司留存的单据。当出口公司收到船公司签好的托运单后，填好装货单、收货单和留底，并以此连同货物一起办理装运，装运之后，当托运人取得了经大副签字的收货单后，即可凭以向船公司或其代理人换取已装船清洁提单。

这三种单据和托运单一样，不是货易结汇的单据，但一般的出口单据又都是基于这些单据缮制的，下面介绍这些单据的填制方法。

1. 托运人

一般填写出口公司的名称。当托运单或提单的这一栏目填写的是第三方时，本栏目应与托运单或提单保持一致。

2. 编号

通常这一栏填写的是提单号码。虽然提单还未签发，但将要签发的提单已由出口公司填写好大部分的栏目，仅留下提单签发日期和船长或其代理人的签字等少数栏目未填写，而提单号码早在船方或其代理人接受托运单时就已告知托运人了。这一栏填写提单号码便于查询、对照所有与装运有关的单据。

3. 船名

根据船代理签发的托运单中的船名填写。

4. 运往地点

这一栏只需填写目的港名称。

5. 唛头

大部分的交易在合同中就订立了唛头，在这种情况下，填写与合同规定完全一样的唛头即可。但在少数交易中，合同中并没订立唛头，这时根据装运的要求和卖方的需要填写此栏。当卖方决定使用唛头时，要在所有需要填写唛头的栏目中填写自己订立的唛头。

6. 数量

填写最大的包装数量。

7. 货名

填写与托运单相同栏目一致的内容。

8. 重量/尺码

重量栏目要填写毛重和净重，填写时可参考托运单中相同的栏目。尺码栏目要在实际货物尺码的基础上加上合理的件与件之间空隙的尺码，填写整批货物的尺码总数。唛头、数量、货名、重量/尺码均要求填写与提单相同栏目一样的内容。

9. 合计

数量一栏中若有两个或两个以上不同货名的货物，此栏应填写其数量之和。例如，A 商品有 5 箱、B 商品有 100 捆，则这一栏中填 105 件。

10. 日期

这一栏应填写制作装货单、收货单的日期，但也可以空白不填。

另外，"装入何舱""实收""理货员签名"经办人与大副的签名等栏目都应由船公司或其代理人填写。

二、 集装箱货物托运单（"场站收据" 联单）

（一）集装箱托运单简介

现代海上班轮货物运输件杂货所占的比重越来越小，而集装箱运输所占的比重越来越大，集装箱运输以场站收据（dock receipt）作为集装箱货物的托运单，该单由发货人或其代理人缮制后送交船公司或其代理人处进行订舱，因此，托运单也就相当于订舱单。集装箱货物托运单通常由发货人的代理人填写，纸质托运单一式十联，以下为各联的介绍。

第一联：集装箱货物托运单（货主留底）（B/N）（现在已不用）。

第二联：集装箱货物托运单（船代留底）（现在已不用）。

第三联：运费通知（1）（现在已不用）。

第四联：运费通知（2）（现在已不用）。

第五联：场站收据（装货单）（见式样 7－5）。

第五联附页联：缴纳出口货物港务费申请书（由港区核算应收港务费用）。

第六联：（浅红色）大副联（场站收据副本）。

第七联：（黄色）场站收据（D/R）。

第八联：货代留底 。

第九联：配舱回单（1）。

第十联：配舱回单（2）。

其中，第五联、第六联、第七联为集装箱托运单的核心单据。第五联是装货单，盖有船公司或其代理人的图章，是船公司发给船上负责人员和集装箱装卸作业区接受装货的指令，报关时，海关查核后在此联盖放行章，船方（集装箱装卸作业区）凭以收货装船。第六联供港区在货物装船前交外轮理货公司，在货物装船时与船大副交接。第七联场站收据俗称黄联，在货物装上船后由船大副签字（通常由集装箱码头堆场签章），退回船公司或其代理人，据以签发提单。

（二）集装箱托运单的内容和制作

1. 托运人（shipper）

托运人是指委托运输的人，可以是合同的卖方，也可以是货主的代理人。该栏填写托运人的全称，包括地名、城市、国家名称以及联系电话和传真号等。

2. 收货人（consignee）

一般来说，该栏有三种填法，即记名收货人、凭指示和记名指示，在实务中，应根据信用证的规定填写：①记名收货人，即该栏填写实际的收货人或其货运代理人，如填写某个具体的公司名称；②凭指示，即填写 to order 字样；③记名指示，即填写"to the order of×××"，记名指示人（×××）可以是银行，也可以是贸易商。

3. 被通知人（notify party/notify addressed）

被通知人一般为预定的收货人或其代理人，这一栏填写的内容应与信用证条款相一致，一般填写被通知人的详细名称和地址、联系电话和传真号等内容。

4. 前程运输（pre-carriage by）

如果货物需转运，在这一栏中填写第一程船的船名；如果货物不需转运，这一栏空白。

5. 收货地点（place of receipt）

如果货物需转运，在这一栏中填写收货的港口名称；如果货物不需转运，这一栏空白。

6. 船名（ocean vessel）和航次（voy. no.）

如果货物需转运，在这一栏中填写第二程船的船名和航次；如果货物不需转运，填写实际运输船舶的船名和航次。

7. 装货港（port of loading）

如果货物需转运，在这一栏中填写中转港口名称；如果货物不需转运，填写装运港名称。

8. 卸货港（port of discharge）

该栏填写卸货港（指目的港）名称。

9. 交货地点（place of delivery）

该栏填写最终目的地名称。如果货物的目的地是目的港的话，这一栏空白。

10. 集装箱号（container no.）

该栏填写集装箱箱体两侧标示的该集装箱全球唯一的编号。

11. 封志号（seal no.）、标记与号码（marks & nos.）

封志号是装箱人装箱完毕后在集装箱箱门上加上封志的号码。托运单上一般不显示封志号，封志号一般在提单上显示。收货人提货时应该检查封志号，以确定集装箱箱门是否被打开过。标记与号码栏应填写与商业发票完全一致的内容。如果既无集装箱号，又无唛头，该栏填写"N/M"。

12. 箱数与件数（no. of containers or packages）

此栏填写装入集装箱内货物的外包装件数或集装箱个数，例如，填报"500 CTNS"，同时要注明大写"SAY FIVE HUNDRED CARTONS ONLY"。当不同包装种类的货物混装在同一个集装箱内时，该栏填写所有包装合计的件数，包装种类用"Packages"表示。对于采用托盘包装的货物，一般除了填报托盘数，还要填报托盘上的货物的总件数。例如，38 Pallets（S. T. C. 5216 cartons），表示共计有 38 个托盘、5 216 纸箱货物。

13. 包装种类与货名（kind of packages；description of goods）

本栏包括三个栏目，但无须分别填写。填写的内容包括：第一，商品名称；第二，最大包装的件数；第三，运费条款。商品名称、包装等内容应严格按信用证要求，做到"单单一致、单证一致、单货一致"。运费条款一般有运费预付（freight prepaid）和运费到付（freight collect）两种，使用哪一种应根据价格术语来确定。当使用 CIF 或 CFR 价格术语时，应填写运费预付；当使用 FOB 术语时，应填写运费到付。

14. 毛重（gross weight）

该栏填写货物的毛重，以 kg 为计量单位，其内容应与报检单、报关单以及提单等保持完全一致。

15. 尺码（measurement）

该栏填写货物的实际体积，一般以 m^3 为计量单位。

16. 正本提单份数（number of original B/L）

此栏显示的是船公司为承运此批货物所开具的正本提单的份数，一般是 1～3 份，每份提单具有同等效力。

17. 提单签发的日期和地点（place and date of issue）

集装箱托运单上一般有提单签发的时间和签发地点，该日期应是提单上所列货物实际装船完毕的日期，应与收货单上大副所签的日期一致。

三、 海运提单

海运提单（bill of lading，B/L），简称提单，在国际班轮运输中是一份非常重要的单据，同时也是一份重要的法律文件。根据《汉堡规则》和《中华人民共和国海商法》（以下简称《海商法》）的规定，提单是海上货物运输合同的证明，是证明货物已经由承运人接管或已装船的货物收据，是承运人保证凭以交付货物的物权凭证。

在国际海洋货物运输中，使用提单的情况比较多见，主要有杂货班轮运输提单、集装箱班轮运输提单、租船提单以及联合运输提单等，各种提单除个别项目的内容存在差异外，其他内容大致相同。以下从总体上介绍海运提单的相关内容。

（一）海运提单正面记载的内容

国际公约和各国国内立法均对提单需要记载的内容做了明确规定，以保证提单的效力。根据我国《海商法》第七十三条的规定，提单的内容主要包括以下项目：

（1）货物的品名、标志、包装数或者件数、重量或者体积，以及运输危险货物时对危险性质的说明；

（2）承运人的名称和主营业所；

（3）船舶名称；

（4）托运人的名称；

（5）收货人的名称；

（6）装货港和在装货港接收货物的日期；

（7）卸货港；

（8）多式联运提单增列接收货物地点和交付货物地点；

（9）提单的签发日期、地点和份数；

（10）运费的支付；

（11）承运人或者其代表的签字。

当然，实践中，提单正面记载内容还包括其他一些项目。不同公司开列的提单，其格式各不相同，但内容大致相似，主要包括正面的内容和背面的条款。

（二）海运提单正面和背面的印刷条款

1. 提单正面的印刷条款

提单的正面通常会有以下几个印刷条款。

（1）确认条款。该条款是承运人表示在货物或集装箱外表状况良好的条件下接收货物或集装箱，并同意承担按照提单所列条款，将货物或集装箱从装货港或启运地运往卸货港或交货地，把货物交付给收货人的责任条款。例如，"Received in apparent good order and condition except as otherwise noted the total number of container or other packages or units enumerated below for transportation from the place of receipt to the place of delivery subject to the terms and conditions hereof."。

（2）不知条款。该条款是承运人表示没有适当的方法对所接收的货物或集装箱进行检查，所有货物的重量、尺码、标志、品质等都由托运人提供，承运人不承担相关责任的条款。但是，"不知条款"并不一定有效。例如，"Weight, measure, marks, numbers, quality, contents and value if mentioned in this Bill of Lading are to be considered unknown unless the contrary has been expressly acknowledged and agreed to. The signing of this Bill of Lading is not to be considered as such an agreement."。

（3）承诺条款。该条款是承运人表示承认提单是运输合同成立的证明，承诺按照提单条款的规定承担义务和享受权利，而且也要求货主承诺接受提单条款制约的条款。例如，"On presentation of this Bill of Lading duly endorse to the Carrier by or on behalf of the Holder of the Bill of Lading, the rights and liabilities arising in accordance with the terms and conditions hereof shall, without prejudice to any rule of common law or statute rendering them binding on the Merchant, become binding in all respects between the Carrier and the holder of the Bill of Lading though the contract evidenced hereby had been made between them."。

（4）签署条款。该条款是承运人表明签发提单正本的份数，各份提单具有相同效力，其中一份完成提货后，其余各份自行失效且提取货物必须交出经背书的一份提单以换取货物或提货单的条款。例如，"One original Bill of Lading must be surrendered duly endorsed in exchange for the goods or delivery order. In witness whereof the number of original Bill of Lading stated under have been signed, all of this tenor and date, one of which being accomplished, the others to stand void."。

2. 提单背面的印刷条款

全式提单的背面印有各种条款，主要包括以下六个方面。

（1）首要条款（paramount clause）和提单适用法。首要条款是明确提单所适用法律的条款。

（2）定义条款（definition）。定义条款是对与提单有关术语的含义和范围做出明确规定的条款。

（3）承运人责任条款（carrier's responsibility）。承运人责任条款是用以明确承运人承运货物过程中应承担责任的条款。由于提单的首要条款都规定有提单所适用的法律，而有关提单的国际公约或各国的法律规定了承运人的责任，所以凡是列为首要条款或类似首要条款的提单都可以不再以明示条款将承运人的责任列于条款之中。

（4）承运人责任期间条款（period of responsibility）。承运人责任期间条款是用以明确承运人对货物运输承担责任的开始和终止时间的条款。我国《海商法》第四十六条规定："承运人对集装箱装运的责任期间，是指从装货港接收货物时起至卸货港交付货物时止，货物处于承运人掌管之下的全部期间。承运人对非集装箱装运的货物的责任期间，是指从货物装上船时起至卸下船时止，货物处于承运人掌管之下的全部期间。"另外，该条款还规定了承运人可以就非集装箱装运的货物在装船前和卸船后所承担的责任达成任何协议。

（5）承运人赔偿责任限制条款（limit of liability）。承运人的赔偿责任限制条款是用以明确承运人对货物的灭失和损坏负有赔偿责任应支付赔偿金时，承运人对每件或每单位货物支付的最高赔偿金额的条款。

（6）特定货物条款。特定货物条款是用以明确承运人对运输一些特定货物时应承担的责任和享有的权利，或为减轻或免除某些责任而做出规定的条款。在运输一些特殊性质或对运输和保管有特殊要求的货物时，能在提单中找到相应的条款，如舱面货（deck cargo)、活动物和植物（live animals and plants）、危险货物（dangerous goods）、冷藏货物（refrigerated goods）、木材（timber）、钢铁（iron and steel）、重大件（heavy lifts and awkward cargo）等特定货物。

此外，提单背面还列有许多其他条款：分立契约、赔偿与抗辩、免责事项；承运人的运价本；索赔通知与时效；承运人的集装箱；托运人的集装箱；货方的责任；运费与费用；承运人检查货物；留置权；通知与交付；货主装箱的整箱货；共同海损与救助；互有过失碰撞责任；管辖权；新杰森条款等。

（三）海运提单的缮制

海运提单在实际使用中存在不同的类型，主要有杂货班轮海运提单、集装箱班轮海运提单、联合运输提单以及租船提单等。现以中国对外贸易运输总公司的提单为例介绍杂货班轮海运提单和联合运输提单的缮制。

1. 杂货班轮海运提单的缮制（见式样7-6）

（1）托运人（shipper）。托运人指委托运输的人，在贸易中是合同的卖方，一般在填写提单该栏时都填卖方的名称。当然，托运人也可以是卖方以外的第三者，对此《跟单信用证统一惯例》规定，"显示在任何单据中的货物的托运人或发货人不必是信用证的受益人。"目前，实务中许多货代公司将自己公司名称填写在这一栏中。

（2）收货人（consignee）。这一栏的填写和托运单"收货人"一栏的填写方法相同，应严格按照信用证（L/C）的有关规定填写。一般来说，提单收货人栏有三种填法，即记名收货人、凭指示和记名指示，在实际操作中，要看信用证怎么规定。具体填写方法为：①记名收货人，如信用证规定"…Bill of Lading made out ABC CO."，则提单收货人一栏应填写"ABC CO."，即货交ABC CO.；②凭指示，即to order，如在信用证提单条款中规定"…Bill of Lading made out to order"，则提单收货人一栏应填写"to order"；③记名指示，即"to the order of ×××"，记名指示人（×××）可以是银行，也可以是贸易商，如"…Bill of Lading made out to the order of HSBC"，则提单收货人一栏应填写"to the order of HSBC"，即凭HSBC指示。

（3）被通知人（notify party/notify address）。这一栏内容的填写应与信用证条款相一致。例如，信用证提单条款规定"…Bill of Lading made out…notify applicant"，则在提单通知人栏填写开证申请人的详细名称和地址。如果来证没有说明哪一方为被通知人，那么就应将L/C中的申请人名称、地址填入副本B/L的这一栏中，而正本的这一栏保持空白。

（4）船名和航次（ocean vessel & voy. no）。如果货物需转运，填写第二程船的船名和航次；如果货物不需转运，填写实际运输船舶的船名和航次。

（5）装货港（port of loading）。如果货物需转运，填写中转港口名称；如果货物不需转运，填写装运港名称。

（6）卸货港（port of discharge）。填写卸货港（指目的港）名称。

（7）交货地点（place of delivery）。填写最终目的地名称。如果货物的目的地是目的港，这一栏空白。

（8）正本提单份数（number of original B/L）。此栏显示的是船公司为承运此批货物所开具的正本提单的份数，一般是 1～3 份。标注"original"字样的是正本提单，标注"copy"字样的是副本提单。如果信用证对提单正本份数已做出规定，则应与信用证规定一致。

（9）标志与号码（marks & nos）。该栏填写唛头，应与商业发票上的唛头完全一致。如果无唛头，填写"N/M"。

（10）件数和包装种类（number and kind of packages）。本栏主要填写数量和包装单位，应严格按照信用证规定填写。如果商品的包装单位不止一种，应分别列出。

（11）货名（description of goods）。商品名称填写应与托运单完全一致，不得有任何增减，并严格符合信用证要求。

（12）毛重（gross weight）。填写毛重，其内容应与托运单保持完全一致。如果是裸装货物，没有毛重只有净重，在净重前加注"N. W.（net weight）。"

（13）尺码（measurement）。该栏填写货物的体积，即货物的实际尺码，以 m^3 为计算单位，小数点以后保留三位，其内容应与托运单保持一致。

（14）运费条款（freight clause）和已装船字样（on board）。各种类型的提单中都有运费条款这一栏目，一般填写运费预付（freight prepaid）或运费到付（freight collect），具体填写哪一种应根据价格术语来确定。当使用 CIF 或 CFR 时，应填写运费预付；当使用 FOB 时，应填写运费到付（freight collect）。一般在货物描述下方列明运费条款和已装船字样（shipped on board）。

（15）大写合计数（total package in words）。按照第十栏的大写件数填写。

（16）运费和费用（freight and charges）。一般没有必要将运费具体的费率和运费金额在提单上列出，除非信用证有特别规定。本栏多数为空白。

（17）提单号（B/L no.）。提单一般按照装货单上的编号（关单号）填写，由代表船公司名称的四位字母和代表该航次、该序号的八位数字组成。一旦货物装上船，该关单号就是提单号。提单号是查询、操作、核查、归档必不可少的一项重要内容。

（18）签发地点和日期（place and date of issue）。UCP 600 规定：如果提单上没有预先印就"已装船"（shipped on board…）字样，则必须在提单上加注装船批注（on board notation）。已装船提单的签发日期视为装运日期。

（19）代表承运人签字（signed for or on behalf of the carrier）。UCP 600 条规定：海运提单应由承运人或代表承运人的具名代理人签署证实，或由船长或代表船长的具名代理人签署证实。同时规定：承运人或船长的任何签署或证实必须视情况可识别其为承运人或船长。代表承运人或船长签署或证实的代理人还必须表明被代理一方（即承运人或船长）的名称和身份。

例如，承运人（PACIFIC INTERNATIONAL LINES LTD）本人签发提单应签署：PACIFIC INTERNATIONAL LINES LTD AS CARRIER。

代理人（FAN CHENG INTERNATIONAL TRANSPORTATION SERVICE CO.，LTD）代签提单应签署：FAN CHENG INTERNATIONAL TRANSPORTATION SERVICE CO.，LTD AS AGENT FOR PACIFIC INTERNATIONAL LINES LTD AS

CARRIER。

载货船长（James Brown）签发提单应签署 CAPTAIN James Brown AS MASTER。

2. 联合运输提单（集装箱提单）的缮制（见式样 7-7）

（1）提单号（B/L no.）。提单号一般按照装货单上的编号（关单号）填写，由代表船公司名称的四位字母和代表该航次、该序号的八位数字组成。一旦货物装上船，该关单号就是提单号。提单号是查询、操作、核查、归档必不可少的一项重要内容。

（2）托运人（shipper）。托运人是指委托运输的人，在贸易中是合同的卖方。一般在填写该栏目时，都填上卖方的名称。当然，托运人也可以是卖方以外的第三者。

（3）收货人（consignee）。这一栏的填写和托运单"收货人"一栏的填写完全一致，应严格按照信用证的有关规定填写。

（4）被通知人（notify party/notify address）。这一栏内容的填写应与信用证条款相一致。例如，信用证提单条款规定"…Bill of Lading made out…notify applicant"，则在提单通知人栏填写开证申请人的详细名称和地址。如果来证没有说明哪一方为被通知人，那么就应将 L/C 中的申请人的名称、地址填入副本 B/L 的这一栏中，而正本的这一栏保持空白。

（5）前程运输（pre-carriage by）。如果货物需转运，在这一栏中填写第一程船的船名；如果货物不需转运，这一栏空白。

（6）收货地点（place of receipt）。如果货物需转运，填写收货的港口名称；如果货物不需转运，这一栏空白。

（7）船名、航次（ocean vessel voy. no.）。如果货物需转运，填写第二程船的船名和航次；如果货物不需转运，填写实际运输船舶的船名和航次。

（8）装货港（port of loading）。如果货物需转运，填写中转港口名称；如果货物不需转运，填写装运港名称。

（9）卸货港（port of discharge）。填写卸货港（指目的港）名称。

（10）交货地点（place of delivery）。填写最终目的地名称。如果货物的目的地是目的港，这一栏空白。

（11）标记与号码（marks & nos.）、集装箱号/封志号（container no. / seal no.）。该栏所填写唛头，应与商业发票上的唛头完全一致。联合运输一般都采用集装箱运输，所以要填写集装箱号和封志号。如果货物装在两个或两个以上的集装箱内，则应分行列出每个集装箱号和封志号，而且还要列出每个集装箱中所装货物不同的件数、毛重和尺码。如果既无集装箱号又无唛头，则填写"N/M"。

（12）箱数或件数（no. of containers or packages）。本栏主要填写商品外包装的合计件数，如 900CNTS。对于集装箱整箱货，由于由发货人自己装箱，承运人对箱内的包装件数不负责，一般只填外包装件数而不填集装箱的箱数。当不同包装种类的货物混装在同一个集装箱内时，该栏填写所有包装合计的件数，包装种类用"packages"表示。对于采用托盘包装的货物，一般除了填报托盘数，还要填报托盘上的货物的总件数。例如，38 pallets（S. T. C. 5216cartons），表示共计有 38 个托盘、5 216 纸箱货物。

（13）包装种类与货名（kind of packages；description of goods）。本栏填写的商品名称应与托运单完全一致，不得有任何增减，并严格符合信用证要求。另外，本栏还包括运费条款，一般填写运费预付（freight prepaid）或运费到付（freight collect），使用哪一种应根据所使用的价格术语来确定。对于集装箱整箱货，一般要在本栏加注"SHIPPER'S LOAD COUNT & SEAL，SAY TO CONTAIN"字样，以表示承运人对此不负责任。如果联运提单上没有"ON BOARD"字样，一般也在本栏加注"SHIPPED ON BOARD"或"ON BOARD"字样。

（14）毛重（gross weight）。填写毛重，其内容应与托运单保持一致。

（15）尺码（measurement）。填写尺码，其内容应与托运单保持一致。

（16）集装箱数或件数合计（大写）（total number of containers or package（in words））。填写集装箱数或总件数，如果第12栏仅仅填写件数，则按照第12栏的大写件数填写。

（17）运费和费用（freight and charges）。一般没有必要将运费具体的费率和运费金额在提单上列出，除非信用证有特别规定。本栏多数为空白。

（18）正本提单份数（number of original B/L）。此栏显示的是船公司为承运此批货物所开具的正本提单的份数，一般是1～3份。标注"original"字样的是正本提单，标注"Copy"字样的是副本提单。如果信用证对提单正本份数做出了规定，则应与信用证规定一致。

（19）签发地点和日期（place and date of issue）。UCP 600规定：如果提单上没有预先印就"已装船"（shipped on board…）字样，则必须在提单上加注装船批注（on board notation）。已装船提单的签发日期视为装运日期。

（20）承运人签字（signed for or on behalf of the carrier）。UCP 600规定：海运提单应由承运人或代表承运人的具名代理人签署证实，或由船长或代表船长的具名代理人签署证实。同时规定，承运人或船长的任何签署或证实，必须视情况可识别其为承运人或船长。代表承运人或船长签署或证实的代理人还必须表明被代理一方（即承运人或船长）的名称和身份。

例如，承运人（PACIFIC INTERNATIONAL LINES LTD）本人签发提单应签署PACIFIC INTERNATIONAL LINES LTD AS CARRIER。

代理人（FAN CHENG INTERNATIONAL TRANSPORTATION SERVICE CO.，LTD.）代签提单应签署：FAN CHENG INTERNATIONAL TRANSPORTATION SERVICE CO.，LTD. AS AGENT FOR PACIFIC INTERNATIONAL LINES LTD AS CARRIER。

载货船长（James Brown）签发提单应签署：CAPTAIN James Brown AS MASTER。

（四）提单的背书

在实务中，通常所说的"背书"是指"指示提单"在转让时所需要进行的背书。背书（endorsement）是指转让人（背书人）在提单背面写明或者不写明受让人并签名的手续。背书主要有记名背书、不记名背书和指示背书等方式。

1. 记名背书

记名背书是指背书人在提单背面写明被背书人的名称，并由背书人签名的背书形式。例如，ABC 公司将提单背书转让给 DEF 公司，可做以下背书：

to deliver to DEF CO.

ABC CO.

Aug. 18th，2019

2. 不记名背书

不记名背书，又称空白背书，是指背书人在提单背面由自己签名，但不记载任何受让人的背书形式。例如，信用证中有这样的条款"Bill of Lading made out to order endorsed in blank."则背书人只需在提单背面签章并注明背书日期即可。例如：

ABC CO.

Aug. 18th，2019

3. 指示背书

指示背书是指背书人在提单背面写明"凭×××指示"的字样，同时由背书人签名的背书形式。经过指示背书的指示提单还可以进行背书，但背书必须连续。例如，ABC 公司指示背书转让给 DEF 公司。

to the order of DEF Co.

ABC Co.

Aug. 18th，2019

第二节　航空运输单据

在国际航空货物运输中，托运人委托航空货运代理公司将货物出运到国外，发货人在发货时要填写国际货物托运书。而航空货运单是由托运人或者以托运人的名义填制的，是托运人和承运人之间在承运人的航线上运输货物所订立的运输契约证明。以下分别介绍这两种单据的缮制。

一、 国际货物托运书 （Shipper's Letter of Instruction）

《华沙公约》第 5 条第（1）款和第（5）款规定，货运单既可由托运人填写，也可由承运人或其代理人代为填写。实际上，目前货运单均由承运人或其代理人代为填制。为此，作为填开货运单的依据——托运书，则应由托运人自己填写，而且托运人必须在上面签字或盖章。

国际货物托运书（见式样 7-8）是托运人用于委托承运人或其代理人填开航空货运单的一种表单，该表单上列有填制货运单所需的各项内容，并应有授权承运人或其代理人代其在货运单上签字的文字说明。

托运书包括下列内容栏。

（1）托运人姓名及地址（shipper's name and address）。该栏填列托运人的全称、街名、城市名称、国家名称及便于联系的电话、电传或传真号码。托运人可以是货主，也可以是货运代理人，有时承运人要求托运人提供其账号，以便承运人在收货人拒付运费时向托运人索赔。

（2）收货人姓名及地址（consignee's name and address）。该栏填列收货人的全称、街名、城市名称、国家名称（特别是不同国家有相同城市名称时，更应注意填上国名）以及电话号码、电传号码或传真号码。本栏内不得填写"to order"或"to order of the shipper"（按托运人的指示）等字样，因为航空货运单不能转让。收货人可以是实际收货人，也可以是货运代理人。收货人账号仅供承运人使用，一般不需要填写，除非承运人需要。

（3）始发站机场（airport of departure）。该栏填始发站机场的全称，可填城市名称。涉及不同国家的重名城市时，除城市名外需要填写国家名称。

（4）目的地机场（airport of destination）。该栏填目的地机场名称或三字代码，如上海浦东国际机场的代码为"PVG"。机场名称不明确时，可填城市名称。如果某一城市名称用于一个以上国家时，应加上国名。例如，LONDON UK（伦敦，英国）；LONDON KY US（伦敦，肯塔基州，美国）；LONDON CA（伦敦，安大略省，加拿大）。

（5）要求的路线/申请订舱（Requested Routing/ Requested Booking）。该栏在航空公司安排运输路线时使用，但如果托运人有特别要求，也可填入本栏。

（6）供运输用的声明价值（declared value for carriage）。该栏填写供运输用的声明价值金额，该价值即为承运人赔偿责任的限额。承运人按有关规定向托运人收取声明价值费，但如果所交运的货物毛重每 kg 的价值不超过 20 美元（或等值货币），无须填写声明价值金额，可在本栏内填入"NVD"（no value declared，未声明价值），如本栏空白未填写，承运人或其代理人可视为货物未声明价值。

（7）供海关用的声明价值（declared value for customs）。该栏填写托运人向海关申报的货物价值。国际货物通常要接受目的站海关的检查，海关根据此栏所填数额征税。如果托运人不办理此项申明价值，必须打上"NCV"（no customs value）字样。

（8）保险金额（amount of insurance）。中国民航各空运企业暂未开展国际航空运输代理保险业务，本栏可以空白不填。

（9）处理事项（handling information）。该栏填列附加的处理要求。例如，另请通知（also notify），即除填收货人之外，如托运人还希望在货物到达的同时通知他人，则在本栏填写其他被通知人的全名和地址；外包装上的标记；操作要求，如易碎、向上等。

（10）货运单所附文件（documentation to accompany Air Waybill）。该栏填列随附在货运单后运往目的地的文件，应填上所附文件的名称。例如，托运人所托运的动物证明书（shipper's certification for live animals）。

（11）件数和包装方式（number and kind of packages）。该栏填列该批货物的总件数，并注明其包装方法，如包裹（package）、纸盒（carton）、盒（case）、板条箱（crate）、袋（bag）、卷（roll）等。当货物没有包装时，注明为散装（loose）。

（12）实际毛重（actual gross weight）。该栏内的重量应由承运人或其代理人在称重后填入。如托运人已填上重量，承运人或其代理人必须进行复核。

（13）运价类别（rate class）。填写适用的运价、协议价、杂费、服务费。

（14）计费重量（chargeable weight）。该栏内的计费重量应由承运人或其代理人在量过货物的尺寸（以厘米为单位）后，由承运人或其代理人算出计费重量后填入，如托运人已经填上，承运人或其代理人必须进行复核。

（15）费率（rate/charge）。本栏可空白不填。

（16）货物的品名及数量（包括体积及尺寸）（nature and quantity of goods (incl. dimensions or volume)）。该栏填列货物的品名和数量（包括尺寸或体积）。若一票货物包括多种物品，托运人应分别申报货物的品名，填写品名时不能使用"样品""部件"等比较笼统的名称。货物中的每一项物品均须分别填写，并尽量填写详细，如"9筒35毫米的曝光动画胶片""新闻短片（美国制）"等。本栏所填写内容应与出口报关发票、进出口许可证上列明的货物相符。危险品应填写适用的准确名称及标贴的级别。

（17）托运人签字（signature of shipper）。托运人必须在本栏内签字。

（18）日期（date）。该栏填写托运人或其代理人交货的日期。

二、 航空货运单 （Air Waybill）

航空货运单（见式样7-9）是承运人签发给发货人表示已收妥货物、接受托运的货运单据，它仅是一种收据，不是货物的物权凭证，是不可转让的运输单据，所以在运单上亦可表示"Not negotiable"（不可转让）。

我国国际航空货运单由一式十二联组成，包括三联正本、六联副本和三联额外副本。货运单要求用英文打印。现结合式样7-9说明航空货运单各栏目的填写要求。

1. 航空运单号码（the Air Waybill number）

航空货运单号码应清楚地印在货运单的左、右上角以及右下角。航空货运单的编号由航空公司编制，所以从航空货运单号可以看出是哪一国的航空公司。例如，编号前三位数"781"是中国东方航空公司的代号，"999"是中国国际航空公司的代号。

2. 始发站机场（airport of departure） (1)

填列始发站机场的IATA三字代号（如果始发地机场名称不明确，可填列机场所在地城市的IATA三字代号）。

3. 货运单所属承运人的名称及地址（issuing carries name and address） (1C)

此处一般印有航空公司的标志、名称和地址。例如，中国国际航空公司，则在本栏将AIR CHINA作为承运人的名称；中国东方航空公司，则在本栏将CHINA EASTERN AIRLINES作为承运人的名称。

4. 正本联说明（reference to originals） (1D)

无须填写。

5. 契约条件（reference to conditions of contract） (1E)

一般情况下无须填写，除非承运人要求。

6. 托运人栏（shipper）

（1）shipper's name and address（托运人姓名和地址）(2)，填列托运人的姓名（全称）、地址、国家（或国家两字代号）以及托运人的电话、传真、电传号码。

（2）shipper's account number（托运人账号）(3)，一般情况下无须填写，除非托运人要求。

7. 收货人栏（consignee）

（1）consignee's name and address（收货人姓名和地址）(4)，填制收货人的姓名（全称）、地址、国家（或国家两字代号）以及收货人的电话、传真、电传号码。

（2）consignee's account number（收货人账号）(5)，此栏仅供承运人使用，一般无须填写，除非承运人要求。

8. 填开货运单的承运人的代理人栏（issuing carrier's agent）

（1）issuing carrier's name and city（名称和城市）(6)。填制向承运人收取佣金的国际航协代理人的名称和所在机场或城市。根据货物代理机构管理规则，该佣金必须支付给目的站国家的一个国际航协代理人，该国际航协代理人的名称和所在地机场或城市必须填入本栏，填入"收取佣金代理人"（commissionable agent）字样。

（2）agent's IATA code（国际航协代号）(7)。代理人在非货账结算区（non-CASS areas）打印国际航协7位数字代号，如14—30288；代理人在货账结算区（CASS① areas）打印国际航协7位数字代号，后面是3位CASS地址代号和一个冠以10位的7位数字代号检验位，如34-41234/5671。

（3）account no.（账号）(8)。一般情况下无须填写，除非承运人要求。

9. 运输路线（routing）

（1）airport of departure（addr. or first carrier）and requested routing（始发站机场第一承运人地址和所要求的运输路线）(9)。此栏填制与(1)栏中一致的始发站机场名称以及所要求的运输路线。注意：此栏中应填制始发站机场或所在城市的全称。

（2）运输路线和目的站（routing and destination）。其中，to（人）(11A)，填制目的站机场或第一个转运点的IATA三字代号（当该城市有多个机场，不知道机场全称时，可用城市代号）；by first carrier（由第一承运人）(11B)，填制第一承运人的名称（全称与IATA两字代号皆可）；to（至）（第二承运人）(11C)，填制目的站机场或第二个转运点的IATA三字代号（当该城市有多个机场，不知道机场全称时，可用城市代号）；by（由）(11D)，填制第二承运人的IATA两字代号；to（至）(11E)，填制目的站机场或第三个转运点的IATA三字代号（当该城市有多个机场，不知道机场全称时，可用城市代号）；by（由）(11F)，填制第三承运人的IATA两字代号。

（3）airport of destination（目的地机场）(18)，填制最后目的地机场的全称（如果该城市有多个机场，不知道机场全称时，可用城市代号）。

---

① CASS—Cargo Accounts Settlement System（货物财务结算系统），一些航空公司为便于内部系统管理，要求其代理人在此处填制相应的代码。

（4）flight/date（for carriage use only）（航班/日期——仅供承运人用）(19A)(19B)。本栏一般无须填写，除非参加运输各有关承运人要求。

10. 财务说明（accounting information）(10)

此栏填制有关财务说明事项，如运费预付、到付或发货人结算使用信用卡号以及其他必要的情况。

11. 货币（currency）(12)

此栏填制始发国的 ISO（国际标准组织）的货币代号。除目的站"国家收费栏"(33A)(33B)(33C)(33D)内的款项货运单上所列明的金额均按上述货币支付。

12. 运费代号（CHGS code）（仅供承运人用）(13)

本栏一般无须填写，仅供电子传送货运单信息时使用。

13. 运费（charges）

（1）WT/VAL，即航空运费（根据货物计算重量乘以适用的运价收取的运费）和声明的价值附加费的预付和到付(14A)(14B)。货运单上(24A)(25A)或(24B)(25B)两项费用必须全部预付或全部到付。

（2）Other（charges at origin），即在始发站的其他费用预付和到付(24A)(25A)。货运单上(27A)(28A)或(27B)(28B)两项费用必须全部预付或全部到付；在(15A)中打"×"表示预付，在(15B)中打"×"表示到付。

14. 供运输用声明价值（declared value for carriage）(16)

此栏打印托运人向货物运输声明的价值金额。如果托运人没有声明价值，此栏必须打印"NVD"（no value declared，没有声明价值）字样。

15. 供海关用声明价值（declared value for customs）(17)

此栏打印货物及通关时所需的商业价值金额。如果货物没有商业价值，此栏必须打印"NCV"（no commercial value，没有商业价值）字样。

16. 保险的金额（amount of insurance）(20)

如果承运人向托运人提供代办货物保险业务，此栏打印托运人货物投保的金额；如果承运人不提供此项服务或托运人不要求投保，此栏内必须打印"×××"符号。

17. 运输处理注意事项（handling information）(21)

（1）如果是危险货物，有两种情况，一种是需要附托运人危险品申报单的，则这栏内应打印"DANGEROUS GOODS AS PER ATTACHED SHIPPER'S DECLARATION"字样，对于要求装货机上的危险货物，还应再加上"CARGO AIRCRAFT ONLY"字样；另一种是不要求附危险品申报单的危险货物，则应打印"SHIPPER'S DECLARATION NOT REQUIRED"字样。

（2）当一批货物中既有危险品也有非危险品时，应分别列明，危险货物必须列在第一项，此类货物不要求托运人附危险品申报单，同时，危险货物不是放射性物质且数量有限。

（3）其他注意事项尽可能使用"货物交换电报程序"（CARGO－IMP）中的代号和简

语，例如，货物上的标志、号码以及包装方法；货运单所附文件，如托运人的动物证明书"SHIPPER'S CERTIFICATION FOR LIVE ANIMAL"、装箱单"PACKING LIST"、发票"INVOICE"等；除收货人外，另请通知人的姓名、地址、国家以及电话、电传或传真号码；货物所需要的特殊处理规定；海关规定等。

18. 货物运价细目（consignment rating details）

一票货物中如含有两种或两种以上不同运价类别计费的货物，应分别填写，并且每填写一项均另起一行；如果含有危险品，则该危险货物应列在第一项。

（1）件数/运价组合点（no. of pieces RCP）（22A），该栏打印货物的件数。如果使用非公布直达运价计算运费时，在件数的下面还应打印运价组合点城市的 IATA 三字代号。

（2）毛重（gross weight）（22B），该栏填写适用于运价的货物实际毛重（以运价为单位时可保留至小数后一位）。

（3）重量单位（kg/Lb）（22C）：以千克为单位用代号"K"；以磅为单位用代号"L"。

（4）运价等级（rate class）（22D），根据需要打印下列代号：

M——minimum charge，最低运费；

N——normal rate，45 千克以下（或 100 千克以下）运价；

Q——quantity rate，45 千克以上运价；

C——specific commodity rate，指定商品运价；

R——class rate reduction，等级货物附减运价；

S——class rate surcharge，等级货物附加运价；

U——unit load device basic charge or rate，集装化设备基本运费或运价；

E——unit load device additional rate，集装化设备附加运价；

X——unit load device additional information，集装化设备附加说明；

Y——unit load device discount，集装化设备折扣。

（5）商品品名编号（commodity item no.）（22E），使用指定商品运价时，此栏打印指定商品品名代号（打印位置应与运价代号 C 保持水平）；使用等级货物运价时，此栏打印附加或附减运价的比例（百分比）；如果是集装货物，打印集装货物运价等级。

（6）计费重量（chargeable weight）（22F），该栏打印与运价相应的货物计费重量。当货物是集装货物时，具体如下：

①与运价代号"U"对应的打印适合集装货物基本运费的运价点重量；

②与运价代号"E"对应的打印超过使用基本运费的重量；

③与运价代号"X"对应的打印集装器空重。

（7）运价/运费（rate/charge）（22G），可分为以下几种情况：

①当使用最低运费时，此栏与运价代号"M"对应打印最低运费；

②打印与运价代号"N""Q""C"等相应的运价；

③当货物为等级货物时，此栏与运价代号"S"或"R"对应打印附加或附减后的

运价；

④如果货物是集装货物，与运价代号"U"对应的打印集装货物的基本运费，与运价代号"E"对应的打印超过基本运费的集装货物运价。

（8）总计（total）(22H)，此栏打印计费重量与适用运价相乘后的运费金额；如果是最低运费或集装货物基本运费，本栏与(22G)内金额相同。

（9）货物品名和数量（nature and quantity of goods）(22I)。本栏应按要求打印，尽可能地清楚、简明，以便涉及组织该批货物运输的所有工作人员能够一目了然。应注意以下事项：①打印货物的品名（用英文大写字母）；②当一票货物中含有危险货物时，应分列打印，危险货物应列在第一项；③活动物运输，本栏内容应根据 IATA 活动物运输规定打印；④对应集合货物，本栏应打印"CONSOLIDATION AS PER ATTACHED LIST"；⑤打印货物的体积，用长×宽×高表示，如 DIMS：40×30×20cm；⑥可打印货物的产地国。

（10）总件数(22J)：打印(22A)中各组货物的件数之和。

（11）总毛重(22K)：打印(22B)中各组货物毛重之和。

（12）总计(22L)：打印(22H)中各组货物运费之和。

（13）(22Z)一般不需打印，除非承运人需要，此栏内可打印服务代号：

B——service shipment，公务货物；

C——company material，公司货物；

D——door to door service，门对门服务；

J——priority service，优先服务；

P——small package，小件货服务；

T——charter，包机。

19. 其他费用（other charges）(23)

（1）打印始发站运输中发生的其他费用，按全部预付或全部到付。

（2）作为到付的其他费用，应视为"代垫付款"，托运人应按代垫付款规定支付手续费，否则，对其他运费应办理到付业务。

（3）打印"其他费用"金额时，应冠以下列代号：

AC——animal container，动物容器租费；

AS——assembly service fee，集中货物服务费；

AT——attendant，押运员服务费；

AW——Air Waybill，货运单费；

BR——bank release，银行放行；

DB——disbursement fee，代垫付款手续费；

DF——distribution service，分发服务费；

FC——charges collect fee，运费到付手续费；

GT——government tax，政府捐税；

HR——human remains，尸体、骨灰附加费；

IN——insurance premium，代办保险服务费；

LA——live animals，动物处理费；

MA——miscellaneous—due agent，代理人收取的杂项费用；

MZ——miscellaneous—due carrier，填开货运单的承运人收取的杂项费用；

PK——packaging，包装服务费；

PA——dangerous goods surcharge，危险品处理费；

SD——surface charge destination，目的站地面运输费；

SI——stop in transit，中途停运费；

SO——storage origin，始发站保管费；

SR——storage destination，目的站保管费；

SU——surface charge，地面运输费；

TR——transit，过境费；

TX——taxes，捐税；

UH——ULD handling，集装设备操作费。

（4）承运人收取的其他费用"C"表示，代理人收取的其他费用"A"表示。例如，AWC 为代理人收取的货运单费

20. 预付（prepaid）

（1）预付运费（weight charge）(24A)，该栏打印由货物计费重量计算得出的货物运费，与(22H)或(22L)中金额一致。

（2）预付声明价值附加费（valuation charge）(25A)。如果托运人向货物运输声明价值的话，此栏打印根据公式：（声明价值－实际毛重×最高赔偿额）×0.5％计算得出的声明价值附加费金额。此项费用与(22H)或(22L)中的货物运费一起必须全部预付或全部到付。

（3）预付的其他费用总额（total other prepaid charges），根据(23)内的其他费用打印，其中，total other charges due agent（预付由代理人收取的其他费用总额）(27A)，打印由代理人收取的其他费用总额；total other charges due carrier（预付由承运人收取的其他费用）(28A)，打印由承运人收取的其他费用总额。

（4）(29A)，本栏无须打印，除非承运人需要。

（5）预付总计（total prepaid），打印(24A)(25A)(26A)(27A)(28A)等栏有关预付款项之和。

21. 到付（collect）

（1）到付运费（weight charge）(24B)，打印按货物计费重量计得的货物航空运费，与(22H)或(22L)中的金额一致。

（2）到付声明价值附加费（valuation charge）(25B)。如果托运人向货物运输声明价值，此栏打印根据公式：（声明价值－实际毛重×最高赔偿额）×0.5％计算得出的声明价

值附加费金额。此项费用与(22H)或(22L)中的货物运费一起必须全部预付或全部到付。

（3）到付税款（Tax）(26B)，该栏打印适用的税款。此项费用与(22H)或(22L)中的货物运费一起必须全部预付或全部到付。

（4）预付的其他费用总额（total other prepaid charges），有关栏内容根据(23)内的其他费用打印。其中，total charges due agent（到付由代理人收取的其他费用总额）(27B)，打印由代理人收取的其他费用总额；total charges due carrier（到付由承运人收取的其他费用）(28B)，打印由承运人收取的其他费用总额。

（5）(29A)，本栏无须打印，除非承运人要求。

（6）总计（total collect）。打印(24B)(25B)(26B)(27B)(28B)等栏有关到付款项之和。

22. 托运人证明栏（shipper's certification box）

该栏打印托运人名称（可参考(2)中内容）并令其在本栏内签字或盖章。

23. 承运人证明栏（carrier's execution box）

（1）填开日期（executed on（date））(32A)，该栏按日、月、年的顺序打印货运单的填开日期，其中月份可用缩写，如 06SEP2011。

（2）填开地点（at（place））(32B)。打印机场或城市的全称或缩写。

（3）填开货运单的承运人或其代理人签字（signature of issuing carrier or its agent）(32C)，填开货运单的承运人或其代理人在本栏内签字。

24. 仅供承运人在目的站使用(33)（for carrier's use only at destination）

本栏无须打印。

25. 用目的国家货币付费（仅供承运人使用）(33A)至(33D)

（1）货币兑换比价（currency conversion rate）(33A)。打印目的站国家货币代号，后面是兑换比率。

（2）用目的站国家货币付费（CC charges in destination currency）(33B)。将(29B)中所列到付总额，使用(9)的货币换算比率折算成目的站国家货币的金额，打印在本栏内。

（3）在目的站的费用（charges at destination）(33C)。最后承运人将目的站发生的费用金额包括利息等，（自然增长的）打印在本栏。

（4）到付费用总额（total collect charges）(33D)。打印(24B)与(29B)内的费用金额之和。

式样 7-1   海运出口托运单

THE NAME AND ADDRESS OF BENEFICARY

托运单 BOOKING NOTE

(1) 收货人（Consignee）：   (17) 提单号（B/L No.）：
(2) 被通知人（Notify）：   (18) 船名（VSL.）：
                                                  (19) 编号（NO.）：
                                                  (20) 日期（Date）：
                                                  (21) 起运地（Loading Port）：
                                                  (22) 目的地（Destination）：

| (3) 运输标志 Shipping Marks： | (4) 数量 Quantity： | (5) 货物说明 Description of Goods： | (6) 重量 Weight 净重 毛重 N/W G/W | (7) 尺码 Measurement： |

(23) 特殊条款 Special Conditions：

(8) 可否分批装运：   (13) 正本：
(9) 可否转船：   (14) 副本：
(10) 装运期：   (15) 货存地点：
(11) 到期日：   (16) 运费缴付方式：

(12) 运费：   运费率：   运费金额：

NAME OF BENEFICIARY AND SIGNATURE

式样 7-2 装货单

中 国 外 轮 代 理 公 司
CHINA OCEAN SHIPPING AGENCY

装 货 单
SHIPPING ORDER

托运人
Shipper _____

编号   船名
No. _____   S/S _____

目的港
For _____

兹将下列完好状况之货物装船后希签署收货单

Receive on board the undermentioned goods apparent in good order and condition and sign the accompanying receipt for the same

标 记 及 号 码 Marks & Nos.	件 数 Quantity	货 名 Description of Goods	重量（千克） Weight（Kilos）	
			净 重 Net	毛 重 Gross

共计件数（大写）
Total Number of Package in Writing

日期   时间
Date _____   Time _____

装入何舱
Stowed _____

实收
Received _____

理货员签名   经办员
Tallied by _____   Approved by _____

式样 7-3　收货单

中 国 外 轮 代 理 公 司
CHINA OCEAN SHIPPING AGENCY

收 货 单
MATE'S RECEIPT

托运人
Shipper _____

编号　　　　　　　　　　　　　　　　　　　船名
No. _____　　　S/S _____

目的港
For _____

兹将下列完好状况之货物装船后希签署收货单

Receive on board the undermentioned goods apparent in good order and condition and sign the accompanying

receive for the same

标 记 及 号 码 **Marks & Nos.**	件 数 **Quantity**	货 名 **Description of Goods**	重量（千克） **Weight（Kilos）**	
			净 重 **Net**	毛 重 **Gross**

共计件数（大写）
Total Number of Package in Writing

日期　　　　　　　　　　　　　　　　　　　时间
Date _____　　　Time _____

装入何舱
Stowed _____

实收
Received _____

理货员签名　　　　　　　　　　　　　　　　大副
Tallied by _____　　　Chief Officer _____

式样 7 - 4　海运出口托运单留底

中国外轮代理公司
CHINA OCEAN SHIPPING AGENCY

留　　底　COUNTERFOIL

装货单号码 S/O#	日期 Date	海关编号 Customs Ves. #
船名 S. S.	航次 Voy	装往地点 Destination

托运人
Shipper

收货人
Consignee

通知
Notify

标记及号码 Marks and Numbers	件 数 Quantity	货 名 Description of Goods	重量 Weight		尺 码 Measurement
			净 重 Net	毛 重 Gross	

合计　　　　　　　　　　　　共重
Total　　　　　　　　　　　 Total

合计
Say

(中国外轮代理公司留存)

式样 7-5　场站收据

Shipper（发货人）				D/R No.（编号）	
Consignee（收货人）				**场站收据** Received by the Carrier the Total number of containers or other packages or units stated below to be transported subject to the terms and conditions of the carrier's regular form of Bill of Loading（for Combilled Transport or port to Port Shipment）which shall be deemed to be incorporated herein. Date（日期）： 　　　场站章	
Notify Party（被通知人）					
Pre-carriage by（前程运输）　Place of Receipt（收货地点）					
Ocean Vessel（船名）　Voy. No.（航次）　Port of Loading（装货港）					
Port of Discharge（卸货港）　Place of Delivery（交货地点）				Final Destination for Merchant's References （目的地）	
Container No. （集装箱号）	Seal No. （封志号） Mark & Nos. （标记与号码）	No. of Containers or Pkgs. （箱数或件数）	Kind of Packages；Description of Goods （包装种类与货名）	Gross Weight 毛重（千克）	Measurement 尺码（立方米）
TOTAL NUMBER OF CONTAINERS OR PACKAGES (IN WORDS) 集装箱数或件数 合计（大写）					

Particulars Furnished by Merchants

Container No.（箱号）　Seal No.（封志号）　Pkgs.（件数）　Container No.（箱号）　Seal No.（封志号）

Pkgs.（件数）

	Received（实收）　By Terminal clerk（场站员签字）

FREIGHT & CHARGES	Prepaid at（预付地点）	Payable at（到付地点）	Place of Issue（签发地点）
	Total Prepaid（预付总额）	No. of Original B（s）/L （正本提单份数）	BOOKING（订舱确认） APPROVED BY

Service Type on Receiving ☐-CY，☐-CFS，☐-DOOR	Service Type on delivery ☐-CY，☐-CFS，☐-DOOR	Reefer Temperature Required. （冷藏温度）	℉	℃
TYPE OF GOODS （种类）	☐Ordinary，☐Reefer，☐Dangerous，☐Auto. （普通）　（冷藏）　（危险品）　（裸装车辆）		危 险 品	Glass： Property： IMDG Code Page：UN NO.
	☐Liquid，☐Live Animal，☐Bulk，☐_____ （液体）　（活动物）　（散货）			

式样 7-6　海运提单

托运人 Shipper		SINOTRANS	B/L No.

中国对外贸易运输总公司
港到港提单
PORT TO PORT
BILL OF LADING

收货人或指示 Consignee or order		RECEIVED the goods in apparent good order and condition as specified below unless otherwise stated herein. THE Carrier, in accordance with the provisions contained in this document,

通知地址 Notify address		1) undertakes to perform or to procure the performance of the entire transport form the place at which the goods are taken in charge to the place designated for delivery in this document, and 2) assumes liability as prescribed in this

海运船只 Ocean Vessel	装货港 Port of Loading	document for such transport One of the Bills of Lading must be surrendered duty indorsed in exchange for the goods or delivery order

卸货港 Port of Discharge	交货地点 Place of Delivery	运费支付地 Freight payable at	正本提单份数 Number of Original B/L

标志和号码 Marks and Nos.	件数和包装种类 Number and kind of packages	货　名 Description of goods	毛重（千克） Gross weight（kgs.）	尺　码（立方米） Measurement（m³）

以 上 细 目 由 托 运 人 提 供
ABOVE PARTICULARS FURNISHED BY SHIPPER

运费和费用 Freight and charges	IN WITNESS whereof the number of original Bills of Lading stated above have been signed, one of which being accomplished, the other（s）to be void.
	签单地点和日期 Place and date of issue
	代表承运人签字 Signed for or on behalf of the carrier
	代　　理 as Agents

海运提单（背面）

1. **DEFINIYIONW** herever the term "Shipper" occurs hereinafter. It shall be deemed to include also Receiver，Consignee. Holder of this Bill of Lading and Owner of the goods.
2. **JURISDICTION** All disputes arising under and in connection with this Bill of Lading shall be determined by the court in the People's Republic of China.
3. **DEMISE CLAUSE** If the ship is not owned by or chartered by demise to the corporation by whom this Bill of Lading is issued（as may be the case notwithstanding anything that appears to the contrary）this Bill of Lading shall take effect only as a contract with the Owner or demise charterer as the case may be as principal made through the agency of the said corporation who act as agents only and shall be under no personal liability whatsoever in respect thereof.
4. **HAGUE RULES** This Bill of Lading shall have effect in respect of Carrier's liabilities，responsibilles，rights and immunities subject to the Hague Rules contained in the International Convention for the Unification of Certain Rules Relating to Bills of Lading 1924.
5. **PACKING AND MARKS** The Shipper shall have the goods properly packed addurately and clearly marked befpre shipment. The port of destination of the goods should be marked in letters of 5 cm high，in such a way as will remain legible until their delivery.
6. **OPTIONAL STOWAGE**（1）The goods may be stowed by the Carrier in containers or similar articles of transport used to consolidate goods（2）Goods stowed in containers other than flats，pallets，trailets，transportable tanks or similar articles of transport whether by the Carrier or the Shipper，may be carried on or under deck without notice to the Shipper. Such goods whether carried on or under deck shall participate in general average.
7. **DECK CARGO. PLANTS AND LIVE ANIMALS** Cargo on deck，plants and live animal are received，handled，carried，kept and discharged at Shipper's or Receiver's risk and the Carrier shall not be liable for loss thereof or damage thereto.
8. **FREIGHT**（1）Freight and charges shall be deemed earned on receipt of the goods by the Carrier and shall be paid by the Shipper and non-returnable and non-deductable in any event. Freight payable at destination together with other charges is due on arrival of the goods at the place of destination and shall be paid before delivery of the goods.（2）For the purpose of verifying the freight basis，the Carrier reserves the right to have the goods and the contents of containers，trailers or similar articles of transport inspected in order to ascertain the weight，measurement，value or nature of the goods. In case the particulars of the goods furnished by the Shipper are incorrect，the Shipper shall be liable and bound to pay to the Carrier a sum either five times the difference between the correct freight and the freight charged or to double the correct less the freight charged，whichever sum is the smaller，as liquidated damages to the Carrier.
9. **LIEN** The Carrier shall have a lien on the goods and any documents relating thereto for all sums payable to the Carrier under this Bill of Lading and for general average contributions to whomsoever due and for the cost of recovering the same，and for that purpose shall have the right to sell the goods by public auction or private treaty without notice to the Shipper. If on sale of the goods，the proceeds fail to cover the amount due and the cost incurred，the Carrier shall be entitled to recover the deficit from the Shipper.
10. **TIME BAR，NOTICE OF LOSS** In any event the Carrier shall be discharged from all liabilities under this Bill of Lading unless suit is brought within one year after the delivery of the goods or the date when the goods should have been delivered. Unless notice of loss of or damage to the goods and the general nature of it be given in writing to the Carrier at the place of delivery before or at the time of the removal of the goods into the custody of the person entitled to delivery thereof under this Bill of Lading，or，if the loss or damage such removal shall be prima facie evidence of the delivery by the Carrier of the goods as described in this Bill of Lading. In the case of any actual or apprehended loss or damage the Carrier and the Shipper shall give all reasonable facilities to each other for inspecting and tallying the goods.
11. **THE AMOUNT OF COMPENSATION**（1）When the Carrier is liable for compensation in respect of loss of or damage to the goods，such compensation shall be calculated by reference to the invoice value of the goods plus freight and insurance premium of paid.（2）Notwithstanding clause 4 of this Bill of Lading the limitation of liability under the Hague Rules shall be deemed to be RMB.￥700 per package or unit.（3）Higher compensation may be claimed only when，with the consent of the Carrier，the value for the goods declared by the Shipper which exceeds the limits laid down in this clause has been stated in this Bill of Lading and extra freight has been paid as required. In that case the amount of the declared value shall be substituted for that limit. Any partial loss or damage shall be adjusted pro rata on the basis of such declared value.
12. **LOADING，DISCHARGING AND DELIVERYT** he goods shall be supplied and taken delivery of by the owner of the goods as fast as the ship can take and discharge them，without interruption，by day and night. Sundays and Holidays included，notwithstanding any custom of the port to the contrary and the owner of the goods shall be liable for all losses or damages incurred in default thereof. Discharge may commence without previous notice. If the goods are not taken delivery of by the Receiver in due time from alongside the vessel，or if the Receiver refuses to take delivery of the goods，or in case there are unclaimed goods，the Carrier shall be at liberty to land such goods on shore or any other proper places at the sole risk and expense of the Shipper or Receiver，and the Carrier's responsibility of delivery of goods shall be deemed to have been fulfilled. If the goods are unclaimed during a reasonable time，or wherever the goods will become deteriorated，decayed or worthless，the Carrier may，at his discretion and subject to his lien and without any responsibility attaching to him，sell，abandon or otherwise dispose of such goods solely at the risk and expense of the Shipper.
13. **LIGHTERAGE** Any lighterage in or off ports of loading or ports of discharge shall be for the account of the Shipper or Receiver.
14. **FORWARDING，SUBSTITUTE OF VESSEL，THROUGH CARGO AND TRANSHIPMENT**If necessary，the Carrier may carry the goods to their port of destination by other persons or by rail or other means of transport proceeding either directly or indirectly to such port，and to carry the goods or part of them beyond their port of destination，and to transship and forward same at Carrier's expense but at Shipper's or Receiver's risk. The responsibility of the Carrier shall be limited to the part of the transport performed by him on the vessel under his managemint.
15. **DANGEROUS GOODS，CONTRABAND**（1）The Shipper undertakes not to tender for transortation any goods which are of a dangerous，inflammable，radio-active，and/or any harmful mature without previously giving written notece of their nature to the Carrier and marking the goods and the container or other covering on the outside as required by any laws or regulations which may be applicable during the carriage.（2）Whenever the goods are discovered to have been shipped without complying with the subclause（1）above or the goods are found to be contraband or prohibited by any laws or regulations of the port of loading，discharge or call or any place or waters during the carriage，the Carrier shall be entitled to have such goods rendered innocuous，thrown overboard or discharged or otherwise disposed of at the carrier's discretion without compensation and the Shipper shall be liable for and indemnify the Carrier against any kind of loss，damage or liability including loss of freight，and any expenses directly or indirectly arising out of or resulting from such shipment.（3）If any goods shipped complying with the subclause（1）above become a danger to the ship or cargo，they may in like manner be rendered innocuous，thrown overboard or discharged or otherwise disposed of at the Carrier's discretion without compensation except to general average，of any.
16. **REFRIGERATED CARGO**（1）The Shipper undertakes not to tender for transportation any goods which require refrigeration without previously giving written notice of their nature and particular temperayure range to be maintained. If the above requirements are not complied with，the Carrier shall not be liable for any loss of or damage to the goods howsoever arising（2）Before loading goods in any insulated space，the Carrier shall，in addition to the Class Certificate，obtain the certificate of the Classification Society's Surveyor or other competent person，stating that such insulated space veyor or other competent person fit and safe for the carriage and preservation of refrigerated goods. The aforesaid certificate shall be conclusive evidence against the Shipper，Receiver and/or any Holder of Bill of Lading.（3）Receivers have to take delivery of refrigerated goods as soon as the ship is ready to deliver，otherwise the Carrier shall land the goods at the wharf at Receiver's or Shipper's risk and expense.
17. **TIMBER** Any statement in this Bill of Lading to the effect that timber has been shipped "in apparent good order and condition" does not involve any admission by the Carrier as to the absence of stains，shakes，splits，holes or broken pieces，for which the Carrier accepts no responsibility.
18. **BULK CARGO** As the Carrier has no reasonable means of checking the weight of bulk cargo，any reference to such weight in this Bill of Lading shall be deemed to be for reference only，but shall constitute in no way evidence against the Carrier.
19. **COTTON** Description of the apparent condition of cotton or cotton products does not relate to the insufficiency of or torn condition of the covering，nor to any damage resulting therefrom，and Carrier shall not be responsible for damage of such nature.
20. **OPTIONAL CARGE** The port of discharge for optional cargo must be declared to the vessel's agents at the first of the optional ports not late than 48 hours before the vessel's arrival there. In the absence of such declaration the Carrier may elect to discharge at the contract of carriage shall then be considered as having been fulfilled，Any option must be for the total quantity of goods under this Bill of Lading.
21. **GOODS TO MORE THAN ONE CONSIGNEE** Where bulk goods or goods without marks or goods with the same marks are shipped to more than one Consignee，the Consignees or Owners of the goods shall jointly and severally bear any expense or loss in dividing the goods or parcels into pro rata quantities and any deficiency shall fall upon them in such proportion as the Carriers，his servants or agents shall decide.
22. **HEAVY LIFTS AND OVER LENGTH CARGO** Any one piece or package of cargo which exceeding 2000 kilos or 9 meters must be declared by the Shipper in writing before receipt by the Carrier and/or length Clearly and durably on the outside of the piece or package in letters and figures not less than 2 inches high by the Shipper. In case of the Shipper's failure in his obligations aforesaid，the Shipper shall be liable for loss of or damage to any property or for personal injury arising as a result of the Shipper's said failure and shall indemnify the Carrier against any kind of loss or liability suffered or incurred by the Carrier as a result of such failure.
23. **SHIPPER—PACKED CONTAINERS. ETC.**（1）If a container has not been filled，packed or stowed by the Carrier，the Carrier shall not be liable for any loss of or damage to its contents and the Shipper shall cover any loss or expense incurred by the Carrier，of such loss，damage or expense has been cause by negligent filling，packing or stowing of the container; orthe contents being unsuitable for carriage in container; or the unsuitability or defective condition of the container unless the container has been supplied by the Carrier and the unsuitability or defective condition would not have been apparent upon reasonable inspection at or prior to the time when the container was filled，packed or stowed.（2）The provisions of the sub-clause（1）above also apply with respect to trailers，transportable tanks，flats and pallets which have not been filled，packed or stowed by the Carrier.
24. **WAR，QUARANTINE，ICE，STRIKES，CONGESTION，ETC.** Should it appear that war，blockade，pirate，epidemics，quarantine，ice，strikes，congestion and other causes beyond the Carrier's control would prevent the vessel from safely reaching the port of destination and discharging the goods thereat，the Carrier is entitled to discharge the goods at the port and the contract of carriage shall be deemed to have been fulfilled. Any extra expenses incurred under the aforesaid circumstances shall be borne by the Shipper or Receiver.
25. **GENERAL AVERAGE** General average shall be adjusted in Beijing in accordance with the Beijing Adjustment Rules 1975.
26. **BOTH TO BLAME COLLISION** If the carrying ship comes into collision with another ship as a result of the negligence of the other ship and any act，neglect or default in the navigation or the management of the carrying ship，the Shipper undertakes to pay the Carrier，or，where the Carrier is not the Owner and in possession of the carrying ship，to pay to the Carrier as trustee for the Owner and/or demise charterer of the carrying ship，a sum sufficient to indemnify the Carrier and/or the Owner and/or demise charterer of the carrying ship against all loss or liability to the other or non-carrying ship or her Owners insofar as such loss or liability represents loss of or damage to his goods or any claim whatsoever of the Shipper，paid or payable by the other or non-carrying ship or her Owners to the Shipper and set-off，recouped or recovered by the other or non-carrying ship or her Owners as part of their claim against the carrying ship or her Owner or demise charterer or the Carrier. The foregoing provisions shall also apply where the Owners，operations，or those in charge of any ship or ships or objects，other than，or in addition to，the colliding ships or objects，are at fault in respect to a collision，contact，stranding or other accident.
27. **U. S. A. CLAUSE** Notwithstanding any other term hereof the Carriage of Goods by Sea Act 1936 of the United States of America shall have been affect subject to in respect to carriage of goods to and from the United States of America. If any provision of this Bill of Lading be invalid under the Carriage of Goods by Sea Act 1936，such provision shall，to the extent of such invalidity，but no further，be null and void.

式样 7-7 联合运输提单

Shipper	B/L NO.

中国远洋运输（集团）总公司
CHINA OCEAN SHIPPING（GROUP）CO.
CABLE：COSCO BEIJING
TLX：210740 CPC CN
Combined Transport BILL OF LADING

RECEIVED the goods in apparent good order and condition except as otherwise noted the total number below of containers or other packages or units enumerated for transportation from the place of delivery subject to the terms and conditions hereof. One of the Bill of Lading must be surrendered duly endorsed in exchange for the goods or delivery order. On presentation of this document duly endorsed to the Carrier by or on behalf of the Holder of the Bill of Lading. The rights and liabilities arising in accordance with the terms and conditions hereof shall. Without prejudice to any rule of common law or statue rendering them binding on the Merchant. Become binding in all respects between the Carrier and the Holder of the Bill of Lading as though the contract evidenced hereby had been made between them. IN WITNESS whereof the number of original Bills of Lading stated under have been signed. All of this tenor and date. One of which being accomplished，the other（s）to be void.

Consignee

Notify Party

Pre-carriage by   **Place of Receipt**

Ocean Vessel Voy. No.   **Port of Loading**

Port of Discharge	Place of Delivery	Final Destination

Marks & Nos. Container，Seal No.	No. of containers or Pkgs.	Kind of packages；Description of Goods	Gross Weight，（Kgs）	Measure-ment（M³）

TOTAL NO. OF CONTAINERS OR PACKAGES （IN WORDS）

Freight & Charges	Revenue tons	Rate	Per	Prepaid	Collect

Ex Rate：	Prepaid at	Payable at	Place and date of Issue
	Total Prepaid	**No. of Original B/L**	**Signed for the Carrier**

LADEN ON BOARD THE VESSEL

DATE BY ....

（COSCO STANDARD FORM 11）

（TERMS PLEASE FIND ON BACK OF ORIGINAL B/L）

式样 7－8　国际货物托运书

中 国 民 用 航 空 局
THE CIVIL AVIATION ADMINISTRATION OF CHINA
国 际 货 物 托 运 书
SHIPPER'S LETTER OF INSTRUCTION

托运人姓名及地址 SHIPPER'S NAME AND ADDRESS	托运人账号 SHIPPER'S ACCOUNT NUMBER	供承运人用 FOR CARRIER USE ONLY	
CHINA INDUSTRY CORP.，SHANGHAI P. R. CHINA TEL：86-（21）-64596666　FAX：86-（21）-64598888		班期/日期 FLIGHT/DAY	航班/日期 FLIGHT/DAY
		CA921/30JUL	
收货人姓名及地址 CONSIGNEE'S NAME AND ADDRESS OSAKA SPORT IMPORTERS， OSAKA，JAPAN TEL：81（65）78789999	收货人账号 CONSIGNEE'S ACCOUNT NUMBER	已预留吨位 BOOKED	
		运费 CHARGES CHARGES PREPAID	
代理人的名称和城市 ISSUING CARRIERS AGENT NAME AND CITY KUNDA AIR FRIGHT CO. LTD		ALSO NOTIFY	
始发站 AIRPORT OF DEPARTUE SHANGHAI PUDONG INTERNATIONAL AIRPORT			
到达站 AIRPORT OF DESTINATION KOBE			
托运人声明价值 SHIPPERS DECLARED VALUE	保险金额 AMOUNT OF INSURANCE	所附文件 DOCUMENT TO ACCOMA- NY AIR WAYBILL	
运输费用 FOR CARRIAGE NVD	供海关用 FOR CUSTOMS NCV	1 COMMERCIAL INVOICE	

处理情况（包括包装方式、货物标志及号码）
HANDLING INFORMATION (INCL. METHOD OF PACKING IDENTIFING MARKS AND NUMBERS, ETC.)
KEEP UPSIDE

件数 NO. OF PACKAGES	实际毛重 ACTUAL GROSS WEIGHT（KG.）	运价种类 RATE CLASS	收费重量 CHARGEABLE WEIGHT	费率 RATE/ CHARGE	货物品名及数量（包括体积或尺寸）NATURE AND QUANTITY OF GOODS（INCL. DIMENSION OR VOLUME）
4	89.8				TOYS DIMS:EACH 70CM×47CM×35CM×4

托运人证实以上所填全部属实并愿遵守承运人的一切载运章程
THE SHIPPER CERTIFIES THAT THE PARTICULARS ON THE PAGE HEREOF ARE CORRECT
AND AGREES TO THE CONDITIONS OF CARRIAGE OF THE CARRIER

托运人签字 SIGNATURE OF SHIPPER	日期 DATE	经手人 AGENT	日期 DATE

式样 7-9　航空货运单

IATA-FIATA INTRODUCTORY COURE

(1A) (1) (1B)　　　　　　　　　　　　　　　　　　　　　　　　　　(1A)　　　　(1B)

Shipper's Name and Address (2)	(3) Shipper's Account Number	Not Negotiable Air Waybill (1C) ISSUED BY
		Copies 1, 2 and 3 of this Air Waybill are originals and have the same validity. (1D)
Consignee's Name and Address (4)	(5) Consignee's Account Number	It is agreed that the goods described herein are accepted in apparent good order and condition (except as noted) for carriage SUBJECT TO THE CONDITIONS OF CONTRACT ON THE REVERSE HEREOF. ALL GOODS MAY BE CARRIED BY ANY OTHER MEANS INCLUDING ROAD OR ANY OTHER CARRIER UNLESS SPECIFIC CONTRARY INSTRUCTIONS ARE GIVEN HEREON BY THE SHIPPER, AND SHIPPER AGREES THAT THE SHIPMENT MAY BE CARRIED VIA INTERMEDIATE STOPPING PLACES WHICH THE CARRIER DEEMS APPROPRIATE. THE SHIPPER'S ATTENTION IS DRAWN TO THE NOTICE CONCERNING CARRIER'S LIMITATION OF LIABILITY. Shipper may increase such limitation of liability by declaring a higher value for carriage and paying a supplemental charge if require. (1E)

Issuing Carrier's Agent Name and City (6)		Accounting Information (10)							

Agent's IATA Code (7)　　　Account No. (8)

Airport of Departure (Addr. of First Carrier) and Requested Routing (9)

Reference Number (34A)　　　　Optional Shipping Information (34B)　　　(34C)

To (11A)	By First Carrier (11B)	Routing and Destination	To (11C)	By (11D)	To (11E)	By (11F)	Currency (12)	CHGS Code (13)	WT/VAL		OTHER		Declared Value for carriage (16)	Declare Value for Customs (17)
									PPD (14A)	COL (14B)	PPD (15A)	COLL (15B)		

Airport of Destination (18)	Flight/date (19A)	for Carriage Use Only	Flight/date (19B)	Amount of Insurance (20)	INSURANCE — If carrier offers insurance and such insurance is required in accordance with the conditions thereof, indicate amount to be insured in figures in box marked "amount of insurance". (20B)

Handling Information (21)　　　　　　　　　　　　　　　　　(20A)　　(21A)　SCI

No. of Pieces RCP (22A)	Gross Weight (22B)	kg lb (22C)	(22Z)	Rate Class (22D)	Commodity Item No. (22E)	Chargeable Weight (22F)	Rate Charge (22G)	Total (22H)	Nature and Quantity of Goods (incl. Dimensions or Volume) (22I)
(22J)	(22K)							(22L)	

Prepaid (24A)	Weight charge (24B)	Contract	Other Charges (23)
Valuation Charge (25A)		(25B)	
Tax (26A)		(26B)	
Total Other Charges Due Agent (27A)		(27B)	
Total Other Charges Due Carrier (28A)		(28B)	Shipper certify that the particulars on the face hereof are correct and that in so far as any part of the consignment contains dangerous goods, such part is properly described by name and is in proper condition for carriage by air according to the applicable dangerous goods Regulations. (31)
(29A)		(29B)	Signature of shipper or his Agent
Total Prepaid (30A)	Total Collect (31A)		(32A)　(32B)　(32C)
Currency Conversion Rates (33A)	CC Charges in Dest. Currency (33B)		Executed on (date) at (place)　Signature of Issuing carrier or its Agent
For Carrier's Use only at Destination (33)	Charges at Destination (33C)	Total Collect Charges (33D)	

ORIGINAL 3 (FOR SHIPPER) A

练习题

1. 回答并分析下列条款。

某银行在审核单据时发现提单上有如下批注：

shippers load, count and seal, carriers not responsible for quality, quantity, packing, condition and/or nature of goods.

问：这是否构成不清洁提单？

2. 依照所附海运提单（见式样 7 - 10），回答下列问题。

（1）该提单应由谁首先背书？

（2）作为收货人的代理人，你如何知道找谁提货？

（3）收货人提货时应交出几份提单？

（4）收货人提货时是否应交出海运单？

（5）卸货港是哪里？

（6）谁是承运人？

（7）该提单下有几个集装箱？

（8）XYZ Co., Ltd. 是否一定是收货人？

（9）提单是否一定要经过 XYZ Co., Ltd. 背书？

（10）该提单由谁签署？

3. 实务操作题

根据第四章练习题 6 的信用证和第六章练习题 3 的商业发票填写提单（后附空白提单一份，见式样 7 - 11）。

（1）Ocean vessel voy No.：RICKMERS V. 0369—SM；

（2）SHIPPING MARK：

TIANJIN-DAIEI CO

KOBE，JAPAN

CTN. 1—80

IMPORT ORDER NO. 131283

MADE IN CHINA；

（3）CFS—CFS；

（4）Gross Weight：1660. 80kgs；

（5）Measurement：8. 65cbm. ；

（6）提单出单日期为 2019 年 8 月 31 日；

（7）提单号为 HIFLAF0658941；

（8）提单由中国对外贸易运输总公司签发。

式样 7 - 10　海运提单

Shipper **SHANGHAI KNITWEAR** **IMPORT & EXPORT** **CORPORATION**		B/L No.

中 国 对 外 贸 易 运 输 总 公 司

上海　SHANGHAI

联 运 提 单

COMBINED TRANSPORT

BILL OF LADING

Consignee or order **TO ORDER**	RECEIVER the foods in apparent good order and condition as specified below unless otherwise stated herein. THE Carrier, in accordance with the provisions contained in this document,
Notify address **XYZ CO.，LTD.** **TEL NO.：81-525-73256** **FAX：81-525-73286**	1）undertakes to perform or to procure the performance of the entire transport form the place at which the goods are taken in charge to the place designated for delivery in this document，and

Pre-carriage by	Place of Receipt	2）assumes liability as prescribed in this document for such transport One of the bills of Lading must be surrendered duty indorsed in exchange for the goods or delivery order

Ocean Vessel **M. V. Gloria**	Port of Loading **SHANGHAI**		

Port of Discharge **YOKOHAMA**	Place of Delivery	Freight payable at **SHANGHAI**	Number of original Bs/L **THREE（3）**

Marks and Nos. Number and kind of packages Description of goods Gross weight（kgs.）Measurement（m³）

XYZ CO.，LTD. **YOKOHAMA** **CARTON/NO. 1－80** **MADE IN CHINA**	**ALL COTTON CUSHIONS** **IN CARTON** **1×20' CY—CY** **SHIPPER'S LOAD COUNT AND SEAL** **SAY TO CONTAIN** **FREIGHT PREPAID** **ON BOARD** **CONTAINER NO. 56835 SEAL NO. 985646**	**17 500. 58KGS**	**25M³**

ABOVE PARTICULARS FURNISHED BY SHIPPER

Freight and charges	IN WITNESS whereof the number of original Bills of Lading stated above have been signed，one of which being accomplished，the other（s）to be void.
	Place and date of issue **SHANGHAI Nov. 20ᵗʰ，2019**
	Signed for or on behalf of the carrier **FAN CHENG INTERNATIONAL TRANSPORTATION** **SEAVICE AS AGENT** **FOR THE CARRIER NAMED ABOVE**

SUBJECT TO THE TERMS AND CONDITIONS ON BACK

式样 7-11　海运提单

托运人 Shipper		B/L No.
收货人或指示 Consignee or order		中 国 对 外 贸 易 运 输 总 公 司 北　京 BEIJING 联 运 提 单 COMBINED TRANSPORT BILL OF LADING
通知地址 Notify address		RECEIVED the goods in apparent good order and condition as specified below unless otherwise stated herein. THE Carrier, in accordance with the provisions contained in this document,
前段运输 Pre-carriage by	收货地点 Place of Receipt	1) undertakes to perform or to procure the performance of the entire transport form the place at which the goods are taken in charge to the place designated for delivery in this
海运船只 Ocean Vessel	装货港 Port of Loading	document，and 2) assumes liability as prescribed in this document for such transport One of the Bills of Lading must be surrendered duty indorsed in exchange for the goods or delivery order

卸货港 Port of Discharge	交货地点 Place of Delivery	运费支付地 Freight payable at	正本提单份数 Number of original B/L

标志和号码	件数和包装种类	货名	毛重（千克）	尺码（立方米）
Marks and Nos.	Number and kind of packages	Description of goods	Gross weight（kgs.）	Measurement（m³）

以 上 细 目 由 托 运 人 提 供
ABOVE PARTICULARS FURNISHED BY SHIPPER

运费和费用 Freight and charges	IN WITNESS whereof the number of original Bills of Lading stated above have been signed，one of which being accomplished，the other（s）to be void.
	签单地点和日期 Place and date of issue
	代表承运人签字 Signed for or on behalf of the carrier
	代理 as Agents

本章要点

重要概念

重难点解析

习题详解

第八章 保险单据

开篇案例

【案情】

根据第二章的案例上海新龙股份有限公司（SHANGHAI NEW DRAGON CO.，LTD.）与美国 CRYSTAL KOBE LTD. 就含 55% 丙烯酸树脂 45% 的棉女士短衫（LADIES' 55% ACRYLIC 45% COTTON KNITTED BLOUSE）签订的合同，以及第六章的案例出口商上海新龙股份有限公司（SHANGHAI NEW DRAGON CO.，LTD.）开出的发票和装箱单的相关内容填写保险单（注：上海新龙股份有限公司于 11 月 18 日向中国人民保险公司投保，保险单号为：SH01/0456980）。

【分析】

保险单的填写应严格按照实务操作中的相关规定，具体要求见本章相关内容。以下为依据本案例填写的保险单。

中 国 人 民 保 险 公 司
THE PEOPLE'S INSURANCE COMPANY OF CHINA

总公司设于北京   一九四九年创立
Head Office：BEIJING   Established in 1949

保 险 单
INSURANCE POLICY

号次
No. SH01/0456980

中 国 人 民 保 险 公 司（以 下 简 称 本 公 司）
This Policy of Insurance witnesses that The People's Insurance Company of China（hereinafter called

根 据
"the Company"），at the request of   SHANGHAI NEW DRAGON CO.，LTD.

（以下简称被保险人）的要求，由 被 保 险 人 向 本 公 司 缴 付 约 定 的 保 险 费，
（hereinafter called"the Insured"）and in consideration of the agreed premium paid to the Company by the Insured,

按 照 本 保 险 单 承 保 险 别 和 背 面 所 载 条 款 与 下 列
undertakes to insure the undermentioned goods in transportation subject to the conditions of this Policy

条 款 承 保 下 述 货 物 运 输 保 险，特 立 本 保 险 单。
as per the Clause printed overleaf and other special clauses attached hereon.

标 记 Marks & Nos.	包装及数量 Quantity	保险货物项目 Description of Goods	保险金额 Amount Insured
As per Invoice No. STP015088	120 CARTONS	LADIE'S 55% ACRYLIC 45% COTTON KNITED BLOUSE	USD 33 550

总保险金额：
Total Amount Insured：SAY US DOLLARS THIRTY THREE THOUSAND FIVE HUNDRED AND FIFTY ONLY

保 费   费率   装载运输工具
Premium：as arranged   Rate as arranged   Per conveyance S. S. ZHE LU V. 031118SE

开航日期   自   至
Slg. on or abt. As Per B/L   From SHANGHAI   to NEW YORK

承保险别
Conditions

COVERING ALL RISKS, WAR RISKS AS PER THE RELEVANT OCEAN MARINE
CARGO CLAUSE OF P. I. C. C. DATED JAN. 1ST , 2009.

所保货物，如遇出险，本 公 司 凭 本 保 险 单 及 其 他 有 关 证 件 给 付 赔 款。
Claims，if any，payable on surrender of this Policy together with other relevant documents.

所 保 货 物，如 发 生 本 保 险 单 项 下 负 责 赔 偿 的 损 失 或 事 故，
In the event of accident whereby loss or damage may result in a claim under this Policy immediate notice applying

应 立 即 通 知 本 公 司 下 述 代 理 人 查 勘。
For survey must be given to the Company's Agent as mentioned hereunder：

赔款偿付地点
Claim payable at   NEW YORK

日期   上海   中国人民保险公司上海分公司
Date   Nov. 18th , 2019   Shanghai   THE PEOPLE'S INSURANCE CO. OF CHINA
地址：中国上海中山东一路 23 号。   SHANGHAI BRANCH
Address：23 Zhongshan Dong Yi Lu Shanghai，China.
Cables：42001 Shanghai.
Telex：33128 PICCS CN

×××
General Manager

在我国的对外贸易运输中，海洋运输是最为重要的一种方式。在各种运输货物保险中，起源最早、历史最悠久的是海上运输货物保险，其他运输方式的货物保险都借鉴了海运货物保险的基本做法。因此，海运保险单也越来越频繁地出现在对外贸易的全套单据中。

保险单是保险人与被保险人之间订立保险合同的证明文件，它反映了保险人与被保险人之间的权利和义务关系，也是保险人的承保证明。当发生保险责任范围内的损失时，它又是保险索赔和理赔的主要依据。目前，在保险实务中，我国绝大多数企业采用中国人民保险公司出具的海洋货物运输保险单，也有部分企业采用英国伦敦保险业协会海运货物保险条款。

在国际贸易中是否需要保险单取决于 L/C 的规定。在确定以 FOB、CFR 价格成交时，出口方无须提交保险单。在以 CIF 价格成交时，出口方须办理保险手续，填写保险单。例如，信用证保险条款规定 "Insurance Policy covered for 110% of total value against ALL Risks and as per and subject to the relevant Ocean Marine Cargo Clause of the People's Insurance Company of China dated 1/1/2009"，则要求卖方提供保险单。

第一节　保险单据概述

一、保险单

保险单（insurance policy）（见式样 8-1）俗称大保单，是使用得最广泛的一种保险单据。保险单上一般须载明：当事人的名称和地址；保险标的的名称、数量或重量、唛头；运输工具；保险险别；保险责任起讫时间和地点；保险人签章；赔款偿付地点以及经保险人与被保险人双方约定的其他事项等内容。保险单背面载明的保险人与被保险人之间权利和义务等方面的保险条款也是保险单的重要内容。

二、保险凭证

保险凭证（insurance certificate）俗称小保单，是一种简化的保险合同。这种凭证除背面不载明保险人和被保险人双方的权利和义务等保险条款外，其他内容与保险单相同。保险凭证与保险单具有相同的法律效力。

三、联合凭证

联合凭证（combined certificate）是一种更简化的保险单据，由保险公司在出口公司提交的发票上加上保险编号、承保险别、保险金额并加盖保险公司的印章。这种凭证曾在我国对某些特定地区的出口业务中使用，现已不再使用。

四、 批单

保险单出立后，投保人如需要补充或变更其内容，可根据保险公司的规定，向保险公司提出申请，经同意后即另出一种凭证，注明更改或补充的内容，这种凭证即称为（endorsement）批单（见式样 8-2）。保险单一经批改，保险公司即按批改后的内容承担责任。批改内容如涉及保险金额增加和保险责任范围扩大，保险公司只有在证实货物未发生出险事故的情况下才同意办理。批单原则上须粘贴在保险单上，并加盖骑缝章，作为保险单不可分割的一部分。

五、 预约保险单

预约保险单（open policy）是一种长期性的货物运输保险合同。合同中规定了承保范围、险别、费率、责任赔款处理等项目。凡属于合同约定的运输货物，在合同有效期内自动承保。预约保单的优点是减少了逐笔签订的保险合同的手续，并可以防止因漏保或迟保而造成的无法弥补的损失。保险公司一般对使用预约保险单的投保人提供更优惠的保险费用，因而也吸引了不少投保人。

预约保险单往往与保险通知书（见式样 8-3）、保险声明书（insurance declaration）一起使用。如果进口商和保险公司订有长期的预约保险单，每当货物装船后，由出口方将货物装船的详细情况，包括品名、数量、重量、金额、运输工具、运输日期以及列明在信用证中的预约保单号码直接通知保险公司和进口商，并以此作为正式保险单生效的标志。出口商的书面证明（受益人证明或通知副本）将作为议付单据之一，向议付行提交。

第二节 保险单的缮制和背书转让

一、 保险单的缮制

现以中国人民保险公司的海洋货物运输保险单的缮制方法为例，解释保险单的缮制方法。

1. 保险公司名称（name of insurance company）

此栏应填写信用证和合同要求的办理货运保险的保险公司名称。例如，来证中规定"insurance policy in duplicate by PICC"，即信用证要求由中国人民保险公司出具保险单。

2. 保险单据名称（name）

一般地，保险公司在单据正上方已印制"INSURANCE POLICY"字样。

3. 保险单号（no.）

此栏填写保险公司的保险单号码。

4. 被保险人（the insured）

在出口业务中，通常买卖双方对货物的权利凭单据的转移而转移，保险单中的可保利益（即货物）也由卖方转移给买方，因此，运输保险索赔几乎都是由买方申请的。保险业务中的投保人和被保险人的区别被单据转让掩盖了，按照习惯，在被保险人一栏中一般填出口公司的名称，即信用证的受益人。

5. 标记（marks & nos.）

此栏填写装运唛头，一般与商业发票的唛头完全一致，可以填写"AS PER INVOICE NO. ×××"。

6. 包装及数量（quantity）

此栏填写商品外包装的最大包装件数。

7. 货物项目（description of goods）

此栏填写商品的名称，可以用总称。

5、6、7 这 3 个栏目的填写内容应与提单一致，其中，"货物项目"一栏使用统称；标记可以只填"AS PER INVOICE NO. ×××"，因为保险单索赔时一定要求出具发票，这样写可使两种单据互相参照，避免因填写单据时疏忽而导致单单不符的严重错误；"数量"一栏填写最大包装的件数。

8. 保险金额（amount insured）

保险金额应按信用证规定的金额及加成率投保。如果信用证对此未做规定，一般是按发票金额加一成（即 110％发票金额）填写，但也允许不按这个比例而按双方商定的比例计算而成，如允许加 2 成或 3 成甚至更多。保险单上的保险金额的填写方法应该是"进一法"，即如果保险金额为 USD18 055.16，则在此栏应填写 USD18 056。

9. 保险总金额（total amount insured）

这一栏目只需将保险金额以大写的形式填入，计价货币也应以全称形式填入。注意：保险金额使用的货币应与信用证使用的货币一致。

10. 保费（premium）

一般这一栏都已由保险公司在保险单印刷时填入"as arranged"字样，出口公司在填写保险单时无须填写。

11. 费率（rate）

这一栏基本上不需要由出口公司填写，保险公司已经在该栏目中印有"as arranged"字样。

12. 装载运输工具（per conveyance S. S.）

该栏应如实填写装载船的船名。当运输中有转船的情况，应分别填写第一程船名和第二程船名。填写时，要按提单中相应栏目的内容填写，如提单的第一程船名是"May Flower"，第二程船名是"Shanghai"，则本栏目应填写"May Flower / Shanghai"。

13. 开航日期（slg. on or abt.）

一般地，该栏根据提单中的提单签发日填写，也可以填写"as per B/L"。

14. 起讫地点（from... to...）

起点填装运港名称，讫点填目的港名称。当一批货物经转船到达目的港时，这一栏填写：from 装运港 to 目的港 W/T（VIA）转运港。

15. 承保险别（conditions）

出口公司在制单时，只需在副本上填写这一栏的内容。当全套保险单填好交给保险公司审核、确认时，才由保险公司把承保险别的详细内容加注在正本保险单上。

承保险别可分为两大类：基本险、附加险。中国人民保险公司承保的基本险别是：平安险（F. P. A.）、水渍险（W. A.）和一切险（All Risks）。在填写险别时，一般只需填写险别的英文缩写，同时注明险别的来源，即颁布这些险别的保险公司，并标明险别生效的时间。在实际业务中，对于要求投保英国伦敦保险业协会《协会货物条款》（ICC）的，我方一般也可接受。在填写保险单时，要标出所投保险别适用的文本名称及其日期。例如，"... as per Ocean Marine Cargo（All Risks）Clauses of The People's Insurance Company of China dated 1/1/1981. "

16. 货损检验与理赔代理人（surveying and claim setting agents）

根据中国人民保险公司《货损检验、理赔代理人名册》选择目的港或目的港附近的有关机构货损检验、理赔代理人。保险单上应注明代理人的地址，以便收货人联系查找。

17. 赔付地点（claim payable at）

此栏应按照信用证的规定填列。通常将目的地作为赔付地点，因此可将目的地名称填入这一栏目。

18. 日期/地点（date/address）

日期是指填写保险单的签发日期。由于保险公司提供仓至仓服务，所以要求保险手续在货物离开出口方仓库前办理。保险单的日期相应地填写货物离开仓库的日期，或至少填写早于提单签发日的日期。保险单签发地点即投保保险公司的所在地，一般保险公司在印制保险单时即事先印妥。

19. 盖章和签字（stamp & signature）

此栏由签发保险单的保险公司签字盖章。

二、 保险单的背书转让

保险单是可以经背书（endorsement）转让的单据。根据国际保险行业的习惯，保险单据经被保险人背书后，即随着被保险货物的所有权转移自动转让给受让人。背书前后均不需要通知保险公司。因此，出口方只需在保险单上背书就完成了转让手续。

保险单背书一般分为空白背书和记名背书。空白背书只注明被保险人（包括出口公司的名称和经办人的名字）的名称。当来证没有明确规定使用哪一种背书时，可使用空白背书方式。记名背书在出口业务中较少使用，因为这一背书方式只允许被背书人（受让人）而限制其他任何人在被保险货物损失后享有向保险公司或其代理人索赔的权利，并得到合理的补偿。保险单的背书方法与提单背书相似，在此不多做阐述。

式样 8-1　保险单

中 国 人 民 保 险 公 司
THE PEOPLE'S INSURANCE COMPANY OF CHINA

总公司设于北京　　　　　一九四九年创立
Head Office：BEIJING　　　Established in 1949

保 险 单
INSURANCE POLICY

号次
No. SH02/304246

中　国　人　民　保　险　公　司（以 下 简 称 本 公 司）
This Policy of Insurance witnesses that The People's Insurance Company of China (hereinafter called "the Company"),

根　据
at the request of _____

（以下简称被保险人）的要求，由 被 保 险 人 向 本 公 司 缴 付 约 定 的 保 险 费，
(hereinafter called "the Insured") and in consideration of the agreed premium paid to the Company by the Insured,

按 照 本 保 险 单 承 保 险 别 和 背 面 所 载 条 款 与 下 列
undertakes to insure the undermentioned goods in transportation subject to the conditions of this Policy

条 款 承 保 下 述 货 物 运 输 保 险，特 立 本 保 险 单。
as per the Clause printed overleaf and other special clauses attached hereon.

标 记 Marks & Nos.	包装及数量 Quantity	保险货物项目 Description of Goods	保险金额 Amount Insured
As per Invoice No.			

总保险金额
Total Amount Insured _____

保　费　　　　　　　　　费率　　　　　　　　　　装载运输工具
Premium　as arranged　　Rate　　as arranged　　Per Conveyance S. S. _____

开航日期　　　　　　　　自　　　　　　　　　　至
Slg. on or abt.　As Per B/L　From _____　to _____

承保险别
Conditions

所保货物，如遇险，本 公 司 凭 本 保 险 单 及 其 他 有 关 证 件 给 付 赔 款。
Claims，if any，payable on surrender of this Policy together with other relevant documents.

所 保 货 物，如 发 生 本 保 险 单 项 下 负 责 赔 偿 的 损 失 或 事 故，
In the event of accident whereby loss or damage may result in a claim under this Policy

应 立 即 通 知 本 公 司 下 述 代 理 人 查 勘：
immediate notice applying for survey must be given to the Company's Agent as mentioned hereunder：

赔款偿付地点
Claim payable at _____

日期　　　　　　　　　　上海
Date _____　　　Shanghai

地址：中国上海中山东一路 23 号
Address：23 Zhongshan Dong Yi Lu Shanghai，China.

Cables：42001 Shanghai.

Telex：33128 PICCS CN

中国人民保险公司上海分公司
THE PEOPLE'S INSURANCE CO. OF CHINA
SHANGHAI BRANCH

_____
General Manager

(1/1/2009)
THE PEOPLE'S INSURANCE COMPANY OF CHINA
OCEAN MARINE CARGO CLAUSES

Ⅰ. Scope of Cover:

This insurance is classified into the following three Conditions—Free Particular Average (F. P. A.). With Average (W. A.) and All Risks. Where the goods insured hereunder sustain loss or damage, the Company shall undertake to indemnify therefore according to the Insured Condition specified in the Policy and the Provisions of these Clauses: 1. Free From Particular Average (F. P. A.) This insuance covers: 1) Total or Constructive Total Loss of the whole consignment hereby insured caused in the course of transit by natural calamities—heavy weather, lightning, tsunami, earthquake and flood. In case a constructive total loss is claimed for, the Insured shall abandon to the Company the damaged goods and all his rights and title pertaining thereto. The goods on each lighter to or from the seagoing vessel shall be deemed a separate risk. "Constructive Total Loss" refers to the loss where an actual total loss appears to be unavoidable or the cost to be incurred in recovering or reconditioning the goods together with the forwarding cost to the destination named in the policy would exceed their value on arrival. 2) Total or Partial Loss caused by accidents—the carrying conveyance being grounded, sunk or in collision with floating ice or other objects as well as fire or explosion. 3) Partial loss of the insured goods attributable to heavy weather, lightning and/or tsunami, where the conveyance has been grounded, stranded, sunk or burnt, orrespictive of whether the event or events took place before or after such accidents. 4) Partial or total loss consequent on falling of entire package or packages into sea during loading, transshipment or discharge. 5) Reasonable cost incurred by the Insured in salvaging the goods or avertion or minimiaing a loss recoverable under the Policy, provided that suuch cost shall not exceed the sum insured of the consignment so saved. 6) Losses attributable to discharge of the insured goods at a port of distress following a sea peril as well as special charges arising from loading, warchousing and forwarding of the goods at an intermediate port of call or refuge. 7) Sacrifice in and Contribution to General Average and Salvage Charges. 8) Such proportion of losses sustained by the shipowners as is to be reimbursed by the Cargo Owner under the Contract of Affreightmint" Both to Blame Collision" clause. 2. With Average (W. A.) Aside from the risks covered under F. P. A. condition as above, this insurance also covers partial losses of the insured goods caused by heavy weather, lightning, tsunami, earthquake and/or flood. 3. All Risks Aside from the risks covered under the F. P. A. and W. A. conditions as above, this insurance also covers all risks of loss of or damage to the insured goods whether partial or total, arising from external causes in the course of transit.

Ⅱ. Exclusions:

This insurance does not cover: 1. Loss or damage caused by the intentional act or fault of the Insured. 2. Loss or damage falling under the liability of the consignor. 3. Loss or damage arising from the inferior quality or shortage of the insured goods prior to the attachment of this insurance. 4. Loss or damage arising from normal loss inherent vice or nature of the insuredgoods, loss of market and/or delay in transit and any expenses arising therefrom. 5. Risks and liabilities covered and excluded by the ocean marine (cargo) war risks clauses and strike, fiot and civil commotion clauses of this Company

Ⅲ. Commencemint and Termination of Cover: 1. Warehouse to Warehouse Clause: This insurance attaches from the time the goods hereby insured leave the warehouse or place of storage named in the Policy for the commencement of the transit and continues in force in the ordinary course of transit including sea, land and inland waterway transits and transit in lighter until the insured goods are delivered to the consignee's final warchouse or place of storage at the destination named in the Policy or to any other place used by the Insured for allocation or distribution of the goods or for storage other than in the ordinary course of transit. 2. If owing to delay, deviation forced discharge, reshipment or transshipment beyond the control of the Insuerd or any change or termination of the voyage arising from the exercise of a liberty granted to the shipowners under the contract of affreightment, the insured goods arrive at a port or place othe than that named in the Policy, subject to immediate nomain in force and shall terminate as hereunder: 1) If the insured goods are sold at port or place not named in the Policy, this insurance shall terminate on delivery of the goods sold, but in no event shall this insurance extend beyond sixty (60) days after completion of discharge of the insured goods from the carrying vessel at such port or place. 2) If the insured goods are to be forwarded to the final destination named in the Policy or any other destination, this insurance shall terminate in accordance with Section 1 above.

Ⅳ. Duty of the Insured:

It is the duty of the Insured to attend to all matters as specifiedhereunder, failing which the Company reserves the right to reject his claim for any loss if and when such failure prejudice the rights of the Company: 1 1. The Insured shall take delivery of the insured goods in good time upon their arrival at the port of destination named in the Policy. In the event of any damage to the goods, the INSURED SHALL IMMEDIATELY APPLY FOR SURVEY TO THE survey and/or settling agent stipulated in the Policy. If the insured goods are found short in entire package or packages or to show apparent traces of damage, the Insured shall obtain from the carrier, bailee or other relevant authorities (Customs and Port Authoritied ets.) certificate of loss or damage and/or shortlanded mimo. Should the carrier, bailee or the other relevant authorities be responsible for such shortage or damage, the Insured shall lodge a claim with them in writing and, if necessary, obtain their confirmation of an wxtension of the time limit of validity of such claim. 2. The Insured shali, and the Company may also, take reasonable measures immediately in salvaging the goods or preventing or minimizing a loss or damage thereto. The measures so taken by the Insured or by the Company shall not be considered respectively, as a waiver of abandonment hereunder, or as an acceptance thereof. 3. In case of a change of voyage or any omission or error in the description of the interest, the name of the vessel or voyage this insurance shll remain in force only upon prompt notice to this Company when the Insured becomes aware of the same and payment of an additional premium if required. 4. The following documents should accompany any claim hereunder made against the Company: Original Policy, Bill of Lading, Invoice Packing List, Tally Sheet, Weight Memo. Certificate of Loss or Damage and/or Shortland Memo. Survey Peport. Statement of Claim. If any third party is involved, documents relative to pursuing of recovery from such party should also be included. 5. Immediate notice should be given to the Company when the Cargo Owner's actual responsibility under the Contract of Affreightment "Both to Blame Collision" Clause becomes known.

Ⅴ. The Time of Vlidity of A Claim:

The time of validity of a claim under this insurance shall not exceed a period of two years counting from the time of completion of discharge of the insured goods from the seagoing vessel at the final port of discharge.

(1/1/2009)
THE PEOPLE'S INSURANCE COMPANY OF CHINA
OCEAN MARINE CARGO WAR RISK CLAUSES

Ⅰ. Scope of Cover:

This insurance covers: 1. Loss of or damage to the insured goods caused directly by or consequent upon WAR. WARLIKE OPERATIONS. HOSTILE ACTS. ARMED CONFLICTS OR PIRACY; 2. Loss or damage caused by CAPTURE, SEIZURE. ARREST. RESTRAINT OR DETAINMENT arising from the events in Section 1. 1 above. 3. Loss or damage caused by conventional weapons of war including mines, torpedoes and bombs. 4. Sacrifice in and contribution to General Average and Salvage Charges arising from the risks covered hereunder.

Ⅱ. Exclusions:

This insurance does not cover: 1. Loss damage or expenses arising from any hostile use of atomic or nuclear weapons of war. 2. Any claim based upon Loss of, or frustration of, the insured voyage caused by arrest, restraint or detainment by any executiveauthorities, authorities in power or any other armed groups.

Ⅲ. Commencement and Termination:

1. This insurance shall attach from the time the insured goods are loaded on the seagoing vessel or lighter at the port of shipment named inth Policy until discharged overside from the seagoing vessel or lighter at the pot \ rt of destination named in the Policy Ith the insured goods are not discharged therefrom. The longest duration at the port of discharge shall be limited to fifteen (15) days counting from midnight of the day of the vessel's arrival. In the absence of such berth or place, the vessel's arrival refers to the vessel's first anchoring, mooring or securing either at or off the intended port or at or neat the place of discharge.

2. In case oftransshipment at an intermediate port, regardless of whether or not the insured goods are unloaded, the longest duration of this insurance at such port of transshipment shall be limited to fifteen (15) days counting from midnight of the day of the vessel's arrival at such port or place of discharge. However, this insurance shall reattach when the insured goods are loaded on the oncarrying seagoing vessel.

3. If the contract ofaffreightiment is terminated at a port or place other than the destination named in the Policy, such port or place shall be deemed the destination under the Policy and this insurance shall terminate according to Section III. I above If the insured goods are to be reshipped to the original or any other destination, this insurance shall teattach when the goods are loaded on the oncarrying vessel or lighter provided notice is given to the Company and an additional premium is paid prior to the commencement of such further transit.

4. This insurance shall remain in force during any deviation, chage of voyage, variation of adventure arising from the exercise of a liberty granted to the shipowners under the contract of affreightmint subject to immediate notice to the Company and payment of an additional premiun, when such event comes to the knowledge of the Insured.

Note:

These clauses are the clauses of an additional insurance to the Ocean Marine Cargo Insurance of the Company. Incase of conflict between any clauses of these clauses and the ocean marine cargo clauses, these clauses shall prevail.

式样 8-2　保险批单

中国人民保险公司
THE PEOPLE'S INSURANCE COMPANY OF CHINA

日期　年　月　日
Date

保 险 批 单
ENDORSEMENT

保险金额：
Insured Amount

船名：
Conveyance（s）

批单号次：
End. No.

保险单或凭证号次
Policy/Certificate No.

开航日期：
Slg. Date

被保险人：
Name of Insured

保险费率：
Rate as arranged

式样 8-3 保险通知书

上海新龙股份有限公司
SHANGHAI NEW DRAGON CO.，LTD.
SHANGHAI BRANCH
27. ZHONGSHAN ROAD E. 1
SHANGHAI，CHINA
TEL：8621-65342517　FAX：8621-65124743
INSURANCE DECLARATION
（SHIPPING ADVICE）

Shanghai

Messrs.

Dear Sir，

　　　L/C No. ....

　　　Cover Note（or Open Policy）

　　　No. ....

　　Under the captioned Credit and Cover Note（or Open Policy），please insure the goods as detailed in our

Invoice No.

　　Enclosed，other particulars being given below：

　　Carrying Vessel's Name：

　　Shipment Date：

　　Covering risks：

　　Kindly forward directly to the insured your Insurance Acknowledgement.

上海新龙股份有限公司
SHANGHAI NEW DRAGON CO.，LTD.
SHANGHAI，CHINA
×××
....

练习题

1. 翻译下列专有名词

(1) F. P. A.

(2) W. P. A.

(3) All Risks

(4) open policy

(5) W/W clause

(6) T. P. N. D.

(7) risk of shortage

(8) leakage

(9) on deck

(10) breakage of packing

(11) clash and breakage

(12) taint of odour

(13) fresh water and/or rain damage

(14) intermixture and contamination

(15) hook damage

(16) sweat and heating

(17) rust

(18) war risk

(19) strike risk

(20) aflatoxin

(20) failure to deliver

(22) import duty

(23) rejection

(24) F. R. E. C.

(25) institute cargo clause

(26) insurance policy

(27) malicious damage clauses

(28) overland transportation all risks

(29) air transportation cargo war risks

(30) China Insurance Clause

2. 根据上海旺盛进出口公司的出口货物明细表填制保险单。

出口货物明细表

2019 年 6 月 12 日

开证行	DEVELOPMENT BANK OF SINGAPORE LTD.		信用证号码	0488269CN	
经营单位/委托人	上海旺盛进出口公司（SHANGHAI WANGSHENG IMP & EXP CORP.）		开证日期	MAY 3RD，2019	
			合同号码	MN8968	
买方/开证申请人 APPLICANT			成交条件	CIF SINGAPORE	
			发票号码	LM86549	
OVERSEAS COMPANY ♯01-02 SULTAN PLAZA SINGAPORE			成交金额	USD 72 900	
			贸易国别	新加坡	
提单或承运收据	抬头人 ORDER	TO ORDER	汇票付款人	DEVELOPMENT BANK OF SINGAPORE LTD.	
			汇票期限	AT SIGHT	
	通知人 NOTIFY	OVERSEAS COMPANY ♯01-02 SULTAN PLAZA SINGAPORE	进口口岸	SHANGHAI	
			目的港	SINGAPORE	
			分批 NO	转运	NO
	运费	FREIGHT PREPAID	装运期限	JUNE 28TH，2019	
			有效期限	JULY 13TH，2019	

标记唛码	货物名称、规格、货号	包装及件数	数量	毛重（千克）	净重（千克）	单价	总价
OVERSEAS SINGAPORE NO. 1-486	"SVA"BRAND COLOUR TELEVISION SET SC3758	486 CTNS	486 SETS	1 215 kg	1 005 kg	USD 150	USD 72 900
信用证保险条款	COVERING FOR TOTAL INVOICE VALUE PLUS 10% AGAINST INSTITUTE CARGO CLAUSES （A）INCLUDING W/W CLAUSES	总尺码	8.45 立方米				

注意事项		船名	TUO MEN
		航次	V. 165
		提单号	HM982
		开航约期	JULY 5TH，2019
		联系人/联系电话	刘玉/ 55896587

3. 实务操作题

根据第四章练习题 6 的信用证、第六章练习题 3 的商业发票和第七章练习题 3 的海运提单填写下列保险单。保险单号为 HMOLP 0319079，出单日期为 2019 年 8 月 30 日。

中 国 人 民 保 险 公 司
THE PEOPLE'S INSURANCE COMPANY OF CHINA

总公司设于北京　　　　　　　一九四九年创立
HeadOffice：BEIJING　　　　　Established in 1949

保 险 单
INSURANCE POLICY

号次
No.

中 国 人 民 保 险 公 司（以 下 简 称 本 公 司）
This Policy of Insurance witnesses that The People's Insurance Company of China（hereinafter called "the Company"），

根 据
at the request of

（以 下 简 称 被 保 险 人）的 要 求，由 被 保 险 人 向 本 公 司 缴 付 约 定 的 保 险 费，
（hereinafter called "the Insured"）and in consideration of the agreed premium paid to the Company by the Insured，

按 照 本 保 险 单 承 保 险 别 和 背 面 所 载 条 款 与 下 列
undertakes to insure the undermentioned goods in transportation subject to the conditions ofthis Policy

条 款 承 保 下 述 货 物 运 输 保 险，特 立 本 保 险 单。
as per the Clause printed overleaf and other special clauses attached hereon.

标　记 Marks & Nos.	包装及数量 Quantity	保险货物项目 Description of Goods	保险金额 Amount Insured
As per Invoice No.			

总保险金额：
Total Amount Insured：

保　费 Premium：as arranged	费率 Rate　as arranged	装载运输工具 Per conveyance S. S.
开航日期 Slg. on or abt.　As Per B/L	自 From	至 to
承保险别 Conditions		

所保货物，如遇出险，本 公 司 凭 本 保 险 单 及 其 他 有 关 证 件 给 付 赔 款。
Claims，if any，payable on surrender of this Policy together with other relevant documents.

所 保 货 物，如 发 生 本 保 险 单 项 下 负 责 赔 偿 的 损 失 或 事 故，
In the event of accident whereby loss or damage may result in a claim under this Policy immediate notice applying

应 立 即 通 知 本 公 司 下 述 代 理 人 查 勘。
For survey must be given to the Company's Agent as mentioned hereunder：

赔款偿付地点
Claim payable at

日期　　　　　　　　　　上海
Date　　　　　　　　　Shanghai

中国人民保险公司上海分公司
THE PEOPLE'S INSURANCE CO. OF CHINA
SHANGHAI BRANCH

地址：中国上海中山东一路 23 号。
Address：23 Zhongshan Dong Yi Lu Shanghai，China.
Cables：42001 Shanghai.
Telex：33128 PICCS CN

General Manager

本章要点

重要概念

重难点解析

习题详解

第九章　原产地证书

开篇案例

【案情】

根据第二章的案例上海新龙股份有限公司（SHANGHAI NEW DRAGON CO.，LTD.）与美国 CRYSTAL KOBE LTD. 就含 55％ 丙烯酸树脂 45％ 的棉女士短衫（LADIES' 55％ ACRYLIC 45％ COTTON KNITTED BLOUSE）签订的合同，第六章的案例出口商上海新龙股份有限公司（SHANGHAI NEW DRAGON CO.，LTD）开出的发票和装箱单的相关内容填写一般原产地证书（注：上海新龙股份有限公司于 11 月 15 日提出申请，中国国际贸易促进委员会于 11 月 18 日开出一般原产地证书，其号码是 0897898，HS 编码是 61.09）。

【分析】

一般原产地证书的填写应严格按照实务操作中的相关规定，具体要求见本章相关内容。以下为依据本案例填写的一般原产地证书。

ORIGINAL

2. Exporter （full name and address） **SHANGHAI NEW DRAGON CO. , LTD.** **27 CHUNGSHAN ROAD E. 1.** **SHANGHAI，CHINA**	1. Certificate No. **0897898** **CERTIFICATE OF ORIGIN** **OF** **THE PEOPLE'S REPUBLIC OF CHINA**
3. Consignee （full name，address，country） **CRYSTAL KOBE LTD. ，** **1410 BROADWAY，ROOM 3000** **NEW YORK，N. Y. 10018 U. S. A.**	
4. Means of transport and route **FROM SHANGHAI TO NEW YORK BY SEA**	6. For certifying authority use only
5. Country / region of destination **U. S. A.**	

7. Marks and numbers	8. Number and kind of packages description of goods	9. H. S. Code	10. Quantity or Weight	11. Number and date of invoices
CRYSTAL KOBE LTD. , **NEW YORK** **STYLE NO. H32331SE** **ORDER NO. 21SSG-017** **L-02-I-03437** **CTN/NO. 1-120** **MADE IN CHINA** ***************	**ONE HUNFRED TWENTY（120）** **CARTONS** **LADIE'S 55% ACRYLIC 45%** **COTTON KNITED BLOUSE** **STYLENO. H32331SE** ********************	61. 09 *****	**500 DOZS** **G. W.** **2 584KGS** ********	STP015088 Nov. 8th， 2019 **********

12. Declaration by the exporter	13. Certification
The undersigned hereby declares that the above details and statement are correct; that all the goods were produced in China and that they comply with the Rules of Origin of the People's Republic of China. **SHANGHAI TEXTILES IMP. & EXP. CORP.** **SHANGHAI Nov. 15th，2019** ××× Place and date，signature and stamp of authorized signatory	It is hereby certified that the declaration by the exporter is correct. 中国国际贸易促进委员会 单据证明专用章 （沪） **CHINA COUNCIL FOR THE PROMOTION** **OF INTERNATIONAL TRADE** **SHANGHAI Nov. 18th，2019** ××× Place and date，signature and stamp of certifying authority

在国际贸易中，常使用的原产地证主要有一般原产地证、普惠制产地证、出口商产地证和政府间协议规定的特殊产地证。选择使用哪一种产地证，应根据信用证条款确定。本章主要介绍一般原产地证书和普惠制产地证书。

第一节　原产地证书概述

一、原产地证书的含义和作用

原产地证书（certificate of origin）是一种证明货物原产地或制造地的文件，是供进口国海关采用不同的国别政策、国别待遇、差别关税和控制进口配额之用的国际贸易单证。

我国出口商可以向三大机构申领原产地证书：①国家市场监督管理总局（State Administration for Market Regulation）；②中国国际贸易促进委员会（China Council for the Promotion of International Trade，CCPIT）；③中华人民共和国商务部（Ministry of Commerce of the People's Republic of China）。

原产地证书的作用在于证明货物的原产国，从而根据国别的不同征收差别关税，分配和控制进口配额或执行其他进口管制政策。该文件具有法律效力，是通关、结汇、进行贸易统计的重要证明文件。具体来说，原产地证书的作用主要包括以下几个方面：

（1）证明出口货物符合出口国货物原产地规则，确实由出口国制造；

（2）是出口国海关通关、结汇和有关方面进行贸易统计的重要依据；

（3）进口国海关依此实行差别关税、进行进口限制、分配不同进口配额和使用不同税率。

二、原产地证书的种类

根据原产地证书的签发机构、使用范围和证书格式的不同，原产地证书可以分为以下几种类型。

（一）一般原产地证书

一般原产地证书（certificate of origin C.O.）也称普通产地证书，通常用于不使用海关发票或领事发票的国家或地区，以确定对货物征税的税率。它也是国际贸易中使用得最多的产地证。在我国，一般原产地证书系指中华人民共和国原产地证书（Certificate of Origin of the People's Republic of China），由中国国际贸易促进委员会或国家市场监督管理总局出具，其格式、内容和项目完全一样，只是签发单位名称和签章不同。在国际贸易中，需提供哪一种证书应依据合同和信用证的规定确定。如果合同或信用证规定产地证书由商业公会等民间机构提供，则一般由中国国际贸易促进委员会出具证书；如果要求由商检机构提供，一般使用由国家市场监督管理总局出具的产地证。

（二）普惠制原产地证书格式 A

普惠制原产地证书格式 A（generalized system of preferences/certificated of origin form A，GSP Form A），全称是普遍优惠制原产地证明书（申报与证明联合）格式 A，是受惠国的原产品出口到给惠国时，产品享受普惠制关税减免待遇时必备的凭证。

格式 A 证书由受惠国的出口商填制并申报，由受惠国签证机构审核、证明及签发。签证机构还负责已签证书的事后查询工作，受给惠国委托对已签证书进行查询。签证机构必须是受惠国政府指定的，其名称、地址以及印模都要在给惠国注册登记，并在联合国贸易和发展会议秘书处备案。在我国，国家市场监督管理总局及其所属机构是签发普惠制产地证的唯一机构。

值得注意的是，新西兰的普惠制原产地证书采用的是 Form 59 A；而澳大利亚则不采用任何规定的格式，只需在商业发票上加注指定的声明文句即可，如："Declare：A，that the final process of manufacture of the goods for which special parts are claimed has been performed in China，and B，that not less than one half of the factory cost of the goods is represented by the value of labour and material of China."

（三）欧洲经济共同体纺织品专用产地证

欧洲经济共同体纺织品专用产地证（Europe economic community/certificated of origin）简称 EEC 纺织品产地证书，专门用于需要配额的纺织类产品，是欧共体进口国海关控制纺织品进口配额的主要依据。EEC 纺织品产地证书与 EEC 纺织品出口许可证的内容完全一致，均由出口国有关机构提供，我国由商务部签发该证书。

（四）对美国出口的原产地声明书

对美国出口的原产地声明书（declaration of country origin）简称 DCO 产地证，又称为"美国产地证"，凡是出口到美国的纺织品，出口商必须向进口商提供该类原产地声明书，作为进口商清关的单据之一。DCO 产地证主要有 A、B、C 三种格式：格式 A 为单一国家产地声明书，一般适用于使用本国原材料并由本国生产的产品；格式 B 为多国产地声明书，一般用于来料加工、来件装配的产品，由多国生产；格式 C 为非多种纤维纺织品声明书，一般适用于纺织品原料是丝、麻类或其中羊毛含量不超过 17% 的纺织品。

三、 原产地证书的签证程序

（一）一般原产地证书的签证程序

1. 注册登记与审核

申请单位须向签证机构办理注册登记手续，经签证机构审核合格后，享有申办原产地证书的资格。申请单位向签证机构办理注册登记手续时，须提交下列文件：①由工商行政管理部门颁发的当年有效的或通过年审的营业执照副本影印件一份；②政府主管部门授予企业进出口经营权的文件影印件一份；③《申请一般原产地证明书注册登记表》一式两份。申请单位注册手签员、申领员的授权人应为企业法人代表，若授权人不是企业法人代表，须提供企业法人代表的授权书。手签员和申领员可以是同一人，也可以是不同的人。每一个申请企业允许授权三名手签员和三名申领员。

2. 原产地证书的申领与签发

企业经注册登记后，申领员凭签证机构颁发的申领员证申办原产地证书，企业最迟于货物报关出运前 3 日向签证机构申请办理原产地证书，并按签证机构的要求提交以下材料：①《中华人民共和国出口货物原产地证明书/加工装配证明书申请书》一份；②《中华人民共和国出口货物原产地证明书》一式四份；③出口货物商业发票；④其他证明文件。签发机构对上述材料审核无误后，签发原产地证书。

（二）普惠制原产地证书的签证程序

1. 注册登记

申请普惠制产地证书的单位必须事先持有审批机关批准其经营出口业务的证明文件、营业执照及其他有关文件，并在当地出入境检验检疫机构注册登记。

2. 申请出证

申请单位在本批货物出运前 5 日到商检机构办理申请事宜。申请时一般应提交以下材料：①《普惠制产地证申请书》一份；②缮制正确、清楚，并经申请单位手签和加盖公章的《普惠制产地证格式 A》一式三份；③出口货物商业发票副本一份；④含有进口成分的产品，还要提交《含进口成分商品成本明细单》一式两份；⑤复出口去日本的来料加工产品及以进养出的商品，还应提交缮制清楚的、经申请单位手签并加盖公章的《从日本进口原材料的证明》（Certificate of Materials Imported Form Japan）一式两份，以及来料（或进料）发票副本和装箱单；⑥ 其他被认为有必要提供的相关单证（如信用证、合同、报关单等）。

3. 签发证书

出入境检验检疫机构接受申请后，认真审核证书各栏内容，必要时可派人去生产厂家核查，经查无误的，即予签发证书。

4. 申请更改、后发

普惠制产地证书经签发后，申请人如需要更改证书内容的，必须征得原签证机构的同意，全数退回原证书，填写更改单，提交更改凭证和重新缮制的《普惠制产地证格式 A》一式三份，经签证机构审核后予以重新签发。

第二节　一般原产地证书

一、 一般原产地证书的申领手续

根据我国有关原产地证书申领的相关规定，出口企业最迟于货物出运前 3 天，持签证机构规定的正本文件，向签证机构申请办理一般原产地证书。申请企业必须提供以下文件：①《一般原产地证书申请书》一份；②《中华人民共和国原产地证书》一套（一正三副）；③出口商业发票正本一份；④发证机构所需的其他证明文件，如"加工工序清单"等。

二、 一般原产地证书的缮制

在我国出口业务中采用一般原产地证书来证明出口货物的原产地是中华人民共和国，而且符合《中华人民共和国货物原产地规则》。该文件是进口国海关对该进口货物按何种税率征收进口税的依据。下面为一般原产地证书（见式样 9-1）的填写方法。

1. certificate no.（证书编号）

证书编号位于证书右上方，由签证机构编制。

2. exporter（full name and address）（出口商名称、地址）

本栏填写出口公司的企业全称、详细地址，一般为信用证业务的受益人，托收业务中的托收人。

3. consignee（full name,address,country）（收货人名称、地址、国家）

本栏填写给惠国最终收货人名称和地址，一般包括企业全称、详细地址和国家名称，一般为信用证业务中的开证申请人，托收业务中的进口方。如果信用证要求所有单证收货人一栏留空，在这种情况下，此栏加注"To Whom It May Concern"或"To Order"。如果需要转运，在收货人后面加注"VIA"，然后填写转口商名称、地址和国家名称。

4. means of transport and route（运输方式和路线）

本栏填写装运港、目的港、中转港的名称，并说明运输方式和运输路线，应注明启运地、目的地以及运输方式等内容，如 From Shanghai to Hamburg by sea。

5. country/region of destination（目的地或最终目的国）

本栏填写货物最终到达的国家或地区，一般应与最终收货人或最终目的港国别一致，也可以将目的地和国名同时列出，如 New York U. S. A.。

6. for certify authority use only（供签证机构使用）

本栏由签证当局填写。正常情况下，此栏空白。如果是"后发证书"，加盖"ISSUED RETROSPECTIVELY"的红色印章。应当注意的是，日本一般不接受"后发证书"。

7. marks and numbers（唛头和包装号）

本栏填写商品包装上的装运标志，所填内容应完整、规范并与其他单据上的装运标志一致。当唛头过长时，可超出本栏，延续到第8栏内。一般不能简单地填写"As per invoice No×××"或类似内容。当无唛头时，填写"N/M"。

8. number and kind of packages description of goods（商品名称、包装数量及种类）

该栏应填写三项内容：①最大包装件数，包括大、小写两种方式，如"ONE HUNDRED（100）packages"；②商品名称，最大包装件数和商品名称用"of"连接，如"ONE HUNDRED（100）packages of door Locks"；③使用终止符号"***"将上述内容的下一行填满。

9. H. S. code（商品编码）

该栏应按照商品在《商品名称和编码协调制度》（*The Harmonized Commodity Description and Coding System*）中的编码填写，并与报关单中的商品编码一致。如同一证书包含几种不同商品，应填写全部的商品编号，此栏不得留有空白；有时候此栏填报10位商品编号，其中最后两位为补充号；填报的商品编号必须与实际货名一致，并与报关单中显示的H. S. code一致。

10. quantity or weight（数量或重量）

本栏应按提单或其他运输单据中的有关毛重、数量等正常计量单位填写。一般填写出口货物的数量并与商品计量单位连用。如果计量单位为重量，应标明毛重和净重，如"G. W. 400kg"或"N. W. 390kg"。

11. number and date of invoice（发票号码和日期）

本栏应填写两项内容：①发票号码；②发票日期。发票日期应早于或等于实际出口货物的日期。此栏不得空白。

12. declaration by the exporter（出口商声明）

本栏必须由出口公司指派的专人签字并签署地点、时间。该栏中的日期不能早于发票的签发日期，一般与发票的日期相同；同时不能迟于装运日期和第13栏签证机关的签发日期。

13. certification（签证机关证明）

此栏由签证当局填写机构的名称、地点和签证时间等，如"中国国际贸易促进委员会"，2019年10月于上海。

第三节　普惠制产地证书

一、　普惠制产地证书的申领手续

根据国家市场监督管理总局的相关规定，出口企业最迟于货物出运前5天，持签证机构规定的正本文件，向签证机构申请办理普惠制产地证书。申请企业必须提供以下文件：①《普惠制产地证书申请书》（见式样9-2）一份；②《普惠制产地证书格式A》一套（一正三副）；③出口商业发票正本一份；④发证机构所需的其他证明文件，如"加工工序清单"等；⑤如果出口货物含有进口成分，还应提交《含进口成分受惠商品成本明细单》一式两份。

二、 普惠制产地证书的缮制

普遍优惠制产地证简称普惠制产地证。凡是向给予我国以普惠制关税优惠待遇的国家出口的受惠商品，必须提供该产地证，以作为进口国海关减免关税的依据，其主要书面格式为 GSP Form A。在我国，普惠制产地证书由出口人填写后连同《普惠制产地证书申请书》和商业发票等单据资料一起送交国家市场监督管理总局签发。下面为 GSP Form A（见式样9-3）的填写方法。

1. reference no.（编号）

证书编号位于证书右上方，填写国家市场监督管理总局指定的编号。

2. issued in...（签发国别）

本栏位于证书名称栏下方，填写"THE PEOPLE'S REPUBLIC OF CHINA"，一般来说，国家市场监督管理总局在印刷证书时已印妥。

3. goods consigned from（exporter's business name, address, country）（出口商名称、地址、国家）

本栏填写出口公司的详细地址和名称，应该为我国出口单位的名称和地址。

4. goods consigned to（Consignee's name, address, country）（收货人名称、地址、国家）

本栏填写给惠国最终收货人的名称和地址，一般为信用证的开证申请人，如果最终的收货人不明确，则可以填写提单通知人或发票抬头人。当然，也可以采用"to whom it may concern"的表达方法。

5. means of transport and route（as far as known）（运输方式和路线，就所知而言）

本栏填写装运港、目的港、中转港的名称，并说明运输方式和运输路线，应注明启运地、目的地以及运输方式等内容，如 from Shanghai to Hamburg by sea。

6. for offical use（供签证方使用）

本栏供签证当局（国家市场监督管理总局）填写。正常情况下，此栏空白。如果是"后发证书"，加盖"ISSUED RETROSPECTIVELY"的红色印章。应当注意，日本一般不接受"后发证书"。

7. item number（项目号）

如果同一批出口货物含有不同种类商品品种，则按照每一项商品品种归类后，用阿拉伯数字"1""2""3"……编号填入此栏，单项商品用"1"表示。

8. marks and numbers of packages（唛头和包装号）

本栏填写要求与一般原产地证书基本一致。

9. number and kind of packages description of goods（商品名称、包装数量及种类）

本栏填写要求与一般原产地证书基本一致。当一份 Form A 的货物不止一种时，第 7、8、9 栏要做到一一对应。

10. origin criterion（see notes overleaf）（原产地标准）

该栏应按照《普惠制产地证书申请书》对货物原料的成分比例的不同填写"P""W""F"等字母，以下为具体的填列方法。

（1）完全自产，无进口成分，应填写"P"。

（2）含有进口成分的商品，出口到欧盟 27 国、瑞士、挪威和日本，符合有关给惠国的加工标准的，应填写"W"；经过出口国充分加工的产品输往欧盟等国时，应在"W"后加注出口产品在《海关合作理事会税则商品分类目录》（*Customs Co-operation Council Nomenclature*，*CCCN*）中的税目号，如"W"62.03。

（3）含有进口成分的商品出口到加拿大，如进口成分不超过产品出厂价值的 4%，应填写"F"。

（4）出口到澳大利亚、新西兰的产品，此栏可以空白。

（5）出口到俄罗斯、白俄罗斯、哈萨克斯坦、乌克兰、捷克和斯洛伐克的，进口成分的价值不超过商品离岸价 50% 的，应填写"Y"，并在"Y"下方加注该商品进口成分的价值占商品离岸价的百分比。

11. gross weight or other quantity（毛重或其他数量）

本栏填写方法与一般原产地证书基本一致。

12. number and date of invoices（发票号码和日期）

本栏填写方法与一般原产地证书基本一致。

13. certification（签证机关证明）

此栏由签证当局填写机构的名称并由其授权人手签。其一般由以下内容组成：①签证当局签章，只签一份正本，副本不予签章。②签证当局授权人手签。③签证日期不得早于第 12 栏的发票日期和第 14 栏的申请日期，也不能晚于提单的装运日期。④签发地点应包括城市名称和国家名称。

14. declaration by the exporter（出口商申明）

本栏包括产品原产国、进口国（给惠国）国名，出口公司、出口公司指派的专人签字和申报地点、时间。该日期不能早于发票的签发日期，一般与发票的日期相同，同时不能迟于装运日期和第 13 栏签证机关的签发日期。

式样 9 - 1　一般原产地证书

ORIGINAL

2. Exporter（full name and address）	1. Certificate No.
3. Consignee（full name，address，country）	**CERTIFICATE OF ORIGIN** **OF** **THE PEOPLE'S REPUBLIC OF CHINA**
4. Means of transport and route	6. For certifying authority use only
5. Country / region of destination	

7. Marks and numbers	8. Number and kind of packages description of goods	9. H. S. Code	10. Quantity or Weight	11. Number and date of invoices

12. Declaration by the exporter	13. Certification
The undersigned hereby declares that the above details and statement arecorrect; that all the goods were produced in China and that they comply with the Rules of Origin of the People's Republic of China.	it is hereby certified that the declaration by the exporter is correct.
--- Place and date，signature and stamp of authorized-signatory	--- Place and date，signature and stamp of certifying authority

式样 9-2　普惠制产地证书申请书

普惠制产地证申请书

申请人单位（盖章）：　　　　　　　　　　　　　　　　　　　　　　证书号：＿＿＿＿

申请人郑重声明：　　　　　　　　　　　　　　　　　　　　　　　　注册号：＿＿＿＿

　　本人是被正式授权代表出口单位办理和签署本申请书的。

　　本申请书及普惠制产地证书格式 A 所列内容正确无误，如发现弄虚作假，冒充格式 A 所列货物，擅改证书，自愿接受签证机关的处罚及负法律责任。现将有关情况申报如下：

生产单位		生产单位联系人电话		
商品名称 （中英文）		H.S. 税目号 （以六位数字计）		
商品（FOB）总值（以美元计）			发票号	
最终销售国		证书种类画"√"	加急证书	普通证书
货物拟出运日期				

贸易方式和企业性质（请在适用处画"√"）

正常贸易 C	来 进	料加工 L	补偿贸易 B	中外合资 H	中外合作 Z	外商独资 D	零 售 Y	展 卖 M
包装数量或毛重或其他数量								

原产地标准：

本项商品系在中国生产，完全符合该给惠国给惠方案规定，其原产地情况符合以下第　条。

(1)"P"（完全国产，未使用任何进口原材料）；

(2)"W" 其 H.S. 税目号为＿＿＿＿＿＿＿＿＿＿＿＿＿（含进口成分）；

(3)"F"（对加拿大出口产品，其进口成分不超过产品出厂价值的 40%）。

本批产品系：1. 直接运输从＿＿＿＿＿＿到＿＿＿＿＿＿；

　　　　　　2. 转口运输从＿＿＿＿＿＿中转国（地区）＿＿＿＿＿＿到＿＿＿＿＿＿。

申请人说明	领证人（签名）： 电话： 日期：　　　年　　月　　日

　　现提交中国出口商业发票副本一份，普惠制产地证书格式 A（Form A）一正二副，以及其他附件＿＿＿＿份，请予审核签证。

　　注：凡含有进口成分的商品，必须按要求提交《含进口成分受惠商品成本明细单》。

商 检 局 联 系 记 录

式样 9－3　普惠制产地证书

ORIGINAL

3. Goods consigned from (Exporter's business name, address, country)	1. Reference No. **GENERALIZED SYSTEM OF PREFERENCES** **CERTIFICATE OF ORIGIN** （**Combined declaration and certificate**） **FORM A**
4. Goods consigned to (Consignee's name, address, country)	2. Issued in **THE PEOPLE'S REPUBLIC OF CHINA** （country） See Notes, overleaf
5. Means of transport and route (as far as known)	6. For official use

7. Item number	8. Marks and numbers of packages	9. Number and kind of packages description of goods	10. Origin criterion (see Notes Overleaf)	11. Gross weight or other quantity	12. Number and date of invoices

13. Certification	14. Declaration by the exporter
It is hereby certified, on the basis of control carried out, that the declaration by the exporter is correct.	The undersigned hereby declares that the above details and statements are correct; that all the goods were produced in .... **CHINA** .... （country） and that they comply with the origin requirements specified for those goods in the Generalized System of Preferences for goods exported to .... （importing country）
.... Place and date, signature and stamp of certifying authority	.... Place and date, signature of authorized signatory

练习题

1. 根据如下一般原产地证书回答问题

ORIGINAL

1. Exporter（full name and address） **SHANGHAI KNITWEAR IMP. & EXP.** **CO. LTD. ，** **1040 NORTH SUZHOUROAD.** **SHANGHAI，CHINA**	Certificate No. **CERTIFICATE OF ORIGIN** **OF** **THE PEOPLE'S REPUBLIC OF CHINA**
2. Consignee（full name，address，country） **I. C. ISAACS& CO. LTD. ，** **3840 BANK STREET.** **BALTIMORE，MARYLAND 21224，U. S. A.**	
3. Means of transport and route **FROM SHANGHAI TO BALTIMORE BY SEA** 4. Country / Region of destination **U. S. A.**	5. For certifying authority use only

6. Marks and numbers **I. C. ISAACS&** **CO. LTD. ，LTD. ，** **BALTIMORE USA** **CTN/NO. 1——45** **MADE IN CHINA** **************	7. Number and kind of packages description of goods **FORTY FIVE（45）CARTONS** **65% POLYESTER 35% COTTON** **LADYIESKNIT JACKET** **STYLENO. H32331SE** **L/C NO. 89854955** ********************	8. H. S. Code 61. 04 *****	9. Quantity **QUANTITY** **1 080PCS** ********	10. Number and date of invoices 29B00558Y JUNE. 8th， 2019 *********

11. Declaration by the exporter The undersigned hereby declares that the above details and statement arecorrect；that all the goods were produced in China and that they comply with the Rules of Origin of the People's Republic of China. **SHANGHAI KNITWWEAR IMP. & EXP.** **CO. LTD. ，** **SHANGHAI JUNE. 18th，2019** --------×××-------- Place and date，signature and stamp of authorized-signatory	12. Certification it is hereby certified that the declaration by the exporter is correct. 中国国际贸易促进委员会 单据证明专用章 （沪） **CHINA COUNCIL FOR THE PROMOTION** **OF INTERNATIONAL TRADE** **SHANGHAI JUNE. 19th，2019** --------×××-------- Place and date，signature and stamp of certifying authority

（1）该业务中的出口商和收货人分别是谁？

（2）该业务出口采用何种运输方式？装运港和目的港分别是哪里？

（3）出口商品名称是什么？采用什么包装？共多少件？

（4）该业务的发票签发日期是哪年？发票号码是多少？

2. 根据第四章练习题 6 的信用证和第六章练习题 3 的商业发票填写一般原产地证书（其号码是 0566589，H. S. 编码是 61. 12）。

ORIGINAL

1. Exporter（full name and address）	Certificate No.
2. Consignee（full name，address，country）	**CERTIFICATE OF ORIGIN** **OF** **THE PEOPLE'S REPUBLIC OF CHINA**

3. Means of transport and route	5. For certifying authority use only
4. Country/Region of destination	

6. Marks and numbers	7. Number and kind of packages description of goods	8. H. S. Code	9. Quantity	10. Number and date of invoices

11. Declaration by the exporter	12. Certification
The undersigned hereby declares that the above details and statement are correct；that all the goods were produced in China and that they comply with the Rules of Origin of the People's Republic of China.	It is hereby certified that the declaration by the exporter is correct.
Place and date，signature and stamp of authorized signatory	Place and date，signature and stamp of certifying authority

本章要点　　　　重要概念　　　　重难点解析　　　　习题详解

第十章 进出口货物报关单

开篇案例

【案情】

请根据第二章案例上海新龙股份有限公司（SHANGHAI NEW DRAGON CO.，LTD.）与美国 CRYSTAL KOBE LTD. 就含 55％丙烯酸树脂 45％的棉女士短衫（LADIES' 55％ ACRYLIC 45％ COTTON KNITTED BLOUSE）签订的合同，第六章案例出口商上海新龙股份有限公司开出的发票和装箱单、原产地证书和信用证的相关内容以及以下补充内容填写一份出口货物报关单。

补充材料如下：

上海新龙股份有限公司（虹口区）委托上海久盛报关公司于 2019 年 11 月 18 日向上海浦江海关（2201）申报 2019 年 11 月 20 日出口。

经营单位代码：3109915022；

外汇核销单编号：28/155451；

许可证号：5 CN 695897；

H. S. CODE：6109.1000；

出口货物通关单：3110902040387390000；

B/L No.：CSA1505；

Vessel：ZHELU V. 031118SE；

F：USD 882；

I：0.27％；

G. W：2 584.000kgs；

N. W：2 326.000kgs；

法定计量单位：件；

生产厂家、发货单位同经营单位。

【分析】

出口货物报关单的填写应严格遵守实务操作中的相关规定，以下为本案例出口货物报关单的填写分析。

（1）出口口岸：在补充材料中指明向上海浦江海关申报。

（2）备案号：根据填制规范，如申领了《加工贸易手册》，该栏目应填写手册编号。在补充材料中没有提到《加工贸易手册》及其他备案审批文件，则此栏不需要填写。

（3）出口日期：在补充材料中说明于 2019 年 11 月 20 日出口。

（4）申报日期：在补充材料中说明于 2019 年 11 月 18 日申报。

（5）经营单位：在补充材料中说明经营单位为上海新龙股份有限公司，经营单位代码为 3109915022。

（6）运输方式：从合同的装运条款中可以看出运输方式为江海运输。

（7）运输工具名称：根据填制规范，采用海运运输方式的在运输工具一栏应填写船名航次，即填写：ZHELU V.031118SE。

（8）提运单号：补充材料中显示 B/L No. 为 CSA1505。

（9）发货单位：补充材料中显示发货单位为上海新龙股份有限公司，故在此栏填写该公司的 10 位经营单位代码即可。

（10）贸易方式：根据资料，贸易方式应为一般贸易。

（11）征免性质：贸易方式为一般贸易，其征免性质与贸易方式对应，为一般征税。

（12）结汇方式：根据资料，结汇方式为信用证。

（13）许可证号：根据填制规范，只有出口需申领出口许可证的商品才能填写本栏目。补充资料中显示有许可证号，故应填写 5 CN 695897。

（14）运抵国：在信用证中显示目的地为 NEW YORK，即纽约，故运抵国为美国。

（15）指运港：依据同上。

（16）境内货源地：应填写发货单位所在地，补充资料中显示发货单位所在地为上海虹口区。

（17）批准文号：应填写外汇核销单编号，补充资料中显示为 28/155451。

（18）成交方式：应填写实际成交方式。合同中显示成交方式为 CIF NEW YORK，故应填写 CIF。

（19）运费：出口成交方式为 CIF，则应填写运费，补充资料中显示为 882 美元，美元代码为 502，根据填制规范应填写为 502/882/3。

（20）保费：进口成交方式为 CIF，则应填写保费，补充资料中显示为 0.27%，根据填制规范应填写为 0.27/1。

（21）杂费：各项资料中均未显示有杂费，可不予填写。

（22）合同协议号：应填写订单或合约号码，即填写 21SSG-017。

（23）件数：应填写货物外包装数量。合同显示一共有 120 个纸箱，故应填写 120。

（24）包装种类：应填写纸箱。

（25）毛重：补充资料中 G. W 表示毛重，应填写 2 584。

（26）净重：补充资料中 N. W 表示净重，应填写 2 326。

（27）集装箱号：只有采用集装箱方式运输时，才有集装箱号。各项资料中并未显示为集装箱运输，故不存在集装箱号，应填写 0。

（28）随附单据：根据填制规范应填写监管证件的代码，补充资料中显示需提供出口货物通关单，故出口货物通关单的代码（B）及编号（3110902040038739000）应填写在该栏目内。

（29）生产厂家：补充资料中显示实际生产厂家同经营单位，故填写上海新龙股份有限公司。

（30）标记唛码及备注：根据填制规范，本栏应填写标记中除图案外所有的文字、字符，因此信用证 SHIPPING MARK 中所有内容均应填写在此栏中。同时，如有超过一个以上监管证件，还应将除随附单据中填写的监管证件以外的监管证件的代码及编码填写在此栏中。

（31）项号：根据填制规范，一般贸易进出口货物存在一个项号，为货物在报关单中所处的项号，故在项号一栏填写 01。

（32）商品编号：应为 8 位数编码，应将补充资料中显示的 H. S. CODE 6109. 1000 填写在本栏。

（33）商品名称：根据合同中对货物的描述显示商品应为含 55% 丙烯酸树脂 45% 棉的女士短衫，应同时将中英文品名及规格型号填写在该栏目。

（34）数量及单位：应按照法定计量单位和成交计量单位填写。在补充资料中显示，法定计量单位为件，因此在第一行填写 6000 件，在第三行填写 500DOZS。

（35）最终目的地（地区）：合同中显示运到 NEW YORK，应填写美国。

（36）单价：应填写实际成交的单价 59.17。

（37）总价：应填写实际成交的总价 29 585。

（38）币制：应填写合同中显示的 USD（美元）。

（39）征免：根据填制规范，一般征税对应的征免方式应为照章。

报关单填写如下：

中华人民共和国海关出口货物报关单

预录入编号：527642076- 　　　　　　海关编号：

出口口岸 上海浦江海关 2201	备案号		出口日期 2019.11.20	申报日期 2019.11.18
经营单位 上海新龙股份有限公司（3109915022）	运输方式 江海	运输工具名称 ZHELU V.031118SE		提运单号 CSA1505
发货单位 3109915022	贸易方式 一般贸易	征免性质 一般征税		结汇方式 信用证
许可证号 5 CN 695897	运抵国（地区） 美国	指运港 纽约		境内货源地 上海虹口区
批准文号 28/155451	成交方式 CIF	运费 502/882/3	保费 0.27/1	杂费
合同协议号 21SSG-017	件数 120	包装种类 纸箱	毛重（公斤） 2 584	净重（公斤） 2 326
集装箱号 0	随附单据 B：311090204038739000		生产厂家 上海新龙股份有限公司	

标记唛码及备注：CRYSTAL KOBE LTD.，
NEW YORK
ORDER NO. 21SSG-017
STYLE NO. H32331SE
L-02-I-03437
CARTON/NO. 1-120
MADE IN CHINA

项号	商品编号	商品名称	规格型号	数量及单位	最终目的地（地区）	单价	总价	币制	征免
01	6109.1000	女士短衫 55％丙烯酸树脂45％棉 STYLE NO. H32331SE		6 000 件 500DOZS	美国	59.17	29 585	美元	照章

税费征收情况

录入员　　录入单位	兹声明以上申报无讹并承担法律责任	海关审单批注及放行日期（签章）	
报关员××× 单位地址××××××× 邮编××××× 电话××××××××	 申报单位（签章）上海九盛报关公司 填制日期××××××	审单 征税 查验	审价 统计 放行

进出口货物的收、发货人或其代理人向海关办理进出口手续时，应填写《进口货物报关单》或《出口货物报关单》，同时提供批准货物进出口的证件和有关的货运商业票据，以便海关审查货物的进出口是否合法，确定关税的征收或减免，编制海关统计资料。能否正确填制报关单直接影响到报关效率、企业的经济利益和海关监管工作的各个环节，因此，正确填制报关单是海关对报关企业和报关员的基本要求，也是报关员必须履行的义务。

第一节 进出口货物报关单概述

一、 进出口货物报关单的含义与类别

进出口货物报关单是指进出口货物的收、发货人或其代理人，按照海关规定的格式就进出口货物的实际情况做出书面声明，以此要求海关对其货物按适用的海关制度办理通关手续的法律文书。

进出口报关单按照不同的标准可以分为以下几种类型。

（1）按进出口状态可划分为出口货物报关单和进口货物报关单。

（2）按表现形式可划分为纸质报关单和电子报关单。

（3）按海关监管方式可划分为进料加工进（出）口货物报关单、来料加工进（出）口货物报关单和一般贸易及其他贸易进（出）口货物报关单。

（4）按用途可划分为报关单录入凭单、预录入报关单和报关单证明联。

① 报关单录入凭单是指申报单位按海关规定的格式填写的凭单，即申报单位提供给预录入单位的原始数据报关单，用作报关单预录入的依据。

② 预录入报关单是指预录入单位录入、打印，由申报单位向海关申报的报关单，是报关单申报作业流程中正式申报电子数据报关的阶段。

③ 报关单证明联是指海关在核实货物实际进、出境后按报关单格式提供的证明，用作企业向税务部门、外汇管理部门办结有关手续的证明文件。

二、 进出口货物报关单各联的用途

纸质进口货物报关单一式五联，分别是海关作业联、海关留存联、企业留存联、海关核销联、进口付汇证明联。纸质出口货物报关单一式六联，分别是海关作业联、海关留存联、企业留存联、海关核销联、出口收汇证明联和出口退税证明联。

（1）进出口货物报关单海关作业联和留存联，是报关单位配合海关查验、缴纳税费、提取或装运货物的重要单据，也是海关查验货物、征收税费、编制海关统计资料以及处理其他海关事务的重要凭证。

（2）进出口货物报关单收、付汇证明联，是海关对已实际进出境的货物所签发的证明文件，是银行和国家外汇管理部门办理售汇、付汇、收汇及核销手续的重要依据之一。对

需办理进口付汇核销或出口收汇核销的货物，进出口货物收、发货人或其代理人应当在海关放行货物或结关以后，向海关申领进口货物报关单进口付汇证明联或出口货物报关单出口收汇证明联。

（3）进出口货物报关单海关核销联，是口岸海关对已经申报进口或出口的货物所签发的证明文件，是海关办理加工贸易合同核销、结案手续的重要凭证。加工贸易的货物进出口后，申报人应向海关领取进出口货物报关单海关核销联，并凭以向主管海关办理加工贸易合同核销手续。

（4）出口货物报关单出口退税证明联，是海关对已实际申报出口并已装运离境的货物所签发的证明文件，是国家税务部门办理出口货物退税手续的重要凭证之一。对可办理出口退税的货物，出口货物发货人或其代理人应当在载运货物的运输工具实际离境，海关收到载货清单（俗称"清洁舱单"）、办结海关手续后，向海关申领出口货物报关单出口退税证明联。对不属于退税范围的货物，海关均不予签发该联。

三、 进出口货物报关单的法律效力

我国《海关法》第二十四条规定："进口货物的收货人、出口货物的发货人应当向海关如实申报，交验进出口许可证件和有关单证。"进出口货物报关单及其他进出境报关单（证）在对外经济贸易活动中具有十分重要的法律效力，是货物的收、发货人向海关报告其进出口货物实际情况及适用何种海关制度，申请海关审查并放行货物的必备法律书证。它既是海关对进出口货物进行监管、征税、统计以及开展稽查、调查的重要依据，又是加工贸易核销、出口退税和进行外汇管理的重要凭证，也是海关查处进出口货物走私、违规案件以及税务、外汇管理部门查处骗税、套汇等犯罪活动的重要书证。因此，申报人要对所填报的进出口货物报关单的真实性和准确性承担法律责任。电子数据报关单与纸质报关单具有同等法律效力。

四、 海关对进出口货物报关单填制的一般要求

进出境货物的收、发货人或其代理人向海关申报时，必须填写并向海关递交进出口货物报关单。申报人在填制报关单时，应当依法如实向海关申报，对申报内容的真实性、准确性、完整性和规范性承担相应的法律责任。

（1）报关员必须按照我国《海关法》《中华人民共和国海关进出口货物申报管理规定》和《中华人民共和国海关进出口货物报关单填制规范》的有关规定和要求，向海关如实申报。

（2）报关单的填报必须真实，做到"两个相符"：一是单、证相符，即所填报关单各栏目的内容必须与合同、发票、装箱单、提单以及批文等随附单据相符；二是单、货相符，即所填报关单各栏目的内容必须与实际进出口货物情况相符，尤其是货物的品名、规格、数量、价格等栏目所填报的内容必须真实，不得出现差错，更不能出现伪报、瞒报、虚报。

（3）报关单的填报要准确、齐全、完整、清楚，报关单各栏目内容要逐项详细填报（打印），字迹要清楚、整洁、端正，不得用铅笔或红色复写纸填写；若有更正，必须在更

正项目上加盖校对章。

（4）不同批文或合同的货物、同一批货物中不同贸易方式的货物、不同备案号的货物、不同提运单下的货物、不同征免性质的货物、不同运输方式或相同运输方式但不同航次的货物，均应分别填写报关单。

（5）已向海关申报的进出口货物报关单，如原填报内容与实际进出口货物不一致而又有正当理由的，申报人应向海关递交书面更正申请，经海关核准后，对原填报的内容进行更改或撤销。

第二节　进出口报关单的缮制与填写

中华人民共和国海关进出口货物报关单按进口和出口分为《中华人民共和国海关进口货物报关单》（见式样 10—1）和《中华人民共和国海关出口货物报关单》（见式样 10—2）两种，每种报关单均有 47 个栏目。为规范进出口货物收、发货人的申报行为，统一进出口货物报关单填制要求，海关总署于 2018 年发布了《中华人民共和国海关进出口货物报关单填制规范》（以下简称《填制规范》）并于 2019 年进行了修订，统一规定了报关单各栏目的填写要求。报关单位（人）必须按照《填制规范》的要求，真实、准确地填制报关单的有关栏目，并对所填报内容的准确性和真实性承担相应的法律责任。下面具体介绍海关对进出口货物报关单中各栏目的填制要求和规定。

1. 预录入编号

预录入编号是指预录入报关单的编号，一份报关单对应一个预录入编号，由系统自动生成。

报关单预录入编号为 18 位，其中第 1～4 位为接受申报海关的代码（海关制定的《关区代码表》中相应的海关代码），第 5～8 位为录入时的公历年份，第 9 位为进出口标志（"1"为进口，"0"为出口；集中申报清单"I"为进口，"E"为出口），后 9 位为顺序编号。

2. 海关编号

海关编号是指海关接受申报时给予报关单的编号，一份报关单对应一个海关编号，由系统自动生成。

报关单海关编号为 18 位，其中第 1～4 位为接受申报海关的代码（海关制定的《关区代码表》中相应的海关代码），第 5～8 位为海关接受申报的公历年份，第 9 位为进出口标志（"1"为进口，"0"为出口；集中申报清单"I"为进口，"E"为出口），后 9 位为顺序编号。

3. 境内收货人/境内发货人

填报在海关备案的对外签订并执行进出口贸易合同的中国境内法人、其他组织名称及编码。编码填报 18 位法人和其他组织统一社会信用代码，没有统一社会信用代码的，填报其在海关的备案编码。

以下为特殊情况下的填报要求。

（1）进出口货物合同的签订者和执行者非同一企业的，填报执行合同的企业。

（2）外商投资企业委托进出口企业进口投资设备、物品的，填报外商投资企业，并在标记唛码及备注栏注明"委托某进出口企业进口"，同时注明被委托企业的18位法人和其他组织统一社会信用代码。

（3）有代理报关资格的报关企业代理其他进出口企业办理进出口报关手续时，填报委托的进出口企业。

（4）海关特殊监管区域收发货人填报该货物的实际经营单位或海关特殊监管区域内经营企业。

（5）免税品经营单位经营出口退税国产商品的，填报免税品经营单位名称。

4. 进境关别/出境关别

根据货物实际进出境的口岸海关，填报海关制定的《关区代码表》中相应口岸海关的名称及代码。

以下为特殊情况下的填报要求。

（1）进口转关运输货物填报货物进境地海关名称及代码，出口转关运输货物填报货物出境地海关名称及代码。按转关运输方式监管的跨关区深加工结转货物，出口报关单填报转出地海关名称及代码，进口报关单填报转入地海关名称及代码。

（2）在不同海关特殊监管区域或保税监管场所之间调拨、转让的货物，填报对方海关特殊监管区域或保税监管场所所在的海关名称及代码。

（3）其他无实际进出境的货物，填报接受申报的海关名称及代码。

5. 进口日期/出口日期

进口日期填报运载进口货物的运输工具申报进境的日期。出口日期是指运载出口货物的运输工具办结出境手续的日期，在申报时免予填报。无实际进出境的货物，填报海关接受申报的日期。

进出口日期应填写8位数字，顺序为年（4位）、月（2位）、日（2位）。

6. 申报日期

申报日期是指海关接受进出口货物收、发货人，受委托的报关企业申报数据的日期。以电子数据报关单方式申报的，申报日期为海关计算机系统接受申报数据时记录的日期。以纸质报关单方式申报的，申报日期为海关接受纸质报关单并对报关单进行登记处理的日期。本栏目在申报时免予填报。

申报日期应填写8位数字，顺序为年（4位）、月（2位）、日（2位）。

7. 备案号

本栏填报进出口货物收、发货人，消费使用单位，生产销售单位在海关办理加工贸易合同备案或征、减、免税审核确认等手续时，海关核发的《加工贸易手册》、海关特殊监管区域和保税监管场所保税账册、《征免税证明》或其他备案审批文件的编号。

一份报关单只允许填报一个备案号，以下为具体的填报要求。

（1）加工贸易项下货物，除少量低值辅料按规定不使用《加工贸易手册》及以后续补税监管方式办理内销征税的外，填报《加工贸易手册》编号。

使用异地直接报关分册和异地深加工结转出口分册在异地口岸报关的，填报分册号；本地直接报关分册和本地深加工结转分册限制在本地报关，填报总册号。

加工贸易成品凭《征免税证明》转为减免税进口货物的，进口报关单填报《征免税证明》编号，出口报关单填报《加工贸易手册》编号。

对加工贸易设备、使用账册管理的海关特殊监管区域内减免税设备之间的结转，转入和转出企业分别填制进、出口报关单，在报关单"备案号"栏目填报《加工贸易手册》编号。

（2）涉及征、减、免税审核确认的报关单，填报《征免税证明》编号。

（3）减免税货物退运出口，填报《中华人民共和国海关进口减免税货物准予退运证明》的编号；减免税货物补税进口，填报《减免税货物补税通知书》的编号；减免税货物进口或结转进口（转入），填报《征免税证明》的编号；相应的结转出口（转出），填报《中华人民共和国海关进口减免税货物结转联系函》的编号。

（4）免税品经营单位经营出口退税国产商品的，免予填报。

8. 境外发货人/境外收货人

境外发货人通常是指签订并执行进口贸易合同中的卖方；境外收货人通常是指签订并执行出口贸易合同中的买方或合同指定的收货人。

该栏填报境外收、发货人的名称及编码。名称一般填报英文名称，检验检疫要求填报其他外文名称的，在英文名称后填报，以半角括号分隔；对于 AEO 互认国家（地区）企业的，编码填报 AEO 编码，填报样式为："国别（地区）代码＋海关企业编码"，例如，新加坡 AEO 企业 SG123456789012（新加坡国别代码＋12 位企业编码）；非互认国家（地区）AEO 企业等其他情形，编码免予填报。

特殊情况下无境外收、发货人的，名称及编码填报"NO"。

9. 运输方式

运输方式包括实际运输方式和海关规定的特殊运输方式，前者是指货物实际进、出境的运输方式，按进、出境所使用的运输工具分类；后者是指货物无实际进、出境的运输方式，按货物在境内的流向分类。

根据货物实际进、出境的运输方式或货物在境内流向的类别，按照海关规定的《运输方式代码表》选择填报相应的运输方式。

（1）以下为特殊情况的填报要求。

① 非邮件方式进、出境的快递货物，按实际运输方式填报。

② 进口转关运输货物，按载运货物抵达进境地的运输工具填报；出口转关运输货物，按载运货物驶离出境地的运输工具填报。

③ 不复运出（入）境而留在境内（外）销售的进、出境展览品、留赠转卖物品等，填报"其他运输"（代码 9）。

④ 进出境旅客随身携带的货物，填报"旅客携带"（代码 L）。

⑤ 以固定设施（包括输油、输水管道和输电网等）运输货物的，填报"固定设施运

输"（代码 G）。

（2）以下为无实际进、出境货物在境内流转时的填报要求。

① 境内非保税区运入保税区货物和保税区退区货物，填报"非保税区"（代码 0）。

② 保税区运往境内非保税区货物，填报"保税区"（代码 7）。

③ 境内存入出口监管仓库和出口监管仓库退仓货物，填报"监管仓库"（代码 1）。

④ 保税仓库转内销货物或转加工贸易货物，填报"保税仓库"（代码 8）。

⑤ 从境内保税物流中心外运入中心或从中心运往境内中心外的货物，填报"物流中心"（代码 W）。

⑥ 从境内保税物流园区外运入园区或从园区内运往境内园区外的货物，填报"物流园区"（代码 X）。

⑦ 保税港区、综合保税区与境内（区外）（非海关特殊监管区域、保税监管场所）之间进出的货物，填报"保税港区/综合保税区"（代码 Y）。

⑧ 出口加工区、珠澳跨境工业区（珠海园区）、中哈霍尔果斯边境合作中心（中方配套区）与境内（区外）（非海关特殊监管区域、保税监管场所）之间进出的货物，填报"出口加工区"（代码 Z）。

⑨ 境内运入深港西部通道港方口岸区的货物以及境内进出中哈霍尔果斯边境合作中心中方区域的货物，填报"边境特殊海关作业区"（代码 H）。

⑩ 经横琴新区和平潭综合实验区（以下简称综合试验区）二线指定申报通道运往境内区外或从境内经二线指定申报通道进入综合试验区的货物，以及综合试验区内按选择性征收关税申报的货物，填报"综合试验区"（代码 T）。

⑪ 海关特殊监管区域内的流转、调拨货物，海关特殊监管区域、保税监管场所之间的流转货物，海关特殊监管区域与境内区外之间进出的货物，海关特殊监管区域外的加工贸易余料结转、深加工结转、内销货物，以及其他境内流转货物，填报"其他运输"（代码 9）。

10. 运输工具名称及航次号

本栏填报载运货物进出境的运输工具名称或编号及航次号。填报内容应与运输部门向海关申报的舱单（载货清单）所列相应内容一致。

（1）以下为运输工具名称的具体填报要求。

① 直接在进、出境地或采用全国通关一体化通关模式办理报关手续的报关单填报要求。

a. 水路运输：填报船舶编号（来往港澳小型船舶填报监管簿编号）或者船舶英文名称。

b. 公路运输：启用公路舱单前，填报该跨境运输车辆的国内行驶车牌号，深圳提前报关模式的报关单填报国内行驶车牌号＋"/"＋"提前报关"。启用公路舱单后，免予填报。

c. 铁路运输：填报车厢编号或交接单号。

d. 航空运输：填报航班号。

e. 邮件运输：填报邮政包裹单号。

f. 其他运输：填报具体运输方式名称，例如：管道、驮畜等。

② 转关运输货物的报关单填报要求。

A. 进口

a. 水路运输：直转、提前报关填报"@"＋16位转关申报单预录入号（或13位转关清单号）；中转填报进境英文船名。

b. 铁路运输：直转、提前报关填报"@"＋16位转关申报单预录入号；中转填报车厢编号。

c. 航空运输：直转、提前报关填报"@"＋16位转关申报单预录入号（或13位载货清单号）；中转填报"@"。

d. 公路及其他运输：填报"@"＋16位转关申报单预录入号（或13位载货清单号）。

e. 以上各种运输方式使用广东地区载货清单转关的提前报关货物填报"@"＋13位载货清单号。

B. 出口

a. 水路运输：非中转填报"@"＋16位转关申报单预录入号（或13位载货清单号）。如多张报关单需要通过一张转关单转关的，运输工具名称字段填报"@"。

中转货物，境内水路运输填报驳船船名；境内铁路运输填报车名（主管海关4位关区代码＋"TRAIN"）；境内公路运输填报车名（主管海关4位关区代码＋"TRUCK"）。

b. 铁路运输：填报"@"＋16位转关申报单预录入号（或13位载货清单号）。如多张报关单需要通过一张转关单转关的，填报"@"。

c. 航空运输：填报"@"＋16位转关申报单预录入号（或13位载货清单号）。如多张报关单需要通过一张转关单转关的，填报"@"。

d. 其他运输方式：填报"@"＋16位转关申报单预录入号（或13位载货清单号）。

③ 采用"集中申报"通关方式办理报关手续的，报关单填报"集中申报"。

④ 免税品经营单位经营出口退税国产商品的，免予填报。

⑤ 无实际进、出境的货物，免予填报。

（2）以下为航次号的具体填报要求。

① 直接在进、出境地或采用全国通关一体化通关模式办理报关手续的报关单填报要求。

a. 水路运输：填报船舶的航次号。

b. 公路运输：启用公路舱单前，填报运输车辆的8位进出境日期〔顺序为年（4位）、月（2位）、日（2位），下同〕。启用公路舱单后，填报货物运输批次号。

c. 铁路运输：填报列车的进出境日期。

d. 航空运输：免予填报。

e. 邮件运输：填报运输工具的进出境日期。

f. 其他运输方式：免予填报。

② 转关运输货物的报关单填报要求。

A．进口

a．水路运输：中转转关方式填报"@"＋进境干线船舶航次。直转、提前报关免予填报。

b．公路运输：免予填报。

c．铁路运输："@"＋8位进境日期。

d．航空运输：免予填报。

e．其他运输方式：免予填报。

B．出口

a．水路运输：非中转货物免予填报。中转货物：境内水路运输填报驳船航次号；境内铁路、公路运输填报6位启运日期［顺序为年（2位）、月（2位）、日（2位）］。

b．铁路拼车拼箱捆绑出口：免予填报。

c．航空运输：免予填报。

d．其他运输方式：免予填报。

③ 免税品经营单位经营出口退税国产商品的，免予填报。

④ 无实际进、出境的货物，免予填报。

11．提运单号

本栏填报进、出口货物提单或运单的编号。一份报关单只允许填报一个提单或运单号，一票货物对应多个提单或运单时，应分单填报。

以下为提运单号的具体填报要求。

（1）直接在进、出境地或采用全国通关一体化通关模式办理报关手续的报关单填报要求。

a．水路运输：填报进、出口提单号。如有分提单的，填报进、出口提单号＋"∗"＋分提单号。

b．公路运输：启用公路舱单前，免予填报；启用公路舱单后，填报进、出口总运单号。

c．铁路运输：填报运单号。

d．航空运输：填报总运单号＋"_"＋分运单号，无分运单的填报总运单号。

e．邮件运输：填报邮运包裹单号。

（2）转关运输货物的报关单填报要求。

A．进口

a．水路运输：直转、中转填报提单号。提前报关免予填报。

b．铁路运输：直转、中转填报铁路运单号。提前报关免予填报。

c．航空运输：直转、中转货物填报总运单号＋"_"＋分运单号。提前报关免予填报。

d．其他运输方式：免予填报。

e．以上运输方式进境货物，在广东省内用公路运输转关的，填报车牌号。

B．出口

a. 水路运输：中转货物填报提单号；非中转货物免予填报；广东省内汽车运输提前报关的转关货物，填报承运车辆的车牌号。

　　b. 其他运输方式：免予填报；广东省内汽车运输提前报关的转关货物，填报承运车辆的车牌号。

　　（3）采用"集中申报"通关方式办理报关手续的，报关单填报归并的集中申报清单的进、出口起止日期［按年（4位）月（2位）日（2位）年（4位）月（2位）日（2位）］。

　　（4）无实际进出境的货物，免予填报。

　　12. 货物存放地点

　　本栏填报货物进境后存放的场所或地点，包括海关监管作业场所、分拨仓库、定点加工厂、隔离检疫场、企业自有仓库等。

　　13. 消费使用单位/生产销售单位

　　（1）消费使用单位填报已知的进口货物在境内的最终消费、使用单位的名称，包括：①自行进口货物的单位；②委托进、出口企业进口货物的单位。

　　（2）生产销售单位填报出口货物在境内的生产或销售单位的名称，包括：①自行出口货物的单位；②委托进、出口企业出口货物的单位；③免税品经营单位经营出口退税国产商品的，填报该免税品经营单位统一管理的免税店。

　　（3）减免税货物报关单的消费使用单位/生产销售单位应与《中华人民共和国海关进出口货物征免税证明》（以下简称《征免税证明》）的"减免税申请人"一致；保税监管场所与境外之间的进出境货物，消费使用单位/生产销售单位填报保税监管场所的名称（保税物流中心（B型）填报中心内企业名称）。

　　（4）海关特殊监管区域的消费使用单位/生产销售单位填报区域内经营企业（"加工单位"或"仓库"）。

　　（5）编码填报要求。

　　① 填报18位法人和其他组织统一社会信用代码。

　　② 无18位统一社会信用代码的，填报"NO"。

　　（6）进口货物在境内的最终消费或使用以及出口货物在境内的生产或销售的对象为自然人的，填报身份证号、护照号、台胞证号等有效证件号码及姓名。

　　14. 监管方式

　　监管方式是以国际贸易中进、出口货物的交易方式为基础，结合海关对进、出口货物的征税、统计及监管条件综合设定的海关对进、出口货物的管理方式。其代码由4位数字构成，前两位是按照海关监管要求和计算机管理需要划分的分类代码，后两位是参照国际标准编制的贸易方式代码。

　　根据实际对外贸易情况按海关规定的监管方式代码表选择填报相应的监管方式简称及代码，一份报关单只允许填报一种监管方式。

　　以下为特殊情况下加工贸易货物监管方式的填报要求。

　　（1）进口少量低值辅料（即5 000美元以下，78种以内的低值辅料）按规定不使用《加工贸易手册》的，填报"低值辅料"。使用《加工贸易手册》的，按《加工贸易手册》

上的监管方式填报。

（2）加工贸易料件转内销货物以及按料件办理进口手续的转内销制成品、残次品、未完成品，填制进口报关单，填报"来料料件内销"或"进料料件内销"；加工贸易成品凭《征免税证明》转为减免税进口货物的，分别填制进、出口报关单，出口报关单填报"来料成品减免"或"进料成品减免"，进口报关单按照实际监管方式填报。

（3）加工贸易出口成品因故退运进口及复运出口的，填报"来料成品退换"或"进料成品退换"；加工贸易进口料件因换料退运出口及复运进口的，填报"来料料件退换"或"进料料件退换"；加工贸易过程中产生的剩余料件、边角料退运出口以及进口料件因品质、规格等原因退运出口且不再更换同类货物进口的，分别填报"来料料件复出""来料边角料复出""进料料件复出""进料边角料复出"。

（4）加工贸易边角料内销和副产品内销，填制进口报关单，填报"来料边角料内销"或"进料边角料内销"。

（5）企业销毁处置加工贸易货物未获得收入，销毁处置货物为料件、残次品的，填报"料件销毁"；销毁处置货物为边角料、副产品的，填报"边角料销毁"。企业销毁处置加工贸易货物获得收入的，填报"进料边角料内销"或"来料边角料内销"。

（6）免税品经营单位经营出口退税国产商品的，填报"其他"。

15. 征免性质

根据实际情况按海关规定的《征免性质代码表》选择填报相应的征免性质简称及代码，持有海关核发的《征免税证明》的，按照《征免税证明》中批注的征免性质填报。一份报关单只允许填报一种征免性质。

加工贸易货物报关单按照海关核发的《加工贸易手册》中批注的征免性质简称及代码填报。以下为特殊情况下的填报要求。

（1）加工贸易转内销货物，按实际情况填报（如一般征税、科教用品、其他法定等）。

（2）料件退运出口、成品退运进口货物填报"其他法定"。

（3）加工贸易结转货物，免予填报。

（4）免税品经营单位经营出口退税国产商品的，填报"其他法定"。

16. 许可证号

本栏填报进（出）口许可证、两用物项和技术进（出）口许可证、两用物项和技术出口许可证（定向）、纺织品临时出口许可证、出口许可证（加工贸易）、出口许可证（边境小额贸易）的编号。

免税品经营单位经营出口退税国产商品的，免予填报。

一份报关单只允许填报一个许可证号。

17. 启运港

本栏填报进口货物在运抵我国关境前的第一个境外装运港。

根据实际情况，按海关规定的《港口代码表》填报相应的港口名称及代码，未在《港口代码表》列明的，填报相应的国家名称及代码。货物从海关特殊监管区域或保税监管场所运至境内区外的，填报《港口代码表》中相应海关特殊监管区域或保税监管场所的名称及代码，未在《港口代码表》中列明的，填报"未列出的特殊监管区"及代码。

其他无实际进境的货物，填报"中国境内"及代码。

18. 合同协议号

本栏填报进出口货物合同（包括协议或订单）编号。未发生商业性交易的免予填报。

免税品经营单位经营出口退税国产商品的，免予填报。

19. 贸易国（地区）

发生商业性交易的进口填报购自国（地区），出口填报售予国（地区）。未发生商业性交易的填报货物所有权拥有者所属的国家（地区）。

按海关规定的《国别（地区）代码表》选择填报相应的贸易国（地区）中文名称及代码。

20. 启运国（地区）/运抵国（地区）

"启运国（地区）"填报进口货物起始发出直接运抵我国或者在运输中转国（地）未发生任何商业性交易的情况下运抵我国的国家（地区）。

"运抵国（地区）"填报出口货物离开我国关境直接运抵或者在运输中转国（地区）未发生任何商业性交易的情况下最后运抵的国家（地区）。

不经过第三国（地区）转运的直接运输进、出口货物，以进口货物的装货港所在国（地区）为启运国（地区），以出口货物的指运港所在国（地区）为运抵国（地区）。

经过第三国（地区）转运的进、出口货物，如在中转国（地区）发生商业性交易，则以中转国（地区）作为启运/运抵国（地区）。

按海关规定的《国别（地区）代码表》选择填报相应的启运国（地区）或运抵国（地区）中文名称及代码。

无实际进出境的货物，填报"中国"及代码。

21. 经停港/指运港

"经停港"填报进口货物在运抵我国关境前的最后一个境外装运港。

"指运港"填报出口货物运往境外的最终目的港；最终目的港不可预知的，按尽可能预知的目的港填报。

根据实际情况，按海关规定的《港口代码表》选择填报相应的港口名称及代码。经停港/指运港在《港口代码表》中无港口名称及代码的，可选择填报相应的国家名称及代码。

无实际进出境的货物，填报"中国"及代码。

22. 入境口岸/离境口岸

"入境口岸"填报进境货物从跨境运输工具卸离的第一个境内口岸的中文名称及代码；采取多式联运跨境运输的，填报多式联运货物最终卸离的境内口岸中文名称及代码；过境货物填报货物进入境内的第一个口岸的中文名称及代码；从海关特殊监管区域或保税监管场所进境的，填报海关特殊监管区域或保税监管场所的中文名称及代码。其他无实际进境的货物，填报货物所在地的城市名称及代码。

"离境口岸"填报装运出境货物的跨境运输工具离境的第一个境内口岸的中文名称及代码；采取多式联运跨境运输的，填报多式联运货物最初离境的境内口岸中文名称及代码；过境货物填报货物离境的第一个境内口岸的中文名称及代码；从海关特殊监管区域或保税监管场所离境的，填报海关特殊监管区域或保税监管场所的中文名称及代码。其他无实际出境的货物，填报货物所在地的城市名称及代码。

入境口岸/离境口岸类型包括港口、码头、机场、机场货运通道、边境口岸、火车站、车辆装卸点、车检场、陆路港、坐落在口岸的海关特殊监管区域等。按海关规定的《国内口岸编码表》选择填报相应的境内口岸名称及代码。

23. 包装种类

本栏填报进、出口货物的所有包装材料，包括运输包装和其他包装，按海关规定的《包装种类代码表》选择填报相应的包装种类名称及代码。运输包装指提运单所列货物件数单位对应的包装，其他包装包括货物的各类包装，以及植物性铺垫材料等。

24. 件数

本栏填报进、出口货物运输包装的件数（按运输包装计）。以下为特殊情况下的填报要求。

（1）舱单件数为集装箱的，填报集装箱个数。

（2）舱单件数为托盘的，填报托盘数。

不得填报为零，裸装货物填报为"1"。

25. 毛重（千克）

本栏填报进、出口货物及其包装材料的重量之和，计量单位为千克，不足一千克的填报为"1"。

26. 净重（千克）

本栏填报进、出口货物的毛重减去外包装材料后的重量，即货物本身的实际重量，计量单位为千克，不足一千克的填报为"1"。

27. 成交方式

根据进、出口货物实际成交价格条款，按海关规定的《成交方式代码表》选择填报相应的成交方式代码。

无实际进、出境的货物，进口填报 CIF，出口填报 FOB。

28. 运费

本栏填报进口货物运抵我国境内输入地点起卸前的运输费用，出口货物运至我国境内输出地点装载后的运输费用。

运费可按运费单价、总价或运费率三种方式之一填报，注明运费标记（运费标记"1"表示运费率，"2"表示每吨货物的运费单价，"3"表示运费总价），并按海关规定的《货币代码表》选择填报相应的币种代码。

免税品经营单位经营出口退税国产商品的，免予填报。

29. 保费

本栏填报进口货物运抵我国境内输入地点起卸前的保险费用，出口货物运至我国境内输出地点装载后的保险费用。

保费可按保险费总价或保险费率两种方式之一填报，注明保险费标记（保险费标记

"1"表示保险费率，"3"表示保险费总价），并按海关规定的《货币代码表》选择填报相应的币种代码。

免税品经营单位经营出口退税国产商品的，免予填报。

30. 杂费

本栏填报成交价格以外的、按照《中华人民共和国进出口关税条例》相关规定应计入完税价格或应从完税价格中扣除的费用。可按杂费总价或杂费率两种方式之一填报，注明杂费标记（杂费标记"1"表示杂费率，"3"表示杂费总价），并按海关规定的《货币代码表》选择填报相应的币种代码。

应计入完税价格的杂费填报为正值或正率，应从完税价格中扣除的杂费填报为负值或负率。

免税品经营单位经营出口退税国产商品的，免予填报。

31. 随附单证及编号

根据海关规定的《监管证件代码表》和《随附单据代码表》选择填报除第16条规定的许可证件以外的其他进出口许可证件或监管证件、随附单据代码及编号。

本栏目分为随附单证代码和随附单证编号两项内容，其中，代码栏按海关规定的《监管证件代码表》和《随附单据代码表》选择填报相应证件代码；随附单证编号栏填报证件编号。

（1）加工贸易内销征税报关单（使用金关二期加贸管理系统的除外），随附单证代码栏填报"c"，随附单证编号栏填报海关审核通过的内销征税联系单号。

（2）一般贸易进、出口货物，只能使用原产地证书申请享受协定税率或者特惠税率（以下统称优惠税率）的（无原产地声明模式），"随附单证代码"栏填报原产地证书代码"Y"，在"随附单证编号"栏填报优惠贸易协定代码和原产地证书编号。可以使用原产地证书或者原产地声明申请享受优惠税率的（有原产地声明模式），"随附单证代码"栏填写"Y"，"随附单证编号"栏填报优惠贸易协定代码"C"（凭原产地证书申报）或"D"（凭原产地声明申报），以及原产地证书编号（或者原产地声明序列号）。一份报关单对应一份原产地证书或原产地声明。各优惠贸易协定代码如下：

"01"为"亚太贸易协定"；

"02"为"中国—东盟自贸协定"；

"03"为"内地与香港关于建立更紧密经贸关系的安排"（香港CEPA）；

"04"为"内地与澳门关于建立更紧密经贸关系的安排"（澳门CEPA）；

"06"为"台湾农产品零关税措施"；

"07"为"中国—巴基斯坦自贸协定"；

"08"为"中国—智利自贸协定"；

"10"为"中国—新西兰自贸协定"；

"11"为"中国—新加坡自贸协定"；

"12"为"中国—秘鲁自贸协定"；

"13"为"最不发达国家特别优惠关税待遇"；

"14"为"海峡两岸经济合作框架协议（ECFA）"；

"15"为"中国—哥斯达黎加自贸协定"；

"16"为"中国—冰岛自贸协定"；

"17"为"中国—瑞士自贸协定"；

"18"为"中国—澳大利亚自贸协定"；

"19"为"中国—韩国自贸协定"；

"20"为"中国—格鲁吉亚自贸协定"。

海关特殊监管区域和保税监管场所内销货物申请适用优惠税率的，有关货物进、出海关特殊监管区域和保税监管场所以及内销时，已通过原产地电子信息交换系统实现电子联网的优惠贸易协定项下货物报关单，按照上述一般贸易要求填报；未实现电子联网的优惠贸易协定项下货物报关单，"随附单证代码"栏填报"Y"，"随附单证编号"栏填报优惠贸易协定代码和原产地证据文件备案号。原产地证据文件备案号为进、出口货物的收、发货物人或者其代理人录入原产地证据文件电子信息后，系统自动生成的号码。

向香港或者澳门特别行政区出口用于生产香港CEPA或者澳门CEPA项下货物的原材料时，按照上述一般贸易填报要求填制报关单，香港或澳门生产厂商在香港工贸署或者澳门经济局登记备案的有关备案号填报在"关联备案"栏。

"单证对应关系表"中填报报关单上的申报商品项与原产地证书（原产地声明）上的商品项之间的对应关系。报关单上的商品序号与原产地证书（原产地声明）上的项目编号应一一对应，不要求顺序对应。同一批次进口货物可以在同一报关单中申报，不享受优惠税率的货物序号不填报在"单证对应关系表"中。

（3）各优惠贸易协定项下，免提交原产地证据文件的小金额进口货物，"随附单证代码"栏填报"Y"，"随附单证编号"栏填报优惠贸易协定代码"XJE00000"，"单证对应关系表"享惠报关单项号按实际填报，对应单证项号与享惠报关单项号相同。

32. 标记唛码及备注

以下为填报要求。

（1）标记唛码中除图形以外的文字、数字，无标记唛码的填报N/M。

（2）受外商投资企业委托代理其进口投资设备、物品的进、出口企业名称。

（3）与本报关单有关联关系的，同时在业务管理规范方面又要求填报的备案号，填报在电子数据报关单中"关联备案"栏。

保税间流转货物、加工贸易结转货物及凭《征免税证明》转内销货物，其对应的备案号填报在"关联备案"栏。

减免税货物结转进口（转入），"关联备案"栏填报本次减免税货物结转所申请的《中华人民共和国海关进口减免税货物结转联系函》的编号。

减免税货物结转出口（转出），"关联备案"栏填报与其相对应的进口（转入）报关单"备案号"栏中《征免税证明》的编号。

（4）与本报关单有关联关系的，同时在业务管理规范方面又要求填报的报关单号，填报在电子数据报关单中"关联报关单"栏。

保税间流转、加工贸易结转类的报关单，应先办理进口报关，并将进口报关单号填入出口报关单的"关联报关单"栏。

办理进口货物直接退运手续的，除另有规定外，应先填制出口报关单，再填制进口报关单，并将出口报关单号填报在进口报关单的"关联报关单"栏。

减免税货物结转出口（转出），应先办理进口报关，并将进口（转入）报关单号填入出口（转出）报关单的"关联报关单"栏。

（5）办理进口货物直接退运手续的，填报"＜ZT"＋海关审核联系单号或者《海关责令进口货物直接退运通知书》编号＋"＞"。办理固体废物直接退运手续的，填报"固体废物，直接退运表××号/责令直接退运通知书××号"。

（6）保税监管场所进、出货物，在"保税/监管场所"栏填报本保税监管场所编码（保税物流中心（B型）填报本中心的国内地区代码），其中涉及货物在保税监管场所间流转的，在本栏填报对方保税监管场所代码。

（7）涉及加工贸易货物销毁处置的，填报海关加工贸易货物销毁处置申报表编号。

（8）当监管方式为"暂时进出货物"（代码 2600）和"展览品"（代码 2700）时，以下为具体填报要求。

① 根据《中华人民共和国海关暂时进出境货物管理办法》（海关总署令第 233 号，以下简称《管理办法》）第三条第一款所列项目，填报暂时进、出境货物类别，如：暂进六，暂出九。

② 根据《管理办法》第十条规定填报复运出境或者复运进境日期，期限应在货物进出境之日起 6 个月内，如：20180815 前复运进境，20181020 前复运出境。

③ 根据《管理办法》第七条向海关申请对有关货物是否属于暂时进出境货物进行审核确认的，填报《中华人民共和国 XX 海关暂时进出境货物审核确认书》编号，如：＜ZS 海关审核确认书编号＞，其中，英文为大写字母；无此项目的，无须填报。

上述内容依次填报，项目间用"/"分隔，前后均不加空格。

④ 收、发货人或其代理人申报货物复运进境或者复运出境的：货物办理过延期的，根据《管理办法》填报《货物暂时进/出境延期办理单》的海关回执编号，如：＜ZS 海关回执编号＞，其中，英文为大写字母；无此项目的，无须填报。

（9）跨境电子商务进出口货物，填报"跨境电子商务"。

（10）加工贸易副产品内销，填报"加工贸易副产品内销"。

（11）服务外包货物进口，填报"国际服务外包进口货物"。

（12）公式定价进口货物填报公式定价备案号，格式为："公式定价"＋备案编号＋"@"。对于同一报关单下有多项商品的，如某项或某几项商品为公式定价备案，则备注栏内填报为："公式定价"＋备案编号＋"＃"＋商品序号＋"@"。

（13）进出口与《预裁定决定书》列明情形相同的货物时，按照《预裁定决定书》填报，格式为："预裁定＋《预裁定决定书》编号"（例如：某份预裁定决定书编号为 R-2-0100-2018-0001，则填报为"预裁定 R-2-0100-2018-0001"）。

（14）含归类行政裁定报关单，填报归类行政裁定编号，格式为："c"＋四位数字编号，例如 c0001。

（15）已经在进入特殊监管区时完成检验的货物，在出区入境申报时，填报"预检验"字样，同时在"关联报检单"栏填报实施预检验的报关单号。

（16）进口直接退运的货物，填报"直接退运"字样。

（17）企业提供 ATA 单证册的货物，填报"ATA 单证册"字样。

（18）不含动物源性低风险生物制品，填报"不含动物源性"字样。

（19）货物自境外进入境内特殊监管区或者保税仓库的，填报"保税入库"或者"境外入区"字样。

（20）海关特殊监管区域与境内区外之间采用分送集报方式进出的货物，填报"分送集报"字样。

（21）军事装备出入境的，填报"军品"或"军事装备"字样。

（22）申报 HS 为 3821000000、3002300000 的，属于下列情况的，填报要求为：属于培养基的，填报"培养基"字样；属于化学试剂的，填报"化学试剂"字样；不含动物源性成分的，填报"不含动物源性"字样。

（23）属于修理物品的，填报"修理物品"字样。

（24）属于下列情况的，填报"压力容器""成套设备""食品添加剂""成品退换""旧机电产品"等字样。

（25）申报 HS 为 2903890020（入境六溴环十二烷），用途为"其他（99）"的，填报具体用途。

（26）集装箱体信息填报集装箱号（在集装箱箱体上标示的全球唯一编号）、集装箱规格、集装箱商品项号关系（单个集装箱对应的商品项号，以半角逗号分隔）、集装箱货重（集装箱箱体自重＋装载货物重量，单位为千克）。

（27）申报 HS 为 3006300000、3504009000、3507909010、3507909090、3822001000、3822009000，不属于"特殊物品"的，填报"非特殊物品"字样。"特殊物品"定义见《出入境特殊物品卫生检疫管理规定》（国家质量监督检验检疫总局令第 160 号公布，根据国家质量监督检验检疫总局令第 184 号，海关总署令第 238 号、第 240 号、第 243 号修改）。

（28）进出口列入目录的进出口商品及法律、行政法规规定须经出入境检验检疫机构检验的其他进出口商品实施检验的，填报"应检商品"字样。

（29）申报时其他必须说明的事项。

33. 项号

分两行填报。第一行填报报关单中的商品顺序编号；第二行填报备案序号，专用于加工贸易及保税、减免税等已备案、审批的货物，填报该项货物在《加工贸易手册》或《征免税证明》等备案、审批单证中的顺序编号。有关优惠贸易协定项下报关单填制要求按照海关总署相关规定执行。以下为该栏第二行在特殊情况下的填报要求。

（1）深加工结转货物，分别按照《加工贸易手册》中的进口料件项号和出口成品项号填报。

（2）料件结转货物（包括料件、制成品和未完成品折料），出口报关单按照转出《加工贸易手册》中进口料件的项号填报；进口报关单按照转进《加工贸易手册》中进口料件的项号填报。

（3）料件复出货物（包括料件、边角料），出口报关单按照《加工贸易手册》中进口料件的项号填报；如边角料对应一个以上料件项号时，填报主要料件项号。料件退换货物（包括料件、不包括未完成品），进出口报关单按照《加工贸易手册》中进口料件的项号填报。

（4）成品退换货物，退运进境报关单和复运出境报关单按照《加工贸易手册》原出口成品的项号填报。

（5）加工贸易料件转内销货物（以及按料件办理进口手续的转内销制成品、残次品、未完成品）填制进口报关单，填报《加工贸易手册》进口料件的项号；加工贸易边角料、副产品内销，填报《加工贸易手册》中对应的进口料件项号。如边角料或副产品对应一个以上料件项号时，填报主要料件项号。

（6）加工贸易成品凭《征免税证明》转为减免税货物进口的，应先办理进口报关手续。进口报关单填报《征免税证明》中的项号，出口报关单填报《加工贸易手册》原出口成品项号，进、出口报关单货物数量应一致。

（7）加工贸易货物销毁，填报《加工贸易手册》中相应的进口料件项号。

（8）加工贸易副产品退运出口、结转出口，填报《加工贸易手册》中新增成品的出口项号。

（9）经海关批准实行加工贸易联网监管的企业，按海关联网监管要求，企业需申报报关清单的，应在向海关申报进出口（包括形式进出口）报关单前，向海关申报"清单"。一份报关清单对应一份报关单，报关单上的商品由报关清单归并而得。加工贸易电子账册报关单中项号、品名、规格等栏目的填制规范比照《加工贸易手册》。

34. 商品编号

本栏填报由 10 位数字组成的商品编号，前 8 位为《中华人民共和国进出口税则》和《中华人民共和国海关统计商品目录》确定的编码；第 9、10 位为监管附加编号。

35. 商品名称及规格型号

分两行填报。第一行填报进、出口货物规范的中文商品名称，第二行填报规格型号。以下为具体填报要求。

（1）商品名称及规格型号应据实填报，并与进、出口货物收、发货人或受委托的报关企业所提交的合同、发票等相关单证相符。

（2）商品名称应当规范，规格型号应当足够详细，以能满足海关归类、审价及许可证件管理要求为准，可参照《中华人民共和国海关进出口商品规范申报目录》中对商品名称、规格型号的要求进行填报。

（3）已备案的加工贸易及保税货物，填报的内容必须与备案登记中同项号下货物的商品名称一致。

（4）对需要海关签发《货物进口证明书》的车辆，商品名称栏填报车辆品牌＋排气量

（注明 cc）＋车型（如越野车、小轿车等）。进口汽车底盘不填报排气量。车辆品牌按照《进口机动车辆制造厂名称和车辆品牌中英文对照表》中"签注名称"一栏的要求填报。规格型号栏可填报"汽油型"等。

（5）由同一运输工具同时运抵同一口岸并且属于同一收货人、使用同一提单的多种进口货物，按照商品归类规则应当归入同一商品编号的，应当将有关商品一并归入该商品编号。商品名称填报一并归类后的商品名称；规格型号填报一并归类后商品的规格型号。

（6）加工贸易边角料和副产品内销，边角料复出口，填报其报验状态的名称和规格型号。

（7）进口货物收货人以一般贸易方式申报进口属于《需要详细列名申报的汽车零部件清单》（海关总署 2006 年第 64 号公告）范围内的汽车生产件的，具体按以下要求填报。

① 商品名称填报进口汽车零部件的详细中文商品名称和品牌，中文商品名称与品牌之间用"/"相隔，必要时加注英文商品名称；进口的成套散件或者毛坯件应在品牌后加注"成套散件""毛坯"等字样，并与品牌之间用"/"相隔。

② 规格型号填报汽车零部件的完整编号。在零部件编号前应当加注"S"字样，并与零部件编号之间用"/"相隔，零部件编号之后应当依次加注该零部件适用的汽车品牌和车型。汽车零部件属于可以适用于多种汽车车型的通用零部件的，零部件编号后应当加注"TY"字样，并用"/"与零部件编号相隔。与进口汽车零部件规格型号相关的其他需要申报的要素，或者海关规定的其他需要申报的要素，如"功率""排气量"等，应当在车型或"TY"之后填报，并用"/"与之相隔。汽车零部件报验状态是成套散件的，应当在"标记唛码及备注"栏内填报该成套散件装配后的最终完整品的零部件编号。

（8）进口货物收货人以一般贸易方式申报进口属于《需要详细列名申报的汽车零部件清单》（海关总署 2006 年第 64 号公告）范围内的汽车维修件的，填报规格型号时，应当在零部件编号前加注"W"，并与零部件编号之间用"/"相隔；进口维修件的品牌与该零部件适用的整车厂牌不一致的，应当在零部件编号前加注"WF"，并与零部件编号之间用"/"相隔。其余申报要求同上条执行。

（9）品牌类型。品牌类型为必填项目，可选择"无品牌"（代码 0）、"境内自主品牌"（代码 1）、"境内收购品牌"（代码 2）、"境外品牌（贴牌生产）"（代码 3）、"境外品牌（其他）"（代码 4）如实填报。其中，"境内自主品牌"是指由境内企业自主开发、拥有自主知识产权的品牌；"境内收购品牌"是指境内企业收购的原境外品牌；"境外品牌（贴牌生产）"是指境内企业代工贴牌生产中使用的境外品牌；"境外品牌（其他）"是指除代工贴牌生产以外使用的境外品牌。上述品牌类型中，除"境外品牌（贴牌生产）"仅用于出口外，其他类型均可用于进口和出口。

（10）出口享惠情况。出口享惠情况为出口报关单的必填项目，可选择"出口货物在最终目的国（地区）不享受优惠关税""出口货物在最终目的国（地区）享受优惠关税""出口货物不能确定在最终目的国（地区）享受优惠关税"如实填报。进口货物报关单不填报该申报项。

（11）申报进口已获 3C 认证的机动车辆时，填报以下信息。

① 提运单日期。填报该项货物的提运单签发日期。

② 质量保质期。填报机动车的质量保证期。

③ 发动机号或电机号。填报机动车的发动机号或电机号，应与机动车上打刻的发动机号或电机号相符。纯电动汽车、插电式混合动力汽车、燃料电池汽车应填报电机号，其他机动车应填报发动机号。

④ 车辆识别代码（VIN）。填报机动车车辆识别代码，须符合国家强制性标准《道路车辆 车辆识别代号（VIN）》（GB 16735）的要求。该项目一般与机动车的底盘（车架号）相同。

⑤ 发票所列数量。填报对应发票中所列进口机动车的数量。

⑥ 品名（中文名称）。填报机动车中文品名，按《进口机动车辆制造厂名称和车辆品牌中英文对照表》（原质检总局 2004 年 52 号公告）的要求填报。

⑦ 品名（英文名称）。填报机动车英文品名，按《进口机动车辆制造厂名称和车辆品牌中英文对照表》（原质检总局 2004 年 52 号公告）的要求填报。

⑧ 型号（英文）。填报机动车型号，与机动车产品标牌上整车型号一栏相符。

（12）进口货物收货人申报进口属于实施反倾销反补贴措施货物的，填报"原厂商中文名称""原厂商英文名称""反倾销税率""反补贴税率"和"是否符合价格承诺"等计税必要信息。格式要求为："｜<><><><><>"。"｜""<"和">"均为英文半角符号。第一个"｜"为在规格型号栏目中已填报的最后一个申报要素后系统自动生成或人工录入的分隔符（若相关商品税号无规范申报填报要求，则需要手工录入"｜"），"｜"后面 5 个"<>"内的内容依次为"原厂商中文名称""原厂商英文名称（如无原厂商英文名称，可填报以原厂商所在国或地区文字标注的名称，具体可参照商务部实施贸易救济措施相关公告中对有关原厂商的外文名称写法）""反倾销税率""反补贴税率""是否符合价格承诺"。其中，"反倾销税率"和"反补贴税率"填写实际值，如税率为 30%，填写"0.3"。"是否符合价格承诺"填写"1"或者"0"，"1"代表"是"，"0"代表"否"。填报时，5 个"<>"不可缺项，如第 3、4、5 项"<>"中无申报事项，相应的"<>"中内容可以为空，但"<>"需要保留。

36. 数量及单位

数量及单位分三行填报。

（1）第一行按进、出口货物的法定第一计量单位填报数量及单位，法定计量单位以《中华人民共和国海关统计商品目录》中的计量单位为准。

（2）凡列明有法定第二计量单位的，在第二行按照法定第二计量单位填报数量及单位。无法定第二计量单位的，第二行为空。

（3）成交计量单位及数量填报在第三行。

（4）本栏通常以法定计量单位为"千克"的数量填报，以下为特殊情况下的填报要求。

① 装入可重复使用的包装容器的货物，按货物扣除包装容器后的重量填报，如罐装同位素、罐装氧气及类似品等。

② 使用不可分割包装材料和包装容器的货物，按货物的净重填报（即包括内层直接包装的净重重量），如采用供零售包装的罐头、药品及类似品等。

③ 按照商业惯例以公量重计价的商品，按公量重填报，如未脱脂羊毛、羊毛条等。

④ 采用以毛重作为净重计价的货物，可按毛重填报，如粮食、饲料等大宗散装货物。

⑤ 采用零售包装的酒类、饮料、化妆品，按照液体/乳状/膏状/粉状部分的重量填报。

（5）成套设备、减免税货物如需分批进口，货物实际进口时，按照实际报验状态确定数量。

（6）具有完整品或制成品基本特征的不完整品、未制成品，根据《商品名称及编码协调制度》归类规则按完整品归类的，按照构成完整品的实际数量填报。

（7）已备案的加工贸易及保税货物，成交计量单位必须与《加工贸易手册》中同项号下货物的计量单位一致，加工贸易边角料和副产品内销、边角料复出口，填报其报验状态的计量单位。

（8）优惠贸易协定项下进、出口商品的成交计量单位必须与原产地证书上对应商品的计量单位一致。

（9）法定计量单位为立方米的气体货物，折算成标准状况（即摄氏零度及1个标准大气压）下的体积进行填报。

37. 单价/总价/币制

"单价"填报同一项号下进、出口货物实际成交的商品单位价格；无实际成交价格的，填报单位货值。"总价"填报同一项号下进、出口货物实际成交的商品总价格；无实际成交价格的，填报货值。"币制"按海关规定的《货币代码表》选择相应的货币名称及代码填报，如《货币代码表》中无实际成交币种，需将实际成交货币按申报日外汇折算率折算成《货币代码表》列明的货币填报。

38. 原产国（地区）

原产国（地区）依据《中华人民共和国进出口货物原产地条例》、《中华人民共和国海关关于执行〈非优惠原产地规则中实质性改变标准〉的规定》以及海关总署关于各项优惠贸易协定原产地管理规章规定的原产地确定标准填报。同一批进、出口货物的原产地不同的，分别填报原产国（地区）。进、出口货物原产国（地区）无法确定的，填报"国别不详"。

按海关规定的《国别（地区）代码表》选择填报相应的国家（地区）名称及代码。

39. 最终目的国（地区）

"最终目的国（地区）"填报已知的进、出口货物的最终实际消费、使用或进一步加工制造国家（地区）。不经过第三国（地区）转运的直接运输货物，以运抵国（地区）为最终目的国（地区）；经过第三国（地区）转运的货物，以最后运往国（地区）为最终目的国（地区）。同一批进、出口货物的最终目的国（地区）不同的，分别填报最终目的国（地区）。进、出口货物不能确定最终目的国（地区）时，以尽可能预知的最后运往国（地区）为最终目的国（地区）。

按海关规定的《国别（地区）代码表》选择填报相应的国家（地区）名称及代码。

40. 境内目的地/境内货源地

"境内目的地"填报已知的进口货物在国内的消费、使用地或最终运抵地，其中，最终运抵地为最终使用单位所在的地区。最终使用单位难以确定的，填报货物进口时预知的最终收货单位所在地。

"境内货源地"填报出口货物在国内的产地或原始发货地。出口货物产地难以确定的，填报最早发运该出口货物的单位所在地。

海关特殊监管区域、保税物流中心（B型）与境外之间的进出境货物，境内目的地/境内货源地填报本海关特殊监管区域、保税物流中心（B型）所对应的国内地区。

按海关规定的《国内地区代码表》选择填报相应的国内地区名称及代码。境内目的地还需根据《中华人民共和国行政区划代码表》选择填报其对应的县级行政区名称及代码。无下属区县级行政区的，可选择填报地市级行政区。

41. 征免

按照海关核发的《征免税证明》或有关政策规定，对报关单所列每项商品选择海关规定的《征减免税方式代码表》中相应的征减免税方式填报。

加工贸易货物报关单根据《加工贸易手册》中备案的征免规定填报；《加工贸易手册》中备案的征免规定为"保金"或"保函"的，填报"全免"。

42. 特殊关系确认

根据《中华人民共和国海关审定进出口货物完税价格办法》（以下简称《审价办法》）第十六条，填报确认进、出口行为中买卖双方是否存在特殊关系，有下列情形之一的，应当认为买卖双方存在特殊关系，应填报"是"；反之则填报"否"。

（1）买卖双方为同一家族成员的。

（2）买卖双方互为商业上的高级职员或者董事的。

（3）一方直接或者间接地受另一方控制的。

（4）买卖双方都直接或者间接地受第三方控制的。

（5）买卖双方共同直接或者间接地控制第三方的。

（6）一方直接或者间接地拥有、控制或者持有对方5%以上（含5%）公开发行的有表决权的股票或者股份的。

（7）一方是另一方的雇员、高级职员或者董事的。

（8）买卖双方是同一合伙的成员的。

买卖双方在经营上相互有联系，一方是另一方的独家代理、独家经销或者独家受让人，如果符合前款的规定，也应当视为存在特殊关系。

出口货物免予填报，加工贸易及保税监管货物（内销保税货物除外）免予填报。

43. 价格影响确认

根据《审价办法》第十七条，填报确认纳税义务人是否可以证明特殊关系未对进口货物的成交价格产生影响，纳税义务人能证明其成交价格与同时或者大约同时发生的下列任何一款价格相近的，应视为特殊关系未对成交价格产生影响，填报"否"，反之则填报"是"。

（1）向境内无特殊关系的买方出售的相同或者类似进口货物的成交价格。

（2）按照《审价办法》第二十三条的规定所确定的相同或者类似进口货物的完税价格。

（3）按照《审价办法》第二十五条的规定所确定的相同或者类似进口货物的完税价格。

出口货物免予填报，加工贸易及保税监管货物（内销保税货物除外）免予填报。

44. 支付特许权使用确认

根据《审价办法》第十一条和第十三条，填报确认买方是否存在向卖方或者有关方直接或者间接支付与进口货物有关的特许权使用费，且未包括在进口货物的实付、应付价格中。

买方存在需向卖方或者有关方直接或者间接支付特许权使用费，且未包含在进口货物实付、应付价格中，并且符合《审价办法》第十三条的，在"支付特许权使用费确认"栏目填报"是"。

买方存在需向卖方或者有关方直接或者间接支付特许权使用费，且未包含在进口货物实付、应付价格中，但纳税义务人无法确认是否符合《审价办法》第十三条的，填报"是"。

买方存在需向卖方或者有关方直接或者间接支付特许权使用费且未包含在实付、应付价格中，纳税义务人根据《审价办法》第十三条，可以确认需支付的特许权使用费与进口货物无关的，填报"否"。

买方不存在向卖方或者有关方直接或者间接支付特许权使用费的，或者特许权使用费已经包含在进口货物实付、应付价格中的，填报"否"。

出口货物免予填报，加工贸易及保税监管货物（内销保税货物除外）免予填报。

45. 自报自缴

进出口企业、单位采用"自主申报、自行缴税"（自报自缴）模式向海关申报时，填报"是"；反之则填报"否"。

46. 申报单位

自理报关的，填报进出口企业的名称及编码；委托代理报关的，填报报关企业名称及编码。编码填报18位法人和其他组织统一社会信用代码。

报关人员填报在海关备案的姓名、编码、电话，并加盖申报单位印章。

47. 海关批注及签章

供海关作业时签注。

注意：

报关单录入凭单：是指申报单位按报关单的格式填写的凭单，用作报关单预录入的依据。该凭单的编号规则由申报单位自行决定。

预录入报关单：是指预录入单位按照申报单位填写的报关单凭单录入、打印由申报单位向海关申报，海关尚未接受申报的报关单。

报关单证明联：是指海关在核实货物实际进出境后按报关单格式提供的，用作进、出口货物收、发货人向国税、外汇管理部门办理退税和外汇核销手续的证明文件。

以上所述尖括号（＜＞）、逗号（,）、连接符（－）、冒号（:）等标点符号及数字，填报时都必须使用非中文状态下的半角字符。

第三节 "单一窗口"电子报关报检

在出入境检验检疫的职责划归海关后，海关总署印发了《全国通关一体化关检业务全面融合框架方案》，明确提出"取消入境/出境货物通关单"。与此同时，海关总署对因机构改革影响机构合法性和执法合法性的规章和流程进行了梳理和修改，公布了《海关总署关于修改部分规章的决定》（海关总署令 2018 年 238 号），对《中华人民共和国海关关于超期未报关进口货物、误卸或者溢卸的进境货物和放弃进口货物的处理办法》等 71 部规章进行修改，修改内容包括删除所有涉及入/出境货物通关单的表述。从 2018 年 6 月 1 日起，海关总署已全面取消通关单。2018 年 11 月 23 日，海关总署又颁布《中华人民共和国海关总署令（第 243 号）》进一步完善了相关的规定。

通关单在本质上是原出入境检验检疫机构用于与海关工作联系的业务单证，主要目的是防范和打击逃漏检行为，是出入境检验检疫和海关业务分属两个不同部门的标志性事物。在关检融合前，通关单的存在将口岸通关流程分割为检验检疫作业和海关作业两个不同的部分，两部分作业依靠通关单实现关联，组成进出口货物口岸通关完整流程；关检融合后，出入境检验检疫职责纳入海关现有通关流程，由海关统一办理进出口货物通关手续，通关单已失去了原有的职能和意义。取消通关单既可以在关检业务全面融合方面发挥立竿见影的示范作用，也为企业办理进出口通关手续带来了实际便利。

对于法检商品，申报环节按照企业通过"互联网＋海关"及"单一窗口"报关报检合一界面录入报关报检数据向海关一次申报。企业先填写报检数据取得检验检疫编号，再填写报关数据，并在报关单随附单据栏中填写检验检疫编号；对于出口法检商品，取消填报原通关单代码和编号，企业申报时填写报检电子底账数据相关编号，据此实现检验检疫电子底账数据与报关单进行自动关联对碰。

在放行环节，H2010 系统在放行环节验核 e－CIQ 系统发送检验检疫口岸作业完成信息，统一发送海关放行指令，海关监管作业场所经营单位凭海关放行信息实现一次放行。

电子报检是指报检员通过"互联网＋海关"及"单一窗口"报关报检合一界面将报检

数据向海关提出申报，经检验检疫业务管理系统和检务人员处理后，将受理报检信息反馈报检人，实现远程办理出入境检验检疫报检的行为。

电子申报通过企业与海关之间的电子数据的交换，使出入境货物的报检和产地证签证申请业务实现了"无纸化"，这是检验检疫报检/申请工作模式的革命，对企业降低成本、提高工作效率、加快口岸通关速度等具有重要意义。

一、 实施电子报检后的检验检疫工作流程

以下为实施电子报检后的检验检疫工作流程。

1. 报检

（1）对报检数据的审核采取"先机审，后人审"的程序。企业发送电子报检数据，电子审单中心按计算机系统数据规范和有关要求对数据进行自动审核，对不符合要求的，反馈错误信息；符合要求的，将报检信息传输给受理报检人员，受理报检人员人工进行再次审核，符合规定的将成功受理报检信息，同时反馈报检单位和施检部门，并提示报检企业与相应的施检部门联系检验检疫事宜。

（2）出境货物受理电子报检后，报检人应按受理报检信息的要求，在检验检疫机构施检时提交报关单和随附单据。

（3）入境货物受理电子报检后，报检人应按受理报检信息的要求，提交报关单和随附单据。

（4）电子报检人需更改已发送的报关单报检申请或撤销报检时，应及时发送更改或撤销申请。

2. 施检

报检企业接到报检成功的信息后，按信息中的提示与施检部门联系检验检疫。在现场检验检疫时，持报检软件打印的报检单和全套随附单据交施检人员审核，不符合要求的，施检人员通知报检企业立即更改，并将不符合要求的情况反馈受理报检部门。

3. 计收费

计费由电子审单系统自动完成。报检单位逐票或按月缴纳检验检疫等有关费用。

4. 签证放行

签证部门按有关规定办理。

二、 电子报检应注意的问题

（1）报检人发送的电子报检信息应与提供的报关单及随附单据有关内容保持一致。

（2）电子报检人须在规定的报检时限内将相关出入境货物的报检数据发送至口岸海关。

（3）对于合同或信用证中涉及检验检疫特殊条款和特殊要求的，电子报检人须在电子报检申请中提出。

式样 10－1

中华人民共和国海关进口货物报关单

预录入编号：　　　　　海关编号：　　　　　　　　　　　　　　　　　　　　　　　　　　　　　　　　　　页码/页数：

境内收货人	进境关别	进口日期	申报日期	备案号
境外发货人	运输方式	运输工具名称及航次号	提运单号	货物存放地点
消费使用单位	监管方式	征免性质	许可证号	启运港
合同协议号	贸易国（地区）	启运国（地区）	经停港	入境口岸
包装种类	件数	毛重（千克）	净重（千克）	成交方式	运费	保费	杂费

随附单证及编号

标记唛码及备注

项号	商品编号	商品名称及规格型号	数量及单位	单价/总价/币制	原产国（地区）	最终目的国（地区）	境内目的地	征免

特殊关系确认：　　　　　价格影响确认：　　　　　支付特许权使用费确认：　　　　　自报自缴：

报关人员	报关人员证号	电话	兹申明对以上内容承担如实申报、依法纳税之法律责任	海关批注及签章
申报单位			申报单位（签章）	

式样 10－2

中华人民共和国海关出口货物报关单

预录入编号： 海关编号： 页码/页数：

境内发货人	出境关别	出口日期	申报日期	备案号
境外收货人	运输方式	运输工具名称及航次号	提运单号	
生产销售单位	监管方式	征免性质	许可证号	
合同协议号	贸易国（地区）	运抵国（地区）	指运港	离境口岸

包装种类	件数	毛重（千克）	净重（千克）	成交方式	运费	保费	杂费

随附单证及编号

标记唛码及备注

项号	商品编号	商品名称及规格型号	数量及单位	单价/总价/币制	原产国（地区）	最终目的国（地区）	境内货源地	征免

特殊关系确认：	价格影响确认：	支付特许权使用费确认：	自报自缴：	
报关人员 报关人员证号 电话		兹申明对以上内容承担如实申报、依法纳税之法律责任	海关批注及签章	
申报单位		申报单位（签章）		

式样 10－3　中华人民共和国海关专用缴款书格式

海关　　　　专用缴款书

收入系统　　　　　　　　　　填发日期：　　年　月　日　　　　　　　　　　　号码 No.

收款单位	收入机关					缴款单位	名称	
	科目		预算级次				账号	
	收款国库						开户银行	
税号	货物名称		数量	单位	完税价格（￥）	税率（%）		税款金额（￥）
金额人民币（大写）						合计（￥）		
申请单位编号			报关单编号			填制单位		收款国库（银行）
合同（批文）号			运输工具（号）					
缴款期限			提/装货单号			制单人＿＿＿＿＿		
备注						复核人＿＿＿＿＿		

从填发缴款书之日起限 15 日内缴款（期末遇法定节假日顺延），逾期按日征收税款总额 0.5‰的滞纳金。

海关　　　　专用缴款书

收入系统　　　　　　　　　　填发日期：　　年　月　日　　　　　　　　　　　号码 No.

收款单位	收入机关					缴款单位	名称	
	科目		预算级次				账号	
	收款国库						开户银行	
税号	货物名称		数量	单位	完税价格（￥）	税率（%）		税款金额（￥）
金额人民币（大写）						合计（￥）		
申请单位编号			报关单编号			填制单位		收款国库（银行）
合同（批文）号			运输工具（号）					
缴款期限			提/装货单号			制单人＿＿＿＿＿		
备注						复核人＿＿＿＿＿		

从填发缴款书之日起限 15 日内缴款（期末遇法定节假日顺延），逾期按日征收税款总额 0.5‰的滞纳金。

式样 10-4　进出口货物代理报关委托书

进出口货物代理报关委托书

编号：

委托单位		十位编码	
地　　址		联系电话	
经 办 人		身份证号	

　　我单位委托＿＿＿＿＿＿＿＿＿＿＿＿＿公司代理以下进出口货物的报关手续，保证提供的报关资料真实、合法，与实际货物相符，并愿承担由此产生的法律责任。

货物名称		商品编号		件　　数	
重　　量		价　　值		币　　制	
贸易性质		货物产地		合同号	
是否退税		船名/航次			

委托单位开户银行		账　　号	

随附单证名称、份数及编号：

1. 合同	份：	6. 机电证明	份、编号：
2. 发票	份：	7. 商检证	份：
3. 装箱清单	份：	8.	
4. 登记手册	本、编号：	9.	
5. 许可证	份、编号：	10.	

（以上内容由委托单位填写）

被委托单位		十位编码	
地　　址		联系电话	
经 办 人		身份证号	

（以上内容由被委托单位填写）

代理（专业）报关企业章及法人代表章		委托单位章及法人代表章：	

年　　月　　日

1. 请根据下列单据（发票、提单）在报关单填写的选项中选出最合适的答案。

INVOICE

CONSIGNEE： DALIAN CHEMICALS I/E CORP 大连化工进出口公司（2102911013） No. 61 RENMINLU ROAD DALIAN CHINA	No.： CDFG5618	DATE： NOV. 14TH，2019
NOTIFY PARTY： BEIJING YUDU COMMERCIAL & TRADE CO.，LTD. 北京宇都商贸有限公司 NO. 365 DONGSIBEIDAJIE，BEIJING，CHINA	L/C NO.： LC810A00228 BANK OF CHINA LIAONING BRANCH DALIAN CN CONTRACT NO. 00XFFFG-78017KR	DATE： MAY 25TH，2019

PORT OF LOADING： ROTTERDAM	VESSEL： EAST EXPRESS	
VOYAGE No. 151E	PORT DISCHARGE： DALIAN CHINA	

MARKS & NO. S	QUANTITY & DESCRIPTION	UNIT PRICE	AMOUNT
DCIEC NO. 1-9 DALIAN CHINA	9 WOODEN CASES OF 3 SET B30S FORKLIFT TRUCK INCLUDING 6 SET FFT4730MM S/S BATTERY & CHARGER	CIF DALIAN	USD 57 249.00

DETAILS AS PER THE ATTACHED SHEET

B30S-2	17 951.00	53 5853.00
FREIGHT CHARGES（F）		2 050.00
INSURANCE（I）		1 346.00
TOTAL		57 249.00

DADAI CORPORATION

P. O. BOX：7955 SEOUL，KOREA

TELEPHONE：

DADAI CORPORATION

SIGNED BY _____

　　补充材料：北京宇都商贸有限公司委托大连化工进出口公司与韩国签约，为长春特钢厂进口 B30S 型电动叉车，委托大连外轮代理公司向大连海关申报。

　　H. S. CODE：84271090

　　MANUFACTURER：GEERLOFS TRUCK B. V，GERMANY

BILL OF LADING

托运人 Shipper DADAI CORPORATION 7955 SEOUL，KOREA	 B/L No. EEW7865435

| 收货人或指示
Consignee or order
DALIAN CHEMICAL I/E CORP
大连化工进出口公司 2102911013
NO. 61 RENMINLU ROAD，DALIAN，CHINA | 中 国 对 外 贸 易 运 输 总 公 司
北　京
BEIJING
联 运 提 单
COMBINED TRANSPORT
BILL OF LADING |

中 国 对 外 贸 易 运 输 总 公 司
北　京
BEIJING
联 运 提 单
COMBINED TRANSPORT
BILL OF LADING

通知地址
Notify address
BEIJING YUDU COMMERCIAL & TRADE CO.，LTD
北京宇都商贸有限公司 1101250756
NO. 365 DONGSIBEIDAJIE，BEIJING，CHINA

RECEIVED the goods in apparent good order and condition as specified below unless otherwise stated herein. THE Carrier，in accordance with the provisions contained in this document，
1）undertakes to perform or to procure the performance of the entire transport form the place at which the goods are taken in charge to the place designated for delivery in this document，and 2）assumes liability as prescribed in this document for such transport One of the bills of Lading must be surrendered duty indorsed in exchange for the goods or delivery order

前段运输 Pre-carriage by	收货地点 Place of Receip		
海运船只 Ocean Vessel EASTEXPRESS/151E	装货港 Port of Loading ROTTERDAM		
卸货港 Port of Discharge DALIAN CHINA	交货地点 Place of Delivery	运费支付地 Freight payable at- ROTTERDAM	正本提单份数 Number of original Bs/ L THREE（3）

标志和号码 Marks and Nos.	件数和包装种类 Number and kind of packages	货　名 Description of goods	毛重（公斤） Gross weight（kgs.）	尺码（立方米） Measurement（m³）
DCIEC NO. 1-9 DALIAN CHINA	FORKLIFT TRUCK INCLUDING BATTERY & CHARGER FREIGHT PREPAID ON BOARD SLAC S. T. C. 2×20' FCL CONTAINER NO. SCZU7854345 /SCZU7855245 SEAL NO. 568965 ABOVE PARTICULARS FURNISHED BY SHIPPER		30 050KGS	38. 90CBM

运费和费用 Freight and charges	IN WITNESS whereof the number of original Bills of Lading stated above have been signed，one of which being accomplished，the other（s）to be void.
	Place and date of issue ROTTERDAM Nov. 16ᵗʰ，2019
	Signed for or on behalf of the carrier SINOTRANS. AS CARRIER ×××××

(1) "备案号" 栏应填（　　）。
　　A. EEW7865435　　　　B. CDFG5618　　　　C. LC810A000228　　　　D. 不填
(2) "经营单位" 栏应填（　　）。
　　A. 大连化工进出口公司 2102911013
　　B. 北京宇都商贸有限公司 1101250756
　　C. 长春特钢厂
　　D. 大连外轮代理公司
(3) "运输工具名称及航次号" 栏应填（　　）。
　　A. 江海　　　　　　　　　　　　B. EAST EXPRESS
　　C. EAST EXPRESS2000. 11. 16　　D. EAST EXPRESS 151E
(4) "提运单号" 栏应填（　　）。
　　A. EEW7865435　　　　　　　　B. CDFG5618
　　C. LC810A000228　　　　　　　D. 00XFFFG－78017KR
(5) "消费使用单位" 栏应填（　　）。
　　A. 大连化工进出口公司 2102911013　　B. 北京宇都商贸有限公司
　　C. 长春特钢厂　　　　　　　　　　　　D. 大连外轮代理公司
(6) "贸易方式" 栏应填（　　）。
　　A. 一般贸易　　　　　　　　　　B. 加工贸易设备
　　C. 中外合资　　　　　　　　　　D. 合资合作设备
(7) "征免性质" 栏应填（　　）。
　　A. 照章　　　　B. 一般征税　　　　C. 中外合资　　　　D. 全免
(8) "启运港" 栏应填（　　）。
　　A. 丹麦港口　　　　B. 荷兰港口　　　　C. 香港　　　　D. 鹿特丹
(9) "境内目的地" 栏应填（　　）。
　　A. 北京其他　　　　　　　　　　B. 大连其他
　　C. 长春其他　　　　　　　　　　D. 长春特钢厂
(10) "成交方式" 栏应填（　　）。
　　A. CIF　　　　　　　　　　　　B. FOB
　　C. L/C　　　　　　　　　　　　D. 一般贸易
(11) "保费" 栏应填（　　）。
　　A. 304/0250/3　　　B. 304/1346/1　　　C. 1346/3　　　D. 不填
(12) "合同协议号" 栏应填（　　）。
　　A. CDFG5618　　　　　　　　　B. LC810A000228
　　C. 00XFFFG-78017KR　　　　　D. EEW7865435
(13) "件数" 栏应填（　　）。
　　A. 9　　　　　B. 12　　　　　C. 3　　　　　D. 2

（14）"毛重（千克）"栏应填（　　）。

　　A. 不填　　　　　　　B. 15025　　　　　　　C. 17951　　　　　　　D. 30 050

（15）"集装箱号"栏应填（　　）。

　　A. SCZU7854345/SCZU7855235　　　　　　B. SCZU7854345/20'/2 275

　　C. SCZU7854345/40/2 275　　　　　　　　D. SCZU7855245/20'/2 275

（16）"标记唛码及备注"栏应填（　　）。

　　A. DCIEC/NO. 1－9/ DALIAN CHINA /SCZU7855245/ SCZU7854345

　　B. DCIEC/NO. 1－9/ DALIAN CHINA /SCZU7854345

　　C. DCIEC/NO. 1－9/ DALIAN CHINA /SCZU7855245

　　D. DCIEC/NO. 1－9/ DALIAN CHINA

（17）"商品名称及规格型号"栏应填（　　）。

　　A. FORKLIFT TRUCK/BATTERY & CHARGER

　　B. 电动叉车 FFT4730MM

　　C. 电动叉车 B30S

　　D. 电动叉车 84271090

（18）原产国（地区）栏应填（　　）。

　　A. 丹麦　　　　　　　B. 德国　　　　　　　C. 荷兰　　　　　　　D. 韩国

（19）"单价/总价/币制"栏中总价应填（　　）。

　　A. 53853　　　　　　B. 55903　　　　　　C. 55199　　　　　　D. 57249

（20）"征免"栏应填（　　）。

　　A. 一般征税　　　　　B. 全免　　　　　　C. 照章　　　　　　D. 征免

2. 根据所给发票和装箱单查找报关单中填制错误的地方。

中韩合资大连海天服装有限公司 （2115930064）
DALIAN HAITIAN GARMENT CO．，LTD

COMMERCIAL INVOICE

TO：M/S.

WAN DO APPAREL CO．，LTD

550-17，YANGCHUN-GU，SEOUL，KOREA

号码

No： HT01A08

定单或合约号码

Sales Confirmation No． MN808

日期

Date SEP. 28th，2019

装船口岸	目的地
From DALIAN CHINA	To INCHON KOREA
信用证号数	开证银行
Letter of Credit No. D/A	Issued by

唛号 Marks & Nos.	货名数量 Quantities and Descriptions	总值 Amount
WAN DO INCHON CNT 1-260	LADY'S JUMPER 1 300 PCS @ $ 11.00 MAN'S JUMPER 1 300 PCS @ $ 11.00 TOTAL：	FOB DALIAN CHINA USD14 300.00 USD14 300.00 USD28 600.00

We certify that the goods
are of Chinese origin.

中韩合资大连海天服装有限公司

DALIAN HAITIAN GARMENT CO．，LTD

×××

中韩合资大连海天服装有限公司 （2115930064）

DALIAN HAITIAN GARMENT CO.，LTD

PACKINGLIST

Ivo No.：HT01A08

TO：

WAN DO APPAREL CO.，LTD

550-17，YANGCHUN-GU，SEOUL，KOREA   Date：SEP. 26th，2019

Notify Party：

SAME AS ABOVE

Port of Loading：   Carrier：   B/L NO.：

DALIAN CHINA   DAIN/431E   DAINE431227

Final Destination：

INCHON KOREA

Marks & NOS	Quantity & Description	Net-weight	Gross-weight	Measurement
WAN DO	LADY'S JUMPER 1 300 PCS	2 600KGS	3 380KGS	25CBM
INCHON	MAN'S JUMPER 1 300 PCS			
CNT 1-260				

TOTAL：260CTNS（2 600PCS）

1×20' CONTAINER NO.：EASU9608490 TAREWGT2280 kg

补充材料：该公司在来料加工合同 9911113 项下出口男、女羽绒短上衣，分列手册（编号 B09 009301018）第 2、3 项。

外汇核销单号：215157263

计量单位：件/千克。

中华人民共和国海关出口货物报关单

预录入编号：　　　　　　　　　　　　　　　　海关编号：

出口口岸	(A) 备案号 B09009301018		出口日期		申报日期
经营单位	(B) 运输方式 江海	(C) 运输工具名称 DAIN/431E		(D) 提运单号 DAINE431227	
发货单位	(E) 贸易方式 来料加工	(F) 征免性质 来料加工		(G) 结汇方式 电汇	
许可证号	运抵国（地区）	指运港		境内货源地	
(H) 批准文号 215157263	(1) 成交方式 FOB	运费	保费	杂费	
(J) 合同协议号 9911113	(K) 件数 2 600	(L) 包装种类 纸箱	(M) 毛重（公斤） 3 380	(N) 净重（公斤） 2 600	
(O) 集装箱号 EASU9608490/20/2280	随附单据			生产厂家	

标记唛码及备注

(P)项号 商品编号	(Q)商品名称、规格型号	(R)数量及单位	最终目的国（地区）	单价	(S)总价 币制	(T)征免
01	羽绒短上衣	2 600 件	11	28 600		全免
02		2 600 件	11			

税费征收情况

录入员　　　录入单位	兹声明以上申报无讹并承担法律责任	海关审单批注及放行日期（签章）
报关员		审单　　　　　　　审价
单位地址	申报单位（签章）	征税　　　　　　　统计
邮编　　　电话　　　填制日期		查验　　　　　　　放行

3. 下面是某公司的进口发票、装箱单和提单所列内容，请按报关单填制要求正确填制一份一般贸易进口报关单。

DU PONT SINGAPORE FIBRES PTE LTD

1 MARITIME SQUARE ♯ 07-01 WORLD TRADE CENTRE SINGAPORE 09925

PHONE：2732244（12 LINES） CABLES：FORELPONT TELEX：DUFE RS 21963

COMMERCIAL INVOICE

TO：M/S.	号码
SHANGHAI WORLDBEST MACHINERY I. & E. CO. LTD	No： 1G20303463
RM 723 7/F HUAYUAN WORLD PLAZA	订单或合约号码
SHANGHAI CHINA. 200080	Sales Confirmation No. 04L-025SH
	日期
	Date MAR 27th，2019

装船口岸	目的地
From SINGAPORE	To SHANGHAI
信用证号数	开证银行
Letter of Credit No. L/C	Issued by HSBC SINGAPORE BRANCH

唛头 Marks & Nos.	货名数量 Quantities and Descriptions	总值 Amount
SHANGHAI WORLDBEST 04L-025SH C/NO. 1-420 SHANGHAI	LYCRA ELASTANCE 氨纶弹力丝 40 DENIER TYPE 149B MERGE 17 124.50KGS TUBE KENNETH CHOY，LYCRA 10 332.00 KGS	CIF SHANGHAI
	@ 19.00	USD 196 308.00

COUNTRY OF ORIGIN：
SINGAPORE

DU PONT SINGAPORE FIBRES PTE LTD

×××

DU PONT SINGAPORE
PACKING LIST

MAR 27th, 2019

SHIPPING MARK	DESCRIPTION	GROSS WEIGHT (kgs)	NET WEIGHT (kgs)	MEAS (M³)
SHANGHAI WORLDBEST 04L-025SH C/NO. 1-420 SHANGHAI	1×40'CIBTAUBER 420 CARTONS OF "LYCRA"ELASTANE 40.5kg TUBE 40 DENIER TYPE 149B MERGE 17 124.50KGS TUBE KENNETH CHOY, LYCRA 10 332.00 KGS CONTAINER NO. :TESU4371795/ 40/5 000 NO SEAL NO. : LZ00349	13 285.10	10 332.00	50 400

补充材料：上海华源机械进出口公司（上海浦东）于 2019 年 4 月 1 日进口，并于 4 月 7 日向上海浦
　　　　　江海关（2200）申报进口。

进口商品用于自营内销预录入编号：108007846

BILL OF LADING

03/27/2019 STB

SHIPPER(Principal or seller licensee and full address) DU PONT SINGAPORE FIBRES PTE LTD 1 MARITIME SQUARE NO. 07-01 WORLD TRADE CENTRE SINGAPORE 099253	B/L NUMBER APLU 7137686
	FORWARDING AGENT (Reterebcesm, F, M, CM, No)
CONSIGNEE(Name and Full address/Non-Negotiable Unless Consligend to Order) SHANGHAI WORLDBEST MACHINERY 1&E CO LTD RM 723/7E HUAYUAN WORLD PLAZA 1958 PUDONG NORTH ROAD SHANGHAI CHINA 200080	POINT AND COUNTRY OF ORIGIN OF GOODS ALSO NOTIFY(Name and Full Address)/DOMESTIC ROUTING EXPORT INSTRUCTIONS/PIER TERMINAL/ONWARD ROUTING
NOTIFY PARTY(Name And Full Address) SAME AS CONSIGNEE	
INITIAL CARRIAGE(MODE) PLACE OF RECEIPT SINGAPORT	
EXPORT CARRIER PORT OF LOADING HYUNDAI BARON 3068 SINGAPORE	* MR. QIAN WEIFENG FAX:0086-21-62033441 ** MR QIAN WEIFENG FAX:0086-21-62033442
PORT OF DISCHARGE PLACE OF DELIVERY SHANGHAI SHANGHAI	

MKS &. NOS CONTAINER NOS	NO OF PKGS	DESCRIPTION OF PACKAGES AND GOODS	GROSS WEIGHT	MEASURE-MENT
SHANGHAI WORLDBEST 04L-025SH C/NO. 1-420 SHANGHAI	420	420 CARTONS OF 10,332KGS"LYCRA"ELASTANE 40 DENIER TYPE 149B MERGE I7124. 5 kg TUBE 1×40' FCL CY/CY SLAC S. T. C. CONTAINER NO:TESU4371790/40/5000 FREIGHT PREPAID ON MAR 27,2019 AT SINGAPORE ON BOARD HYU NDA 1 BARON APLU007137686	13 285KGS	50 400 CBM

4. 下面是某公司的出口发票（Invoice）、提单（Bill of Loading）及装箱单（Packing List）所列内容，请按报关单填制要求正确填制一份一般贸易出口报关单。

中国江苏省张家港市对外贸易公司
ZHANGJIAGANG FOREIGN TRADE CORP. DEPT
ZHANGJIAGANG CITY，JIANGSU，CHINA
INVOICE

号码
NO. ___ZY07032173___

订单或合约号码
Sales Contract No. ___MUY5895___

日期
Date ___NOV 27th，2019___

装运口岸 From ___SHANGHAI, CHINA___	目的地 To ___ZURICH___
信用证号数 Letter Credit No. ___UYT145638___	开证银行 Issued by ___BANK OF CHINA___

Marks & Nos.	Quantites and Descriptions	Amount
BAL HAMBURG IN TRANSIT TO ZURICH SWITZERLAND NO1-1533 MADE IN CHINA	MEN'S 100 PCT COTTON WOVEN UNDERPANTS 10 220 DOZS USD 22.08/DOZ AS PER CONTRACT NO. 410/496 CIF F：5% I：0.25%	USD 225 657.6

BILL OF LOADING

SHIPPER FOREIGN TRADE CORP. DEPT SHANGHAI REPRESENTATIVE OFFICE	B/L NO. ： CMA29584HAM FW0103700064

| CONSIGNEE
BLUE ANCHOR LINE C/O KUEHNE & NAGEL （AG & CO）
PINKERTWEG 20（HH-BILLBROOK） D-22113 HAMBURG | CMA
COMPAGNIE MARITIME D'AFFRETEMENT
Societe Anonyme au Capital de
30. 000. 000 de France
4quai d' Arend. 13002 Marseille
phone 91. 39. 30. 00. telex 401667
F. telefax 91. 39. 30. 95
r. c. marseille b 340 353 911 |
| NOTIFY PARTY
SAME AS COSIGNEE | |

PRE CARRIAGE BY	PLACE OF PECEIPT ZHANGJIAGANG	FREIGHT TO BE PAID AT SHANGHAI	NUMBER OF ORIGINAL B/L THREE （3）
OCEAN VESSEL VD TAURUS V. A23W	FORT OF LOADING SHANGHAI	PORT OF DISCHARGE HAMBURG	FINAL PLACEOF DELIVERY ZURICH

MARKS AND NOS SEALS	KIND OF PACKAGES	DESCRITPION OF GOODS	G. W (KGS)	N. W (KGS)	MEAS (CBM)
BAL HAMBURG IN TRANSIT TO ZURICH SWITZERI. AND NO. 1-1533 MADE IN CHINA	1 533 CTNS	MEN'S 100 PCT COTTON WOVEN UNDERPAINTS 1×20'FCL＋1×40'FCL GSTU2426245/ 20 /2 275 DFDU7967385/ 40 /4 485 SHIPPERS LOAD COUNT AND SEAL SAID TO CONTAIN FREIGHT PREPAID ON BOARD SAY ONE THOUSAND FIVE HUNDRED THIRTY THREE CARTONS ONLY ABOVE PARTICULARS DECLARED BY SHIPPER CARRIER NOT RESPOSIBLE	13 797	10 424	87. 92

TO：WHOM IT MAY CONCERN：

PACKING LIST

INVOICE NO. ZY07972173
Sales Confirmation No.   MUY5895
日期
Date NOV 27TH 2019

MARKS & NOS.	Description of Goods	Gross Wt. （kg）	Net Wt. （kg）	MEAS （M³）
BAL HAMBURG IN TRANSIT TO ZURICH SWITZERLAND NO1－1533 MADE IN CHINA	MEN'S 100 PCT COTTON WOVEN UNDERPANTS AS PER CONTRACT NO. 410/496 TOTAL CTNS：1 533 CTNS	13 797	10 424	87.92

补充材料：

预录入编号：757171029；

2019.12.04 装"VD TAURUS V. A23W"轮从上海出口；

2019.12.02 由上海××报关有限责任公司向上海浦江海关（2200）代理申报；

L/C NO：35487；

外汇核销单号：29/1900780；

全棉男式内裤；

H. S. CODE：62071100；

法定计量单位：件/千克；

经营单位海关注册编号：3215910101，发货人同经营单位；

由张家港服装厂生产。

5. 请根据第四章练习题 6 的业务题、第六章练习 3 已填制的商业发票、运保单以及补充材料填制出口货物报关单。

补充材料：

上海服装集团（3109913608）向 TIANJIN－DAIEI CO.，LTD 出口一批女式套装，上海服装集团（上海长宁区）委托上海新新报关公司于 2019.08.29 向浦江海关（2201）申报，2019.08.31 出口。

生产厂家、发货单位同经营单位；

外汇核销单编号：311555451；

HS CODE：6204.2990；

出口货物通关单：311090205038841000；

N. W.：1520.00kgs；

F：USD 2640.00；

I：0.3%；

Container No.：CCLU6237434/40/4 000；

法定计量单位：套。

本章要点	重要概念	重难点解析	习题详解

第十一章 其他单据

开篇案例

【案情】

根据第二章案例上海新龙股份有限公司（SHANGHAI NEW DRAGON CO.，LTD.）与美国 CRYSTAL KOBE LTD. 就含 55％丙烯酸树脂 45％的棉女士短衫（LADIES' 55％ ACRYLIC 45％ COTTON KNITTED BLOUSE）签订的合同，第六章案例出口商上海新龙股份有限公司（SHANGHAI NEW DRAGON CO.，LTD.）开出的发票和装箱单的相关内容拟写装船通知和受益人申明各一份。

【分析】

装船通知和受益人申明的拟写应严格按照实务操作中的相关规定，具体要求见本章相关内容。以下为依据本案例拟写的装船通知和受益人申明。

SHANGHAI NEW DRAGON CO.，LTD.
27 CHUNGSHAN ROAD E. 1
SHANGHAI CHINA
TEL：86-21-65342517　FAX：86-21-65124743

SHIPPING ADVICE

Nov. 20th，2019

Messre：CRYSTAL KOBE LTD.，

Dear Sirs，

Re：Invoice No.：STP015088　　　L/C No.：L-02-I-03437

We hereby inform you that the goods under the above mentioned credit have been shipped. The details of the shipment are stated below.

Commodity：LADIES' 55％ ACRYLIC 45％ COTTON KNITTED BLOUSE

Quantity：120 CARTONS

Amount：USD 28 130

Ocean Vessel：ZHELU V. 031118SE

Bill of Lading No.：CSA1505

E. T. D.：On/or about Nov. 20th，2019

Port of Loading：SHANGHAI

Destination：NEW YORK

We hereby certify that the above content is true and correct.

SHANGHAI NEW DRAGON CO.，LTD.

×××

SHANGHAI NEW DRAGON CO.，LTD.

27 CHUNGSHAN ROAD E. 1.

SHANGHAI CHINA

TEL：86-21-65342517　　FAX：86-21-65124743

TO WHOM IT MAY CONCERN：

BENEFICIARY'S CERTIFICATE

Nov. 20th，2019

L/C NO.：L-02-I-03437

INVOICE AMOUNT：USD 28 130

DESCRIPTION：

LADIES' 55％ ACRYLIC 45％ COTTON KNITTED BLOUSE

500 DOZS

120 CARTONS

WE CERTIFY THAT ALL DOCUMENTS HAS BEEN SENT TO YOU IMMEDIATELY AFTER SHIPMENT.

SHANGHAI NEW DRAGON CO.，LTD.

××××

第一节　装运通知

装运通知（shipping advice）是出口商在货物装运后发给进口方关于货物装运情况的书面文件。有时，进口方为了督促出口方履行通知的义务，防止出现装运和投保在时间上的脱节，就在信用证中要求受益人在交单时提交装运通知的副本作为议付的单据之一。因此，装运通知必须及时签发。

装运通知主要有以下几个作用。

（1）告知进口商做好接货准备工作，及时办理进口报关手续。

（2）在 FOB、CFR 成交条件下，装运通知还具有提请进口商及时办理保险的作用。在实际业务中，进口商与本国保险公司通常都事先签订预保合同，这时将装运通知发到保险公司就起到了自动承保证明的作用。装运通知副本一般是向银行议付货款的单据之一。

在实际业务中，装运通知无固定格式，各公司可以根据信用证的具体要求进行缮制。以下是装运通知的基本内容和缮制方法（装运通知的格式参见本章开篇案例）。

（1）出口商中英文全称、地址。本栏应注明出口企业全称和地址以及联系电话等信息，一般公司使用的都是打印好的格式。

（2）单据名称。本栏常用"SHIPPING ADVICE"（装运通知）或"DECLARATION

OF SHIPMENT"（装运声明）等表示。如果信用证中有具体的规定，应采用信用证中规定的名称。

（3）地点及日期（place and date）。出单日期一般与提单同日，信用证项下应按来证规定缮制。出单地点通常是实际发货地或受益人所在地。

（4）抬头人（to）。这一栏填写有几种可能性，究竟怎么填写应参考信用证的具体要求，通常有以下几种填写方式。

① 填写信用证申请人的名称和地址。

② 按信用证条款填写接收该装船通知的人的名称与地址。

例如，Beneficiary's certificate copy of cable/telex dispatched to applicant within 48 hours after shipment advising L/C No.，name of vessel，date，quantity，weight and value of the shipment，即抬头填写该信用证的开证申请人。

③ 填写承保该笔货物的保险公司的名称与地址，即与买方签发了预约保险单的保险人名称与地址。当保险人收到装船通知后，可以将预约保险单及时地转为一份正式保险单。

（5）发票号码（invoice no.）。本栏应该填本套单据中的商业发票的号码。

（6）信用证编号（L/C no.）。本栏应该填本套单据所属的信用证编号。

（7）商品名称（description of goods）。本栏应该填商品的全称，填写时可参照发票、提单等单据的内容，要与这些单据保持一致。

（8）数量（quantity）。本栏应该填写商品包装的总数量，要与发票、提单一致。

（9）装运（shipment）。本栏应该填写装运港名称（port of loading）、目的港名称（port of destination）、装运日期（shipping date）、装运船名（name of carrying steamer）和提单号码（B/L no.）等。

（10）签署（signature）。本栏应该填写出口公司的名称并由其法人代表或经办人签字。这一栏内容要求与"shipping advice"上方填写的出口公司名称完全相同，填写内容的区别仅在于前者填写出口公司的名称与地址，而此栏只需填写名称。

在信用证业务中，要求出现装船通知的表示条款并不统一，可能出现要求提供"shipping advice"（装船通知）；也可能出现要求提供"insurance declaration"（保险申明）；还可能只表示要求告知"shipment details"（装运详情）。对于以上各类或类似以上内容的条款，都可以"装船通知"的名称和格式，或以"保险申明"的名称和"装船通知"的格式填写作为向银行提交的单据。

第二节　受益人证明

受益人证明（beneficiary's certificate）是信用证受益人根据信用证的有关规定缮制的一种格式比较简单的单据。受益人证明的种类主要有寄单证明、电抄本和履约证明等形式。在信用证方式下，受益人证明也是出口商议付的单据之一。

在实际业务中，受益人证明无固定格式，各出口企业可以根据信用证的具体要求进行缮制。以下是受益人证明的基本内容和缮制方法（受益人证明的格式参见本章开篇案例）。

（1）受益人中英文全称、地址。本栏应注明出口企业的全称和地址以及联系电话等信息，一般公司都采用打印好的格式。

（2）单据名称。本栏常用"BENEFICARY'S CERTIFICATE"（受益人证明）或"BENEFICARY'S STATEMENT"（受益人证明）等表示。如果信用证中有具体的规定，应采用信用证中规定的名称。

（3）出证地点及日期（place and date）。日期应按照实际签发日期填写。开立受益人证明的日期应与证明的内容相吻合。例如，受益人证明的内容是"We hereby certify that the following documents have been sent to ABC Co. within 3 days after shipment"。假如装运日期是 6 月 5 日，则受益人证明的日期不能早于 6 月 5 日。出证地点通常是实际发货地或受益人所在地。

（4）抬头人（to whom it may concern）。通常填写"to whom it may concern"，意指"致有关人"。

（5）证明内容（certificate）。本栏应该根据信用证规定的内容填写。

（6）签署（signature）。填写出口企业名称并由经办人签字。

第三节　包装单据

包装单据（packing documents）是指一切记载或描述商品包装情况的单据，是商品发票的补充，也是货运单据中的一项重要单据。除散装货物外，包装单据一般为不可缺少的文件。进口地海关验货、公证行检验、进口商核对货物时，都以包装单据为依据，以了解包装件内货物的具体内容和包装情况。

一、包装单据的种类

包装单据种类繁多，不同的商品有不同的包装单据，有时进口商对同一批商品也会提出不同的包装单据的要求，常见的包装单据主要有如下几种。

（1）装箱单（Packing List/Packing Slip）。

（2）重量单（Weight List/Weight Note）。

（3）尺码单（Measurement List）。

（4）包装明细单（Packing Specification）。

（5）详细装箱单（Detailed Packing List）。

（6）包装提要（Packing Summary）。

（7）重量证书（Weight Certificate/Certificate of Weight）。

（8）磅码单（Weight Memo）。

（9）花色搭配单（Assortment List）。

出口商应根据进口商的要求及不同商品的特点提供适当的包装单据，提供时以既能够符合信用证的规定，为银行所接受，又能够满足客户的要求为原则。在实际业务中，经常使用的包装单据是装箱单（Packing List）、重量单（Weight List）和尺码单（Measurement List），它们都是商业发票的补充单据，便于国外买方在货物到目的港时核对货物以及方便海关检查。在实际业务中，卖方需要提供这三种单据中的哪一种取决于信用证的规定或者由商品性质决定。

（1）装箱单，又称包装单，是指记载或描述商品情况的单据，是商业发票的附属单据。装箱单在信用证上有"Packing Note""Packing Specifications""Specification List"等不同的写法，其目的都是清楚、正确地逐件列明每批货物的花色搭配，表明所装货物的名称、规格、数量、唛头、包装、箱号、件数等情况，便于买方收货时进行清点和核对。装箱单的内容必须与货物实际包装相符，与提单、发票等单据中的相关项目一致。

（2）重量单在信用证上有"Weight Note""Certificate of Weight"等不同的写法，它应详细、清楚地表明每件货物的毛重和净重。

（3）尺码单表明货物包装的体积，可按信用证的要求，既可用长（cm）×宽（cm）×高（cm）来表示，也可用立方米（m^3）来表示，它的作用是便于买方安排运输、装卸和存仓。

二、 缮制包装单据的注意事项

（1）在采用信用证方式时，包装单据的名称和内容应与信用证规定一致。装箱单的内容主要是说明每件包装内所装货物的品名和数量；重量单的内容是每件货物的毛重和净重；尺码单的内容是每件货物的体积。包装单据中货物的品名、件数、总的毛重与净重、总的尺码都要和发票、提单、保险单、产地证等其他单据完全一致。

（2）装箱单、重量单和尺码单在原则上应单独缮制，但来证如未提"不接受联合单据"（combined documents not acceptable）的条款，可以同发票一起缮制，但必须标明"Packing List""Weight List""Measurement List"字样。

（3）如来证规定"不接受联合单据"，可以利用装箱单分别冠以重量单和尺码单的单据名称一起缮制，按照信用证规定的份数提供给银行即可。

（4）装箱单一般不应显示货物的单价、总价，因为进口商把商品转售给第三者时只需交付包装单据和货物，而不愿泄露其购买成本。

（5）重量单如冠以"Certificate of Weight"的名称，最好加注"We certify that the weight are true and correct"（兹证明所有重量均正确无误）的字句。

（6）制单日期可与发票日期相同，但不得早于发票日期。

（7）毛重、净重方面应列明单件的毛重和净重，总毛重和总净重必须与发票和运输单据、产地证、出口许可证上的数字相符。对于计价的重量，其数字更要保证准确无误。

（8）如果信用证规定要列明内包装情况（inner packing），必须在单据中详细表示出来。例如，信用证规定，每件装一胶袋、每打装一盒、每20打装一纸箱，则须注明"Packing each piece in a poly bag, one dozen in a cardboard box and then 20 dozens in a carton"。

（9）包装单据必须注意与其他单据的关联性，如要显示发票号码等。

（10）签名。如果信用证无特别规定，装箱单、重量单和尺码单无须签名。

三、 装箱单的主要内容及缮制方法

装箱单（见式样 11-1）并无固定的格式和内容，由出口商根据货物的种类和进口商的要求仿照商业发票的大体格式来制作即可。各出口商制作的装箱单格式不尽相同，但基本栏目内容相似，主要包括出口企业名称和地址、单据名称、装箱单编号、出单日期、买方名称和地址、品名和规格、唛头、数量、毛重、净重、尺码和签名等。

（1）出口企业名称和地址（exporter's name and address）。出口企业的名称与地址应与发票同项内容一致，缮制方法相同。

（2）单据名称（name of document），装箱单上应表明"Packing List"字样。常见的英文名称有"Packing List""Packing Specification"以及"Packing Slip"等，在实际使用时，应与信用证规定的名称相符。

（3）装箱单编号（no.）。装箱单编号一般填发票号码。

（4）出单日期（date）。一般来说，装箱单的出单日期填写发票日期。出单日不得早于发票日期，但可以晚于发票日期 1 至 2 天。

（5）买方名称和地址（buyer's name and address），通常为合同的买方或信用证的开证申请人。

（6）品名和规格（name of commodity and specifications）。品名和规格的填写必须要与合同和信用证一致，除非信用证另有规定。如果货物有不同规格或者价格不同，则应分别列出各种规格的数量、重量；货物以包装单位计价时，要列出货物包装单位的数量或件数。

（7）唛头（shipping marks）。凡信用证有关于唛头的规定，必须依照规定制唛。装箱单上的唛头要与发票、提单、托运单等单据上的唛头严格保持一致。如果信用证未规定唛头，则出口人可自行设计；如果无唛头，填写"N/M"。

（8）数量（quantity）。数量填写实际件数，如规格不同，应将不同规格的数量分别列出，并累计其总数。

（9）（毛重，单件/合计）（gross weight, per package/total）。毛重填写商品本身重量加外包装的重量。如果商品包含几种不同的规格，每种规格的毛重不同，则应分别列出毛重，并累计其总量。

（10）（净重，单件/合计）（net weight, per package/total）。填写每件货物的实际重量并累计其总净重。

（11）（尺码，单件/合计）（measurement, per package/total）。填写每件货物的体积并累计其总体积。

（12）签名（signature）。由出具本单据的单位和负责人签字盖章，应与发票的签章一致。如果信用证要求中性包装或规定中性包装单，本栏应空白不签章。

式样 11-1　装箱单

上海新龙股份有限公司
SHANGHAI NEW DRAGON CO. , LTD.
PACKING LIST
ADD:27,CHUNGSHAN ROAS E1.
TEL:8621-65342517　FAX:8621-65124743

MESSR:

CRYSTAL KOBE LTD. ,　　　　　　　　　　　　INVOICE NO:STP015088
1410 BROADWAY, ROOM 3000　　　　　　　　　S/C NO:21SSG—017
NEW YORK, N. Y. 10018 U. S. A.　　　　　　　　Date:NOV. 8th, 2019

DESCRIPTION OF GOODS	SHIPPING MARKS:
55% ACRYLIC 45% COTTON LADIES' KNITTED BLOUSE STYLE NO. H32331SE: PAYMENT BY L/C NO. L-02-I-03437	CRYSTAL KOBE LTD. , NEW YORK ORDER NO. 21SSG-017 STYLE NO. H32331SE L-02-I-03437 CARTON/NO. 1-120 MADE IN CHINA

COLOUR BREAKDOWN:　　　　　　　　　　SIZE

COLOR		PACK	S	M	L	XL	XXL	XXXL	TOTAL(PCS)
IVORY			120	360	240				720
BLACK			320	360	440				1 120
NAVYBLUE			180	180	100				460
RED			432	580	440				1 452
WHITE			78	234	156				468
BROWN			160	280	220				660
TAWNY			320	360	440				1 120

TOTAL(PCS):　　　　　　　　　　　　　　　　　　　　　　6 000

SIZE ASSORTMENT　　　　　　　　　　　　QUANTITY

CTN NO.	COLOR	CTNS	S	M	L	XL	XXL	XXXL	(PCS)
1—20	IVORY	20	6	18	12				720
21—40	BLACK	20	16	18	22				1 120
41—50	NAVYBLUE	10	18	18	10				460
51—66	RED	16	16	28	22				1 056
67—79	WHITE	13	6	18	12				468
80—89	BROWN	10	16	28	22				660
90—109	TAWNY	20	16	18	22				1 120
110—120	RED	11	16	12	8				396

TOTAL:　　6 000　PCS　IN　120　CARTONS　ONLY.

GROSS WT:	2 584KGS	NET WT:	2 326KGS
MEASUREMENT:	60×40×40CBCM		11. 58CBM

For and on behalf of
上海新龙股份有限公司
SHANGHAI NEW DRAGON CO. , LTD.

_____
Authorized Signature(s)

 练习题

根据第四章练习题 6 的信用证拟写一份受益人证明。

本章要点	重要概念	重难点解析	习题详解

参考文献

［1］海关总署报关员资格考试教材编写委员会. 报关员资格全国统一考试教材（2007 年版）［M］.北京：中国海关出版社，2007.

［2］中国国际货运代理协会. 国际货运代理理论与实务（2007 年版）［M］.北京：中国商务出版社，2007.

［3］全国国际商务单证培训认证考试办公室. 国际商务单证理论与实务（2007 年版）［M］.北京：中国商务出版社，2007.

［4］王益平. 国际支付与结算（英文版）［M］.北京：清华大学出版社，北京交通大学出版社，2004.

［5］余心之，徐美荣. 新编外贸单证实务［M］.北京：对外经济贸易大学出版社，2005.

［6］吴国新，郭凤艳. 国际贸易实务［M］.2 版. 北京：机械工业出版社，2011.

［7］吴国新，李元旭，何一红. 国际贸易单证实务［M］.4 版. 北京：清华大学出版社，2019.

［8］吴国新. 国际结算［M］.北京：清华大学出版社，2010.

［9］EDWARD G HNKELMAN. International settlements［M］. Novato，CA：The syndicate of world trade press，2000.

［10］http：//www. cngold. com. cn/（中金网）

［11］https：//iccwbo. org/（国际商会）

［12］http：//www. customs. gov. cn/（中华人民共和国海关总署）

附录：国际贸易单证常用英文词汇表

A

about	大约
accounts payable	应付账款
accelerated trade payment（ATP）	加速贸易付款
accounts receivable	应收账款
acceptance	承兑、接受
acceptance Letter of Credit	承兑信用证
acceptance draft	承兑汇票
accepting bank	承兑银行
acceptor	承兑人
account party	开证方
applicant	开证申请人
advance against collection	托收垫款
advanced B/L	预借提单
advice of shipment（A/S）	装运通知
advising bank	通知行
after date	出票日后
account	账（账户）
Asia Development Bank（ADB）	亚洲开发银行
address	地址
all in rate	包干费率
after sight	见票后
agent bank	代理行
above mentioned	上述
amendment	修改
amount	金额
anti-date B/L	倒签提单

account of…	入某人账内
as per list	按照表列
appendix	附表
approximately	大约
All Risks（A. R.）	一切险
article	条款、货品
arrival notice（A/N）	到货通知
article number（Art. No.）	货号
assignment	转让
assignment of proceeds	收益让渡
at sight	见票即付
automatic textile export licence	纺织品出口自动许可证
assortment list	花色搭配单
actual total loss（ATL）	实际全损
Ad Valorem（A. V.）	从价
average	海损
Air Waybill（AWB）	航空运单
application for transportation insurance	运输投保单

B

back to back L/C	背对背信用证
bale（s），bag（s）	包、袋
bamboo baskets	竹篓
bank draft	银行汇票
bank release	银行放单
Bank for International Settlements（BIS）	国际结算银行
banker's acceptance L/C	银行承兑信用证
Bank of China（BOC）	中国银行
Baltic and International Maritime Council（BIMCO）	波罗的海国际海事协会
barrel	桶装
bark packing	树皮包装
bearer	持票人
beneficiary	受益人
bill of settlement receipt foreign exchange	出口收汇核销单

bill of settlement payment foreign exchange	进口付汇核销单
bill for collection（B/C）	托收汇票
bill of exchange	汇票
Bill of Lading（B/L）	提单
bill purchased（BP）	银行议付汇票
bills department	押汇部
blank endorsement	空白背书
both to blame collision clause（B. B. Clause）	船舶互撞条款
booking note（B/N）	托运单
bounced cheque	空头支票
brought forward	承前页
branch office（BO）	分公司
Brussels Tariff Nomenclature	《布鲁塞尔税则目录》
Bretton Woods System	布雷顿森林体系
Bundesbank	德国央行
bundle	捆
bulk	散装
bunker adjustment factor（BAF）	燃油附加费
bunker surcharge（BS）	燃油附加费
business day	营业日

C

case（s）	箱
cable address	电报挂号
canceling date	解约日
carbon copy	抄本、复写本
carried forward	续后页
carrier's own container（COC）	承运人集装箱
carton（CTN）	纸箱
cargo receipt（C/R）	货物承运收据
cargo changes correction advice（CCA）	货物运费更改通知单
carriage paid to…（CPT）	运费付至……
carriage & insurance paid to…（CIP）	运费、保险费付至……
cash position	现金头寸

cash flow	现金流量
cash in order（CIO）	订货时付款
cash on delivery（COD）	货到付款
casks	桶装
cash with order（CWO）	订货时付款
cash in advance	预付货款
catalogue	目录
centiliter	厘升
certificate charge	认证费
certificate of inspection	检验证明书
certificate of quality	货物品质证书
certificate of quantity	货物数量证书
certificate of manufacture	制造证明书
certificate of origin（C/O）	原产地证书
certificate of origin Form A	原产地证明书格式 A
certificate of weight	重量证明书
certificate of inspection（C/I）	检验证书
certificate of payment foreign exchange	进口付汇证明
certificate of receipt foreign exchange	出口收汇证明
certificate of drawback	出口退税证明
certificate of entry cargos	进口货物证明书
charter party B/L（CB/L）	租船合约提单
China Insurance Clause（CIC）	中国保险条款
certificate of analysis	化验证明书
China Commodity Inspection Bureau（CCIB）	中国商品检验局
China Commodity Inspection Corporation（CCIC）	中国检验认证集团
China Council for Promotion of International Trade（CCPIT）	中国国际贸易促进委员会
China National Foreign Trade Transportation Corp.（CNFTTC）	中国外贸运输公司
Chinese Yuan（CNY）	中国元
cheque/check	支票
China Ocean Shipping Company（COSCO）	中国远洋运输公司
charter party（C/P）	租船合同
clean Bill of Lading	清洁提单
claused Bill of Lading	不清洁提单

clean bill of exchange/clean draft	光票
clean collection	光票托收
clean Letter of Credit	光票信用证
clean on board Bill of Lading	已装船清洁提单
claim	索偿
collecting bank	代收行
collection	托收
collection paper	托收票据
cloth bags	布袋
Comprehensive Import Supervision Scheme（CISS）	进口商品全面监督计划
Committee Maritime International（CMI）	国际海事委员会
commission	佣金
commercial paper	商业票据
commercial invoice	商业发票
combined transport operator（CTO）	多式联运经营人
combined certificate of value and origin（CCVO）	价值、产地联合证明（海关发票）
combined transport Bill of Lading（C. T. B/L）	联合运输提单
combined transport documents（CTD）	联合运输单据
composite board case	夹板箱
confirmed Letter of Credit	保兑信用证
consignee	收货人
consolidator's Bill of Lading	拼装承运商提单
consolidated cargo manifest（CCM）	拼箱装货清单
consular invoice	领事发票
container load	集装箱装载
container load plan（CLP）	集装箱装箱单
contract of affreightment（COA）	包运租船
constructive total loss（CTL）	推定全损
container freight station（CFS）	集装箱货站
container yard（CY）	集装箱堆场
container yard/container yard（CY to CY）	集装箱堆场至集装箱堆场
correspondent	代理行
cost assurance freight（CIF）	成本保险加运费价
cost and freight（CFR）	成本加运费价
corrugated fiberboard carton	瓦楞纸箱

courier	快递单
cost	成本
credit note（C/N）	贷项账单（贷记通知单）
credit	贷方
credit control	信用销售控制
crate	板条箱
currency adjustment factor（CAF）	货币贬值附加费
Customs Co-operative Council Nomenclature（CCCN）	《海关合作理事会税则》
cubic feet	立方英尺
customary quick dispatch（CQD）	习惯快速装卸（尽快装卸）
customs declaration	报关
customs broker	专业报关企业
cubic	立方
cubicmetre	立方公尺
currency	币制

D

damage protection plan（DPP）	损害修理条款
dangerous goods list（DGL）	危险货物清单
dead freight（D/F）	亏舱费
debit note（D/N）	借项账单
debit	借方
declaration customs documents	报关文件
deferred payment	迟期付款
deferred payment Letter of Credit	迟期付款信用证
delivery order（D/O）	提货单
delivered at frontier（DAF）	边界交货
delivered duty paid（DDP）	完税交货
delivered duty unpaid（DDU）	未完税交货
delivered ex quay（DEQ）	码头交货
delivered ex ship…（DES）	目的港船上交货
demand draft（D/D）	票汇
depository institution	存款机构
destination delivery charge（DDC）	目的地交货费

DHL International Ltd（DHL）	敦豪速递公司
discrepancies	不符点
discount	折扣、贴现息
discount rate	贴现率
dishonored cheque	空头支票
documents against payment trust receipt（D/P·T/R）	付款交单凭信托收据借单
documents against acceptance（D/A）	承兑交单
documents against payment（D/P）	付款交单
documentary collection	跟单托收
documentary credit（D/C）	跟单信用证
document	单据、单证
documentation	单据/文件
dollar	元（美国、加拿大等国货币单位）
dozen（DZ.）	打
dock receipt（D/R）	集装箱场站收据
drawer	出票人
drawee	受票人
drum	桶装
duty paid value（DPV）	完税价格
duplicate	副本、复本

E

e-commerce	电子商务
ECU	欧洲货币单位
electronicdate interchange（EDI）	电子数据交换（无纸贸易）
electronic Bill of Lading	电子提单
emergency bunker surcharge（EBS）	应急燃油附加费
enclosure	附件
endorsement	背书
engagement letter	委托书
equivalent	等于
equipment interchange receipt（EIR）	设备交接单
equipment reposition charge（ERC）	空箱调运费
errors & omissions excepted（E. & O. E.）	错漏当查

estimated time of arrival（ETA）	预计到达时间
estimated time of departure（ETD）	预计离港时间
et cetera（etc.）	等等
Europe-Asia Trade Agreement（EATA）	欧亚贸易协定
exchange	兑换，汇票
exchange rate	汇率
exchange control	外汇管制
Express Mail Service（EMS）	特快专递
export processing zone（EPZ）	出口加工区
export licence	出口许可证
export trade finance	出口贸易融资
ex works	工厂交货
expiration date	到期日

F

fair average quality（FAQ）	大路货、中等货
Federation Internationale de Associations de Transitaires et Assimeles（International Federation of Forwarding Agents Association，FIATA）	国际货运代理协会联合会
FIATA combined transport B/L（F. C. T. B/L）	国际货运代理协会联合会联合运输提单
financial instrument	金融工具
final destination	最终目的地
financial service	金融服务
fire risks extension clauses（F. R. E. C.）	火险扩展条款
flight date	飞行日
form of customs declaration for export cargos	出口货物报关单
form of customs declaration for import cargos	进口货物报关单
for account of	代、代表
foreign bills	外国汇票
foreign exchange（FE）	外汇
forfeiting	福费廷
foreign exchange market	外汇市场
foreign exchange rate	外汇汇率

formal invoice	形式发票
forward foreign exchange	远期外汇买卖
forward market	远期市场
forward rate	远期汇率
forward rate agreement（FRA）	远期利率协议
forty-foot equivalent unit（FEU）	40英尺集装箱
frat rack container（FR）	框架集装箱
freight all kinds（FAK）	包箱费（均一费率）
freight forwarder	货代公司
freight prepaid	运费预付
freight to collect	运费到付
free alongside ship（FAS）	船边交货
free carrier（FCA）	货交承运人
free in（F. I.）	船方不负担装货费用
free on board（FOB）	装运港船上交货
free out（F. O.）	船方不负担卸货费用
free in and out（F. I. O.）	船方不负担装卸费用
free in and out and stowed（F. I. O. S.）	船方不负担装卸及理舱费
free in and out and trimmed（F. I. O. T.）	船方不负担装卸及平舱费用
free in and out and stowed and trimmed（F. I. O. S. T.）	船方不负担装卸、理舱、平舱费用
free of charge（F. O. C.）	免费
free of interest（F. O. I.）	免息
freely negotiable	自由议付
freight bill（FB）	运费账单
freight	运费
freight ton（F/T）	运费吨
fresh & rain water damage（FRWD）	淡水雨淋险
franchise	免赔率
fuel adjustment factor（FAF）	燃油附加费
free from particular average（F. P. A.）	平安险
full container load（FCL）	整箱货
futures	期货
future value	终值

G

general average（GA）	共同海损
General Rules of International Factoring（GRIF）	《国际保理业务总则》
gallon	加仑
General Agreement on Tariffs & Trade（GATT）	《关税及贸易总协定》
good merchantable quality（G. M. Q.）	上好可销品质
Greenwich Mean Time（G. M. T.）	格林尼治时间
general propose container（GP）	通用集装箱
General Post Office（G. P. O.）	邮政总局
greenback	美钞
gross	罗（十二打）
gross profit	毛利润
gross margin	毛利
gram	克
general rate increase（GRI）	整体费率上调
gross registered tonnage（G. R. T.）	注册总吨（总登记吨）
gross weight	毛重
generalized system of preferences（GSP）	普惠制
generalized system of preferences certificate of origin Form A（GSP Form A）	普惠制产地证格式 A
gunny bags	麻袋

H

hedge	套期保值
Herstatt risk	跨国货币结算风险（赫斯塔特风险）
HIBOR	香港银行同业拆借利率
house Airway Bill（HAWB）	航空分运单
house to house（H/H）	集装箱门到门
Head Office（H. O.）	总行
house Bill of Lading（HOUSE B/L）	仓/仓提单
house to pier（H/P）	从厂、库到码头
Hong Kong & Shanghai Banking Corporation（HSBC）	汇丰银行

| H. S. Code | 商品编号 |

I

import declaration （I/D）	进口申请书
import/export （I/E）	进口/出口
import license	进口许可证
import quota （I. O. U.）	进口配额
import permit （I/P）	进口许可证
import tariff	进口关税
IMF	国际货币基金组织
inspection certificate	检验检疫证书
inspection certificate of quality	质量检验证书
inspection certificate of disinfection	消毒检验证书
inspection certificate of temperature	温度检验证书
inspection certificate of fumigation	熏蒸证明书
inspection certificate of weight or quantity	重量或数量检验证书
inspection certificate of packing	包装检验证书
inspection certificate of container	集装箱检验证书
in duplicate	一式二份
in triplicate	一式三份
in quadruplicate	一式四份
in quintuplicate	一式五份
in sextuplicate	一式六份
in septuplicate	一式七份
in octuplicate	一式八份
in nonuplicate	一式九份
International Chamber of Commerce （ICC）	国际商会
Institute Cargo Clause （ICC）	《协会货物条款》
International Chamber of Shipping （ICS）	国际航运公会
international accounting	国际会计准则
international credit facilities	国际借贷措施
international financing	国际融资
international liquidity arrangement	国际清偿办法
international market	国际市场

international monetary fund	国际货币基金
international monetary market	国际货币市场
international logistics	国际物流
idest（L.）＝that is，i. e.	即、是
inter-government organization（IGO）	政府间国际组织
International Maritime Dangerous Goods Code（IMDG Code）	《国际海运危险货物规则》
International Maritime Organization（IMO）	国际海事组织
inch	英寸
indent	委托代购单
International Rules for the Interpretation of Trade Terms（INCOTERMS）	《国际贸易术语解释通则》
insurance	保险
insured value	保险价值
insured	被保险人、投保人
insurer	保险人、承保人
insurance premium	保险费
insurance policy	保险单
insurance certificate	保险证明
insurance document	保险单据
instant	本月
invoice	发票
insurance policy	保险单
irrespective of percentage（I. O. P.）	无免赔率
International Standard Organization（ISO）	国际标准化组织
international reserve	国际储备
investment，investing	投资
investment portfolio	投资组合
irrevocable Letter of Credit	不可撤销信用证
issuance	开证
issuance date of the documents	单据签发日期
issuer	发行人
issuing bank	开证行
iron drums	铁桶

J

joint account	联名账户，共同账户
junior mortgage	次级按揭
joint venture	合资企业

K

kilogram（Kg./kilo）	公斤
kilometer（Km）	千米、公里

L

latest shipment date	最后装运期
lender	贷款人
letter of authorization for customs declaration	代理报关委托书
lighter—aboard—ship（LASH）	载驳船、子母船
lien	扣押，扣押权，留置权
LBO	借贷融资收购
limited recourse	有限追索权
lbs（Pounds）	磅
Letter of Credit（L/C）	信用证
less than container（cargo）load（LCL）	集装箱拼箱货
loading	装载
lock-up	锁定
lock-up agreement	锁定协议
long forward	买远期
letter of guarantee（L/G）	保函
London Interbank Offer Rate（LIBOR）	伦敦银行同业拆放利率
loading list（L/L）	装货清单
long ton（L/T）	长吨
limited company（Ltd）	有限公司
lighterage	驳运费

M

marine Bill of Lading（MB/L）	海运提单
mark-to-market	按市值计价
market capitalization	市场资本值，市值
market order	市价委托
market share	市场份额
market securities	有价证券
margin	（期货交易）保证金
medium and long term loans	中长期贷款
medium term note（MTN）	中期票据
master Airway Bill（MAWB）	航空总运单
metal drum	金属桶
maximum（max.）	最大量、最高额
mature market	成熟市场
maturity	到期
minimum（min.）	最小量、最低额
malicious damage（M. D.）	恶意行为损坏
manufacture invoice	厂商发票
memorandum	备忘录、便笺
Messieurs（Messrs.）	公司名称前的尊称
measurement list	尺码单
manifest（M/F）	载货清单（舱单）
most favored nation（MFN）	最惠国
money market deposit account（MMDA）	货币市场存款账户
U. S. money market mutual funds（MMMF）	美国货币市场共同基金
monetize	货币化
mini-land-bridge（M. L. B.）	小陆桥
more or less clause（M/Lcls.）	溢短装条款
millimeter	毫米
Ministry of Commerce of the People's Republic of China（MOFCOM）	中华人民共和国商务部
mate's receipt（M/R）	收货单（大副收据）
motor ship（M/S）	内燃机轮、货轮

mail transfer（M/T）	信汇
metric ton（M/T）	公吨
motor vessel（M. V.）	内燃机轮
multi-modal transport operation（M. T. O.）	多式联运
measurement/weight（M/W）	体积或重量
mutual funds	共同基金

N

National Automated Payment System（NAPS）	国家自动支付系统（中国）
negotiable instrument	流通票据
negotiability	流通性
negotiable Bill of Lading	可转让提单
negotiating bank	议付银行
negotiation credit	议付信用证
non-negotiable	不可转让
non-causative nature	无因性
nominal interest rate	名义利率
not applicable（N/A）	不适用
notes receivable	应收票据
notional size	票面规模
notice of arrival	到货通知书
notification and transfer of receivables	应收账款转让通知书
note below（N. B）	注意
no commercial value（N. C. V）	无商业价值
non-government organization（NGO）	非政府间的国际组织
no mark（N/M）	无唛头
non-negotiable，not negotiable B/L（N. N. B/L）	副本提单
number（No.）	号码
nude	裸装
non delivery	提货不着
not otherwise enumerated（N. O. E.）	除非另有列举
not otherwise provided for（N. O. P. F.）	除非另有规定
not otherwise specified（N. O. S.）	除非另有指定
notary public（N. P.）	公证人

notice of readiness（N/R）	装卸准备就绪通知书
net registered tonnage（NRT）	净登记吨
not sufficient（N/S）	不足
non-vessel operating common carrier（NVOCC）	无船承运人
net weight	净重
New York Produce Exchange（NYPE）	纽约土产交易所

O

ocean Bill of Lading	海运提单
on account（O/A）	赊账
on account of(O/A)/on behalf of(O/B)	代表
open cover（O/C）	预约承保书
Overland Common Point（OCP）	内陆转运点
Open General（Import）License［CG(I)L］	开放配额（进口）许可证
Ocean Marine Cargo Clause（OMCC）	海洋运输货物保险条款
(by) order of(O/O)	送交
open policy（O. P）	预约保单
outward processing trade（OPT）	对外加工贸易
open-top container（OT）	敞顶集装箱
original receiving charge（ORC）	原产地接货费
original documents	正本单据
original	正本、原件
ounce（s）	英两、盎司
over draft（OD）	账户透支
order Bill of Lading	指示提单

P

par	票面值
pallet，pallets（PLTS）	托盘
partial shipment	分批装运
package，packages（PKGS）	件
packing list	装箱单
packing specification	包装明细单

payee	收款人
payer	付款人
processing of given material，assembling provided components，made to order against buyer's sample，& compensating trade（PAM&C）	三来一补
particular average（P. A.）	单独海损
phytosanitary inspection certificate	植物检验证明书
place of departure	启运地
plastic pallets	塑胶托盘
plastic bag	塑料袋
plastic foam box	泡沫塑料箱
per annum	按年（计息）
per capita income	人均收入
performance guarantee	履约保函
position	头寸
Protection & Indemnity Club	保障赔偿协会
payment	付款
percent	百分比
piece（s）	件、个、只、块、张
paid	付讫
per day	按日（计息）
People's Insurance Company of China（PICC）	中国人民保险公司
package	件、包
per month	按月（计息）
port of loading	装运港
port of discharge	卸货港
post office	邮局
post-dated cheque	期票
post-dated B/L	顺签提单
purchase order（P. O.）	购货订单
Post Office Box（P. O. B.）	邮政信箱
post receipts	邮政收据
payment on delivery/ Proof of Delivery（P. O. D.）	付款交货/交付凭证
principal	委托人
proforma invoice	形式发票

profit margin	利润率
promissory note	本票
protest	拒付
proportionally	按比例
premium	保险费
present value	现值
prime rate	最优惠利率
private banking	私人银行
principal	本金
proximo	下月
postscript（P. S.）	附言、再启
please turn over（P. T. O.）	请阅背面
proprietary	企业公司
polyvinyl chloride（P. V. C.）	聚氯乙烯

Q

quarter	四分之一
quality	品质
quantity	数量

R

Rail Waybill	铁路运单
Road Waybill	公路运单
requisite in form	要式性
realized interest rate	实现利率
receivable	应收款
read clause Letter of Credit	红条款信用证
reimbursing bank	偿付银行
remittance	汇款
remitter	汇出人
remitting bank	汇出行
restricted Letter of Credit	限制议付信用证
revolving Letter of Credit	循环信用证

recourse	追索权
reference	参考、关于
reference number	参考号、发文编号
registered	注册、挂号的
representation	代表
reefer container（RF）	冷藏集装箱
rain &./or fresh water damage（R. F. W. D.）	淡水雨淋险
ream	令（500 张）
roll on/roll off ship（RO/RO）	滚装船

S

shilling	先令
sales confirmation（S/C）	售货确认书
sales contract（S/C）	售货合同
service contract（S/C）	协议运价（服务合同）
special customs invoice（SCI）	美国特别海关发票
special drawing right（SDR）	特别提款权
section	部分、组、部
settlement	结算、交割
stowage factor（SF）	货物积载因素
Switzerland General Surveyor（SGS）	瑞士通用鉴定公司
sack	布袋
shipment	装运
signature	签字
China National Foreign Trade Transportation Corporation（SINOTRANS）	中国外贸运输公司
small，medium，large（S，M，L）	小、中、大
shipping note（S/N）	装运通知单
shipping advice	装运通知
shipping documents	装运单证
shipping company's certificate	船公司证明
shipping order（S/O）	装货单、下货纸
shipper's own container（SOC）	货主箱
shipper's letter of instruction（SLI）	国际货物托运委托书

ship-owner's liability（S. O. L.）	船东责任
sight draft	即期汇票
short-term revolving Letter of Credit	短期循环信用证
short and medium term loans	中短期贷款
short forward	卖远期
specification	规格
spot cash	立即付现
spot exchange rate	即期外汇汇率
spot market	现汇市场，现货市场
square inch	平方英寸
square foot	平方英尺
square yard	平方码
standby Letter of Credit	备用信用证
stale B/L	过期提单
straight Bill of Lading	记名提单
straw packing	稻草包装
strike risks（S. R.）	罢工险
steam ship	汽轮
short ton	短吨
said to contain（S. T. C）	内容据称
sterling（Stg.）	英镑
shipping weight（S. W.）	装货重量
shipment	船货
Sea Waybill（SWB）	海运单
Society for Worldwide Inter-bank Financial Telecommunication（SWIFT）	环球银行金融电讯协会

T

telegraphic transfer（T/T）	电汇
term draft	远期汇票
term of shipment	装运条款
tender guarantee	投标保函
tenor	票据期限
trade financing	贸易融资

transshipment allowed	允许转运
transferable Letter of Credit	可转让信用证
traveler's Letter of Credit	旅行信用证
transshipment additional	转船附加费
train/air	陆/空联运
train-air-truck（TAT）	陆空陆联运
policy to be declared（TBD）	待报保险单
timber packing	木包装
time charter on trip basis（TCT）	航次期租
time of shipment	装运期
trading	贸易
trade term	贸易术语
twenty equivalent of unit（TEU）	20英尺标准集装箱（标箱）
telegram	电报
terminal handling charge（THC）	码头作业（操作费）
tank container（TK）	罐式集装箱
telex	电传
total loss only	全损
telegram multiple	同文电、分送电
tonnage	吨位
Tank-Pacific Discussion Agreement（TPDA）	《越太平洋航线协商协定》
theft，pilferage & non-delivery（T. P. N. D.）	偷窃提货不着险
tare weight	皮重
trust receipt（T/R）	信托收据
Trans-Pacific Stabilization Agreement	《越太平洋航线稳定协议》

U

unclean Bill of Lading	不清洁提单
unrestricted Letter of Credit	非限制议付信用证
Uniform Customs & Practice（UCP）	《跟单信用证统一惯例》
Uniform Rules for Collections（URC）	《托收统一规则》
United Kingdom Ports	英国港口
unlimited transshipment（U/T）	无限制转船
under-mentioned（U/M）	下述

| *US foreign trade definition* | 《美国对外贸易定义》 |
| usance Letter of Credit | 远期信用证 |

V

vide	参阅
validity	有效期
value	价值
value added tax	增值税
vendor	卖主
videlicet（L.）namely	即是
voyage	航次
vice versa（L.）	反之亦然
vocational man	从业人员

W

warehouse	仓库
working capital	周转资金
withholding tax	预扣税
waybill	运单
with average（W. A.）/with particular average(W. P. A.)	水渍险
weight/measurement（W/M）	按重量或体积
list/weight note	重量单
weight memo	磅码单
weight certificate/ certificate of weight	重量证书
washing overboard	浪击落海
war risks	战争险
weight	重量
with transshipment（W/T）	转船、转运
warranted	保证
warranty	保证书
warehouse to warehouse clause（W/W）	仓至仓条款
weather working day（WWD）	晴天工作日
wooden case	木箱

| Word Trade Organization（WTO） | 世界贸易组织 |

Y

York-Antwerp Rule（Y. A. R.）	《约克—安特卫普规则》
	（国际共同海损规则）
yard	码
yield to maturity	到期收益率

后　记

　　《国际贸易单证实务（第五版）》是在第四版的基础上修订的，所有参编老师在第五版的修订过程中都付出了大量的辛勤劳动，在此表示感谢。此书能够按时付梓，首先要感谢在编写该书过程中给予我们无私帮助的朋友，感谢清华大学出版社相关编辑给予的无私帮助和热情支持；当然，要特别感谢以下参与编写的老师，他们是尹肖妮、杨勤、杨春梅、洪静、谷冬青、刘一君、毛小明、沈国栋、李春梅、李智玲、刘斌、宋志培、赵承勇、佟玉亭、郭峥嵘、陈红进、郭凤艳、潘红梅、姚博、陈君丽、赵春阳等。

吴国新